몽골비사

蒙 古 祕 史

몽골 비사

The Secret History of Mongolia

칭기스칸과 몽골 민족의 성립

김봉춘 옮김

《몽골비사》를 번역하며

스물일곱 살이던 1992년에, 갓 결혼해 몽골로 와서 살게 된 지 참 오래도 되었다.

예전부터 《몽골비사》를 여기저기 훑어 읽으면서 한국인에게 소개하고자 하는 겁 없는 꿈이 있었다. 몽골국립대학교에서 몽골어와 역사를 공부하고, 제주대학교에서 연구년 교수로 지내면서 더 늦기 전에 도전하자고 펜을 들었다. 고어와 비유, 문학적 표현이 많아서 쉽지 않았지만 나 역시 문학적 시각으로 역사 속으로 같이 파고들었다.

테무진의 살았던 곳과 뛰놀던 고향, 13세기 작은 초원에서 시작된 그 격랑의 역사 속으로 다녀왔다. 전에는 몽골을 눈으로만 보며 다녔는데, 이제부터는 마음으로도 볼 수 있게 되었다. 마치 내가 겪었던 일들처럼.

칭기스칸! 그는 역사 속에 실존하던 인물이다. 구공산권 시절에는 언급할 수 없었던 몽골 역사의 영웅이다. 이제 그에 대한 신비가 드러나면서 다양한 학문적 연구가 이루어지고 있다. 그의 사상과 세계관, 통치관, 인간관 등을 살펴볼 수 있다. 이 문서가 바로 그 꺼진 것 같았던 잉걸불이며 증거의 시효이다.

이 책을 통해 13세기 몽골 제국의 기원과 칭기스칸의 생애를 알 수 있다. 칭기스칸과 그다음 세대의 정복자들에 대한 기록이다.

즉, 칭기스칸 이전과 이후에 이르는 25대에 걸친 기간이 이 기록의 배경이다.

당시 이 기록은 1228년에서 1264년 사이의 어느 쥐의 해에 기록자에 의해 중세 몽골어로 기록된 것을 원나라 말기와 명나라 초기에 한자의 음가를 빌려 옮겨 쓴 사본인데, 현재까지 원본은 발견되지 않았다. 기록자는 한

자어와 몽골어에 익숙한 사람이며 몽골의 인명, 지명, 사건에 익숙하고 기록의 필요를 느낀 사가(史家)일 것으로 추정된다.

1970년대에 와서 한자의 음가를 몽골어의 문자로 재구성한 것이 《몽골비사(蒙古祕史, The Secret History of Mongolia)》[1]라는 웅장한 이름으로 오늘까지 전해져 내려오고 있다.

칭기스칸 이전의 몽골의 기원과 건국, 몽골의 흥망성쇠에 대하여 알 수 있는 유일한 자료로 그 가치가 있다. 몽골의 역사, 생활 문화, 철학, 신화, 사회·군사제도, 언어 등을 그림처럼 볼 수 있는 자료이다.

한국과 몽골의 관계가 1990년 이래 급격한 발전을 이루어 오면서 양국은 상호 관심이 커지고 있지만 상호 간 눈요기 정도의 관심으로는 서로에 대한 깊은 이해가 부족하다고 본다.

양국 관계가 넓고 깊게 확장되고 심화되기 위해서는 몽골인은 한국에 대한 이해가 깊어져야 하며, 한국인도 몽골인에 대한 이해가 깊어져야 할 것이다. 관광과 무역의 단계에 머물지 말고 문화와 전통과 역사에 대한 이해와 교류를 통하여 양국의 관계가 더 친밀해질 수 있다고 본다.

이 책을 통하여 몽골인에 대한 근원적인 이해와 몽골 민족에 대한 통찰에 도움이 되길 바란다.

본 역서에서는 가능한 한 지명을 현대의 지명으로 찾아서 각주로 표시하였다. 역자의 더듬거리는 몽골어를 동원하여 한국어로 옮겼으며 다른 역본들과 주해서도 참조했음을 밝힌다. 기존의 일부 번역서에서는 지명의 번역을 단어의 뜻으로 번역하여 기록할 경우에 큰 실수가 있었음을 확인할 수

---

1) 《원조비사(元朝祕史)》라고도 한다. 그러나 본서에서는 '몽골'의 역사서이므로 《몽골비사》로 쓴다.

있었다. 《몽골비사》를 연구한 선배 몽골 학자들의 책과 면담을 통해 도움을 받았다. 선배 학자들에게 깊은 감사를 드린다.

  이 책을 번역하면서 일반인들에게 쉽게 이해하도록 하려면 전문적인 용어보다는 보편적인 용어를 사용하는 것이 좋다고 생각했다. 그 과정에서 선택한 방법으로, 첫째는 원문에 충실하되 정확한 의미 전달을 할 것, 둘째는 각주를 통하여 이해하기 쉽게 풀어 설명하는 기준으로 번역하였다. 원문이 시대적, 지리적, 환경적 특성상 난해한 경우는 각주를 통해 학문적인 필요를 원하는 이들에게 도움이 되도록 하였다.

  이 책을 번역하는 데 많은 분이 도움을 주었다. 모처럼 고향의 아늑한 공간에서 작업할 수 있도록 장소 제공에 협력해 주신 제주대학교와 김동윤 박사님, 사역과 연구에 집중하도록 물심양면으로 지원해 주신 김진홍 목사님, 연구에 동기 부여가 되어 주신 작고하신 P.오치르바타르 초대 대통령과 몽골국립대학교의 J.오랑고와 박사님과 여러 학자들, 그리고 언제든 난해한 단어들을 조사하고 설명해 주어 실재적이고 항시적인 도움을 준 Ch.노밍, E.소열, N.어뜨너 등과 시간을 내어 몽골 고문자를 가르쳐 준 Ch.Tuul, 그동안 배움의 여정에 격려자요, 벗이 되어 준 몽골국립대학교의 권성훈 교수님 등에게 감사의 마음을 전한다.

  철없던 이십 대 청년을 따라 광야로 선뜻 동행해 준 평생의 벗, 아내 수키에게 사랑과 고마움을 표한다.

  미천한 나를 귀하게 여기며 처음부터 지금까지 기적같이 늘 함께해 주시는 하나님께 감사드린다.

2025년 7월
울란바타르 산사르에서

* 한국어로 옮긴 기준은 다음과 같다.

1. 인명, 지명 등의 몽골 문자를 한글 발음과 가장 가까운 음가로 쓴다.
   예) ӨГЭДЭЙ 의 경우, 오고타이, 오고다이, 오고대 등의 기존 표기를 본 역본에서는 원문의 철자대로 으게데이(ӨГЭДЭЙ)라고 표기한다.

2. 음가대로 쓸 경우, 이해가 난해할 수 있는 경우는 각주로 그 단어의 음가와 의미를 설명한다.

3. 몽골어의 중설모음이 들어간 단어는 모음의 앞뒤에 따른 자음의 형태를 보고 모음 조화가 많은 몽골어의 특성을 따라 음가대로 기록한다.

4. 몽골어의 목구멍소리(무성 연구개 마찰음)인 'х' 음은 중세 몽골어에서 [kh]의 음가인데, 예를 들어 их(ikh) 음은 [ikh: 익흐]로 발음할 수 있으며, 현대 몽골어의 발음에 따라 'ㅎ' 또는 'ㅋ'으로 표기하였다. 일반적으로 알려진 경우는 그에 따른다.
   예) Хубилай: Khubilai(쿠빌라이), Хасар: Khasar(하사르), Сохор: Sokhor(소호르) 등이다.

5. 한국어 발음에 없거나 근접 음가의 경우에 자음의 경우는 가장 근접한 철자로 쓰고 각주로 원어를 표시한다.
   예) Ж, З, Р, Л, Х, К, Ц, Ч, В, Б 등.

6. 가급적 단어의 철자 그대로 적어 역표기(Reverse transliteration)를 할 경우에 용이하도록 한다.

7. 상황에 따라 역자의 판단에 의해 직역과 의역을 하며 설명이 필요하면 각주를 이용한다.

8. 원문에 첨가된 ( ), [ ] 등은 그대로 표기한다.
   예) 86. Ийм халуун цагт унгасан дотор амьд хүн яаж байна? [Сэт гэлээ хантал эр. А.то.] 이런 더운 때에 털 더미 속에 사람이 어찌 살아 있을까? [마음껏 수색하라. А.то.]

9. 인물이나 지명의 경우, 몽골 전통 문자의 발음이나 한자, 한국어의 외래어

표기 용례보다는 현대 몽골어 발음을 기준으로 한다.

예) 전통 문자로 바타르(Баатар: 영웅)를 바가토르(Багатор), 올란(Улаан: 붉은)은 올라강(Улааган)이며 한자로는 '몽고(蒙古)'이지만, 본 역본에서는 현대 몽골어 표기인 '바타르', '올란', '몽골(Монгол)' 등과 같이 쓴다. 칭기스칸도 몽골어 표기와 발음대로 칭기스칸(Чингис Хаан)으로 표기한다.

10. 몽골어의 특징에서 장모음과 단모음의 구별이 분명하지만, 본 역본에서는 특별한 경우 외에는 세부적으로 표기하지 않는다. 단, 구분이 필요할 경우에는 장모음을 표기한다.

예) 울라안-바아타르(Улаан-Баатар)의 표기를 울란바타르로 한다.

＊ 이 책을 번역하는 데는 다음의 《몽골비사》 역본과 관련 문헌을 참조하였다.

1. 체.담딩수렝, 《몽골비사》, 1990, 소욤보출판사
2. 몽골군사 역사위원회, 《몽골비사》, 2004, 몽골국립출판부
3. 제.롭상도르지, 《몽골비사》, 2019, 울란바타르
4. 헤.페를레, 《몽골비사에 나오는 지명, 강(江)명 탐구》, 1958, 울란바타르
5. 베.소미야바타르, 《몽골비사연구》, 2020, 울란바타르
6. 베.소미야바타르, 《몽골비사 사전》, 2008, 울란바타르
7. IGOR DE RACHEWILTZ The Australian National University SHORTER VERSION Edited by John C. Street. December 11, 2015
8. 유원수, 《몽골비사》, 2004, 사계절
9. 라시드 앗 딘 지음, 김호동 번역, 《칭기스칸기》, 2003, 사계절
10. 알 바트쳉겔, 《몽골비사》, 2007, 울란바타르

＊ 그 외 다수의 《몽골비사》 관련 논문과 몽골어 사전에 대한 언급은 생략한다.

칭기스칸의 가계도

브르테-치노(Бөртэ-Чоно)
└ 바트차강(Батцагаан)
 └ 타마차(Тамача)
  └ 호리차르-메르겐(Хорицэр-Мэргэн)
   └ 오오짐-보오랄(Үүжим-буурал)
    └ 살-하차오(Саль-хачау)
     └ 이크누등(Ихнүдэн)
      └ 쉰소치(Шинсочи)
       └ 하르초(Харчу)
        └ 보르지기대-메르겐(Боржигидай-мэргэн)
         └ 토르골징-바양(Торголжин-баян)
          └ 도보-메르겐(Добу-мэргэн) ― 알롱-과(Алун-гуа)
           └ 보돈차르-몽학(Бодончар-мунхаг)
            └ 하비츠 바타르(Хабич)
             └ 메넹 토동(Мэнэн тудун)
              └ 하치 훌룩(Хачи хүлүг)
               └ 하이도(Хайду)
                └ 바이슁호르 독슁(Байшинхор догшин)
                 └ 통비내 세첸(Тумбинай сэцэн)
                  └ 하볼 항(Хабул хаан)
                   └ 예수헤이 바타르(Есүхэй баатар) ― 으엘릉 우징(Өэлүн үжин)
                    └ 테무진(Тэмүжин): 칭기스칸(Чингис хаан)

칭기스칸 이후의 계보

- 칭기스칸 (테무진, 1206~1227)
    - 주치 (장남)
        - 바투: 킵차크한국(황금 오르다) 창건
        - 오르다: 백오르다 분파 시조
        - 쉬반: 쉬반 왕조 분파
    - 차가타이 (둘째 아들): 차가타이한국 창건
        - 무투겐: 인도 원정 중 전사
            - 카라-훌레구: 후계자
    - 으게데이 (셋째 아들): 제2대 대칸 (1229~1241)
        - 구육: 제3대 대칸 (1246~1248)
    - 톨루이 (넷째 아들)
        - 뭉흐: 제4대 대칸 (1251~1259)
        - 쿠빌라이: 제5대 대칸, 원나라 창건자 (1260~1294)
            - 침킨: 원나라 태자 (일찍 사망)
            - 트므르: 원 무종, 제6대 대칸 (1294~1307)
        - 훌레구: 일한국(페르시아) 창건
            - 아바가, 가잔 등 페르시아계 후손
        - 아릭 부흐: 쿠빌라이와 대칸 계승 내전

간추린 몽골의 역사

고대 및 중세 초기

- 기원전 3세기경: 흉노 제국 성립(몽골 초원에서 등장한 최초의 유목 제국 중 하나)
- 6세기: 돌궐 제국 성립
- 8세기 후반: 위구르 제국 건국
- 840년: 키르기스족에 의해 위구르 제국 멸망

몽골 제국 시대

- 1162년: 테무진(훗날 칭기스칸) 출생
- 1206년: 테무진, 몽골 부족 통일 → 칭기스칸 즉위, 몽골 제국 건국
- 1211~1215년: 금나라 원정, 중원 진출
- 1219~1225년: 호레즘 제국 원정(중앙아시아 정복)
- 1227년: 칭기스칸 사망
- 1259년: 몽허칸 사망 → 제국 분열 시작
- 1260년: 쿠빌라이칸, 대칸 즉위 → 원나라 건국(1271)
- 1279년: 송나라 멸망 → 원나라 중국 완전 통일
- 1368년: 주원장(홍무제), 원나라 북쪽으로 몰아내고 명나라 건국 → 북원 시기 시작

북원 및 후몽골 시대

- 1368~1635년: 북원(몽골고원 중심의 잔존 정권)
- 1635년: 마지막 북원 칸, 링단칸 사망 → 북원의 공식적 종말

청나라 시기(몽골의 복속)

- 1691년: 할하 몽골, 청나라에 귀순(외몽골)
- 1755~1758년: 준가르 칸국 멸망 → 청의 몽골 전역 장악
- 1911년: 신해혁명 → 청나라 붕괴

근현대 몽골

- 1911년: 외몽골, 독립 선언(보그드칸을 국왕으로)
- 1919년: 중화민국, 몽골 재점령
- 1921년: 소비에트 지원으로 몽골 혁명 → 보그드칸 복위 → 이후 공산 정권 수립
- 1924년: 보그드칸 사망 → 몽골 인민공화국 수립(세계 2번째 사회주의 국가)
- 1930~40년대: 스탈린주의 숙청, 수만 명 사망
- 1990년: 공산 정권 붕괴, 민주화 시작, 한국과 외교 관계 수립
- 1992년: 새 헌법 채택, 몽골국(Mongolia)으로 개칭

이 책의 구성과 차례

- 《몽골비사》는 12장 282절로 구성되어 있다. -

1장(1~68)
테무진의 태생과 유년 시절
칭기스칸의 조상들에 대한 기록 · 16

2장(69~103)
칭기스칸의 청소년기, 결혼과 메르기드족의 침입 · 35

3장(104~126)
메르기드족의 멸망과 테무진에게
칭기스칸(khaan)의 칭호를 부여하다
토그릴 옹칸, 자모하와의 연합 결성과 자모하와의 분열 · 55

4장(127~147)
자모하와 타이초들과의 경쟁
몽골부의 칸의 계승과 주르힝족의 붕괴 · 77

5장(148~169)
타타르를 멸망시킴과 옹칸과의 결렬 · 92

6장(170~185)

헤레이드 부족의 멸망

으게데이칸의 즉위와 주변 국가들의 정벌 • 127

7장(186~197)

옹칸의 몰락 • 146

8장(198~208)

후출루의 퇴각과 자모하의 패배 • 169

9장(209~229)

경호대를 조직하다 • 191

10장(230~246)

위구르와 삼림 부족을 정복하다 • 205

11장(247~264)

금(金), 서하(西夏), 호라즘 정벌

중국, 탕고드, 사르타올, 바그다드와 러시아를 정복하다 • 222

12장(265~282)

칭기스칸의 사망과 으게데이가 왕에 오르다 • 245

―――― 1장(1~68) ――――

테무진의 태생과 유년 시절

칭기스칸의 조상들에 대한 기록

1. 칭기스칸의 태생은, 위의 하늘에서 정해진 운명대로 태어난 브르테-치노가, 부인 과-마랄과 함께 바다[2]를 건너와서, 오논강의 상류 보르항 할동산[3]에 머물며 바트차강이라는 한 아들을 낳으며 시작된다.

2. 바트차강의 아들은 타마차, 타마차의 아들은 호리차르-메르겡, 호리차르-메르겡의 아들은 오오짐-보오랄, 오오짐-보오랄의 아들은 살-하차오, 살-하차오의 아들은 이크누둥, 이크누둥의 아들은 쉼소치, 쉼소치의 아들은 하르초이다.[4]

3. 하르초의 아들은 보르지기대-메르겡이다. 보르지기대-메르겡의 아내는

---

2) 바다: 텡기스 달라이(Тэнгис далай)-'바다', 또는 '대양(大洋)'이라는 의미인데, 바이칼 호수라는 주장도 있다. 몽골은 바다가 없는 내륙 국가이므로 큰 호수를 바다라고 칭하는 몇 호수가 있다. 현재의 몽골 국경선 안에 있는 흡수골 호수와 국경 밖에 있는 바이칼을 바다라고 부른다.

3) 오논강과 보르항 할동산은 현재 몽골의 헨티 아이막에 있는 강과 산이다. 오논강은 몽골인들이 민족의 시작으로 보며 성산으로 여기는 산이다.

4) 살-하차오(Саль-хачау)에서 ㄹ(л) 다음에 유음화(ь:soft sound)음이 따라오면 ㄹ(л) 소리가 부드러운 'ㄹ' 소리가 되어 '살'로 발음한다.
 * 몽골어의 목구멍소리(무성 연구개 마찰음)인 'x' 음은 중세몽골어에서 [kh]의 음가인데, 예를 들어 их(ikh) 음은 [ikh익흐]로 발음할 수 있으며, 현대 몽골어의 발음에 따라 'ㅎ' 또는 'ㅋ'으로 표기하였다. 일반적으로 알려진 경우는 그에 따른다.(예: Хубилай: Khubilai 쿠빌라이, Хасар: Khasar 하사르, Хайр: khair 하이르) 등이다.

몽골징과이며, 그에게서 태어난 아들은 토르골징-바양이다. 토르골징-바양은, 보르그칭-과라는 부인이 있었고, 보롤대소얄비라는 젊은 종이 있었으며, 다이르와 보르라는 두 마리의 좋은 말이[5] 있었다. 토르골징-바양의 아들은 도와-소호르, 도보-메르겡 둘이었다.

4. 도와-소호르는[6], 이마 중간에 외눈이 있고 유목민이 세 번 이동할 만한 거리까지[7] 볼 수 있었다.

5. 하루는 도와-소호르가, 동생 도보-메르겡과 같이 보르항 할둔산으로 올라갔다. 도와-소호르가, 보르항 할둔산 정상에서 보니 퉁헬렉 냇가로 한 무리의 사람들이 이동하고 있었다.

6. 도와-소호르가 말하기를: "저 유목민 중에, 수레의 짐칸 앞에 한 예쁜 여인이 앉아 있네. 그가 아직 결혼하지 않았다면 도보-메르겡 아우야, 네 색시 삼게 청혼하면 좋겠다."라고 하며 그녀를 보여 주려고 도보-메르겡 아우를 보냈다.

7. 도보-메르겡이, 그 유목민들에게 가서 그 여자를 보니, 정말로 찬란하고, 아름다우며 아직 혼인하지 않았으니, 이름은 '알롱-과[8]'였다.

---

5) 훌렉 모리(хүлэг морь): 종자가 좋은 우수한 말을 이른다.
6) 도와 소호르(Дува сохор) 몽골 사람의 이름 중에서 사람의 신체를 특징지어 만들어진 이름이 있다. 몽골어로 소호르(сохор)는 맹인인데, 외눈박이인 특징을 이름에 담은 경우이다. 또한 미래의 소망을 담은 이름으로 '메르겡(지혜)', '바양(부자)' '자르갈(행복)' 등의 단어를 이름에 붙이기도 한다. 예: 자르갈-사항(행복하고 좋은), 엥흐-태이왕(평화) 등이다.
7) 유목민이 한 번에 이사하는 거리는 보통 소달구지로 십오 킬로미터 정도로 본다.(J. Lovsandorj)
8) 몽골어 원래 이름 알롱-과(Алун-гуа)를 일부 현대 번역본에서는 알랑-고오(Alan-Goo)로 번역했다.

8. 이 여자는, 호리족[9]의 귀족 호릴라르대-메르겡의 부인인 바르고징-과에게서 호리족의 고향인 아릭-오스라는 곳에서 태어났다. 그의 모친 바르고징-과는 멀리 바르고징 지역의 주인인 바르고대-메르겡의 딸이었다. 그 무리의 사람들은 호릴라르대-메르겡의 사람들이었다.

9. 호릴라르대-메르겡은, 호리족의 지역에서 담비, 다람쥐 등과 사슴 사냥하는 것을 금지하자 다투었고 관계가 나빠져 헤어졌는데, 호릴라르라는 성씨가 되었고, 보르항 할동산에는 사슴이 많다고 들어서, 보르항 할동의 주인 신을[10] 세운 쉰치-바양 오리양하이와 만나려고 이주해 왔다. 이렇게 호리족의 귀족인 호릴라르대-메르겡의 딸인, 아릭-오스에서 태어난 알롱-과를 청혼해서, 도보-메르겡의 아내를 삼은 내력이 이러하다.

10. 알롱-과는, 도보-메르겡에게 와서 부구누테, 벨구누테라는 이름의 두 아들을 낳았다.

11. 형인 도와-소호르는 네 아들이 있었는데, 도와-소로르가 죽은 다음에 그의 네 아들은, 도보-메르겡을 작은아버지라고 보지 않고 무시하고 헤어져 떠난 후 드르웨드 씨족을 이루었다.

12. 그다음에 어느 하루는 도보-메르겡이 토고촉산 위에 사냥하러 갔는데, 숲속에 한 오량하이 사람이 세 살 된 사슴을 잡고는 갈빗살을 굽는 것을 접하고는,

---

9) 호리-투뭉 노용(хорь түмдийн ноён): 문자 그대로는 '이만명의 귀족'이라는 뜻인데, 복수형태의 고유명사로 번역하여 '호리족'의 귀족이다.

10) 주인 신을 세운(эзэн бурхан босгосон): 보르항 할동산에 서낭당을 세운 것을 말한다 (J.Lovcandorj). 몽골에서는 일반적으로 서낭당은 신앙적 장소이며 경계를 표시하기도 한다.

13. "여보게, 고기 좀 나눠 먹자."라고 도보-메르겡이 말하자, 그 사람이 허파와 심장과 껍질 부분을 자신이 가지고, 나머지를 전부 도보-메르겡에게 주었다.

14. 도보-메르겡은, 그 사슴 고기를 싣고 가는데, 길에서 아이를 데리고 가는 한 가난한 사람을 만났다.

15. "당신은 뭐 하는 사람이오?" 하고 도보-메르겡이 묻자, 그 사람이 "나는 말릭-바야오딩 사람입니다. 지금 내가 심히 피곤한데요. 저 사슴 고기를 내게 좀 주시오. 내가 이 아이를 줄 테니."라고 하자,

16. 도보-메르겡이 허락하고, 사슴의 한쪽 다리를 그 사람에게 주고 그의 아들을 데려와서 집에서 종을 삼았다.

17. 그러다가 도보-메르겡은 죽었다. 도보-메르겡이 죽은 다음에 그의 아내 알롱-과는 과부가 되었는데 보하-하타기, 보하토-살찌, 보돈차르-몽학이라는 이름의 세 명의 아들을 낳았다.

18. 전에 도보-메르겡이 살아 있을 때 태어난 벨구누테, 부구누테 두 아들이, 어머니 알롱-과 몰래 은밀히 말하기를 "우리 어머니는, 가까운 남자가 없고 남편도 없지만 이 세 명의 아들을 낳았다. 집안에는 말릭-바야오드 부족의 단 한 명의 종만 있을 뿐이다. 이 세 아들은, 그의 아들일 거야."라고 모친 몰래 말하는 것을 알롱-과가 알고는,

19. 어느 봄날 말린 양고기를[11] 삶고는 벨구누테, 부구누테, 보하-하타기,

---

11) 양고기 말린 것으로 '보르츠(Борц)'라고 하며 주로 동절기 저장육을 말한다. 육포와 비슷하다.

보하토-살찌, 보돈차르-몽학 등 다섯 아들에게 먹이고 그들을 나란히 앉혀서, 사람마다 각각 나뭇가지(화살 같은 가느다란 나뭇가지)를 꺾으라고 주니 쉽게 꺾어 버렸다. 이어서 나뭇가지 다섯 개를 합쳐서 묶어서 꺾으라고 주었더니 다섯 명이 연거푸 시도했지만 꺾을 수 없었다.

20. 어머니 알롱-과는 "벨구누데, 부구누테 너희 둘은 내가 이 세 아들을 어떻게 낳았는지, 누구의 아들인지 의심하는 말을 했다. 의심하는 것은 당연하다.

21. 그런데, 너희가 까닭을 모르는구나. 밤마다 하얗고 노란 사람이, 집의 천장 구멍으로[12] 빛처럼 들어와서 나의 태를 쓰다듬어 그의 빛이 나의 복중으로 들어왔다. 그는, 달이 지고 해가 뜨는 시간에 노란 강아지처럼 아주 빨리, 빛처럼 빨리 빠져나갔다. 너희는 쓸데없는 말을 한 거다. 그걸 보면 이들은 하늘이 준 아이들이다. 종으로 여기면 안 된다. 나중에 모두의 왕이 되는 순간에는 사람들은 지금의 이 이유를 알게 될 것이다."라고 했다.

22. 알롱-과가 다시 다섯 아이들에게, "너희 다섯은 내 몸에서 난 자식들이다. 너희가 각각 헤어진다면 한 가닥 화살처럼 남에게 쉽게 패한다. 너희가 사이좋게 뭉치면 저 묶인 다섯 화살처럼 강해서, 타인 누구에게든지 쉽게 패하지 않는다."라고 했다. 그 후로 모친 알롱-과는 사망하였다.

23. 모친 알롱-과의 사망 후 형제 다섯 명은 가축들을 나눴는데, 벨구누테, 부구누테, 보하-하타기, 보하토-살찌 넷으로 재산을 나누어 가졌는데, 동생 보돈차르-몽학을 바보 천치라고 가족으로 포함시켜 주지 않았으며 그의

---

12) 몽골 전통 가옥, 게르의 둥근 천장 공간.

지분을 나누어 주지 않았다.

24. 보돈차르는 자기를 가족에 포함시켜 주지 않았으므로, 여기에서 뭐 하고 살까 하며 야위고, 꼬리털도 빠지고 바싹 마른 하얀 말을 타고 죽든지 살든지 어찌 되겠지 하면서 오논강으로 갔다. 거기에 발진-아랄이라는 곳에 가서 짚으로 집을 짓고 살았다.

25. 그러다가 갈색 매가 검은 꿩을 보고 잡아먹는 것을 보고, 바싹 마른 말의 털(말총)로 올가미를 만들고는 그 매를 잡아 왔다.

26. 보돈차르는 먹을 것이 없어서 늑대가 포획하여 둔 사슴을 발견한 후 활로 사냥하여 먹고, 늑대가 먹다 남은 것을 뜯어 먹었으며 매를 사육하며 겨울을 지냈다.

27. 봄이 되어서, 오리들이 올 때가 되어 올가미를 놓고, 거위와 많은 오리를 잡고, 배불리 먹고,

나뭇가지마다에
오리 다리를 걸고는
그루터기마다에
두세 마리 새를
걸어 놓고 썩히고 말았다.[13]

---

[13] 이 문서에는 다양한 내용의 '시' 형식의 글이 많다. 몽골 시 문학의 특징은 '은유와 교훈, 그리고 운율의 통일'이다. 처음 소리를 통일하여 운율적 효과를 높이는 형태로, 문학 용어로는 외형률 중에서도 음수율로 볼 수 있다. 본 번역에는 굳이 원본처럼 통일하기가 어렵지만 행 정도를 구분하였다.

28. 울창한 나무가 있는 산등성이에서 한 무리의 사람들이 퉁헬렉 시냇가로 옮겨 왔다. 보돈차르는, 매를 날려 놓고, 매일 그 사람들에게로 가서 마유주를 얻어 마셨다. 밤에는 풀집에 와서 묵었다.

29. 그 사람들은 보돈차르의 매를 달라고 했는데 주지 않았다. 그 사람들은 보돈차르가 어떤 사람인지 물어보지 않았고, 보돈차르도 그 사람들이 어디서 온 사람들인지 묻지 않았다.

30. 그런데, 형인 보하-하타기는 동생 보돈차르-몽학이 이 오논강 쪽으로 간다는 것을 알고는 뒤따라와서, 퉁흘렉강에 머물고 있는 그 사람들에게 이런 말과 저런 사람을 보았는지 물어보니,

31. 그 사람들이 답하기를: "매일 한 사람이 와서 마유주를 마시고 가는데, 그 양반과 그의 말이 당신이 말하는 인상과 흡사하군요. 그가 매를 한 마리 갖고 있던데, 밤이면 어디서 지내는지를 몰라요. 서북쪽에서 바람이 불면 그 매가 잡은 오리의 털이 눈처럼 날아오거든요. 그걸 생각해 보면 그의 집이 멀지 않을 겁니다. 마침 지금이 그가 올 시간이네요. 조금만 있어 봐요."라고 말했다.

32. 얼마 안 있어, 퉁흘렉 시내 쪽으로 한 명이 오는데 가까이 오니 보돈차르가 맞다. 형 보하-하타기가 알아보고는 오논강으로 데리고 달려갔다.

33. 보돈차르는, 보하-하타기 형의 뒤에서 따라가면서 말하기를: "형, 형님아, 몸에는 머리가 있고, 델[14]에는 깃이 있었으면 좋겠어.[15]"라고 하였고

---

14) 몽골인들의 의상.
15) 사람들에게는 적당한 지도자가 있으면 좋겠다는 말이다.

형은 그 말에 귀 기울이지 않았다.

34. 보돈차르는 같은 말을 두 번이나 반복하여 말해도, 형은 답이 없었다. 역시 같은 말을 세 번이나 반복하여 말할 때에 형이 답하는데: "너 무슨 말을 그리 여러 번 반복해서 말하는가?"

35. 보돈차르가 답하는데: "좀 전에 퉁흘렉 냇가 주변의 모든 사람은 주인도 없고, 크고 작음도, 좋고 나쁨도, 머리인지 천한지 모두 하나같이 분별이 없어. 이렇게 만만한 인간들이니 정복해 버리자구."

36. 형이 답하여: "자, 그렇다면 집에 가서 형제들과 의논해서, 저 무리를 정복해 버리자."라고 했다.

37. 집에 온 후에, 형제들과 의논하고 떠나는데, 보돈차르를 선봉으로 보냈다.

38. 보돈차르는 맨 먼저 가서 한 임신한 여인을 잡고 "너는 누구냐?" 하고 물으니, 그 여인이: "나는 자르치오드 아당항 오량하잉 사람이다.[16)]"라고 했다.

39. 거기에서 다섯 명의 형제는 그 사람들을 공격하여, 가축을 빼앗고, 사람들을 종으로 삼아 버렸다.

40. 그 임신한 여성은 보돈차르에게 와서 아이를 낳았다. 그가 이방인의 아

---

16) 소속된 부족이다.(Би жарчиуд аданхан урианхайн хүн)

이이므로 자지라다이라고 이름을 지었다. 자다라이[17])란 성씨가 이렇게 생겨났다. 그 자지라다이의 아들은 토고다이라는 이름이다. 토고다이의 아들은 보리-볼치루이고, 보리-볼치루의 아들은 하르-하당이었다. 하르-하당의 아들은 자모하였다. 자다랑 부족이 이렇게 생겨났다.[18])

41. 그 여인도 보돈차르에게서 한 아이를 낳았다. 그를 잡아 온 여자의 아이라고 바리다이[19])라고 이름 지었다. '바리'라는 씨족이 그렇게 생겼다. 바리다이의 아들 쭈트겔부흐는, 많은 여인을 거느렸으므로 자식들이 구름처럼(많이) 태어났다. 마낭 바린[20]) 씨족이 그렇게 이루어졌다.[21])

42. 벨구누테는, 벨구누테 씨족이 되었다. 부구누테는, 부구누테의 씨족이 되었다. 보하 하타기는, 하타긴 씨족이 되었다. 보하토 살지는, 살지드 씨족이 되었다. 보돈차르는, 보르지긴 씨족이 되었다.

43. 보돈차르가 처음 잡아 온 여자에게서 태어난 아이를 바림 쉬라토 하비츠라고 이름 지었고, 그 하비츠 바타르 엄마가 지참금으로 데려온 여성을 보돈차르가 공녀[22])로 삼고 아들이 태어나자 자오리대라고 이름 지었다. 보돈차르가 생존하는 동안 자오리대에게 제사를 드릴 자격이 주어졌다.

---

17) 자지라다이와 자다라이는 같은 사람이다.
18) 원문 첨가: ('자따: Жада'라는 말은 '이방인', '다른'이라는 단어이다).
19) 잡아 온 바리흐(잡다: барьх)라는 말에서 바리다이(Баарьдай) 부족이 생겼다.
20) 마낭 바린: '안개를 잡다'라는 의미이다.
21) 바리(bari)는 '잡다', '붙잡다'라는 의미이다. 부족이 형성된 어원(Etymology)을 알 수 있다.
22) 공녀(貢女, татвар эм). 과거에 약소국이 강대국에 바친 조공의 하나로 주로 여자들을 첩으로 삼았다.

44. 보돈차르가 죽은 뒤, 그 자오리대가 분명히 오리랑하이대 부족 사람이기 때문에 자기 아들이 아니라며 가문에서 쫓아 버렸다. 그는 제우레드의 조상이 되었다.

45. 하비치 바타르의 아들은 메넹 토동이다. 메넹 토동의 아들은 하치 훌룩, 하칭, 하치오, 하촐라, 하랄다이, 하치옹, 나칭 바타르 등 일곱 명이다.

46. 하치 훌룩의 아들 하이도는, 어머니 나몰롱에게서 태어났다. 하칭의 아들 이름은 노요기대이다. 귀족처럼 행동해서 노요홍[23]족이 되었다.

하치오의 아들은 바롤라대이다. 몸집이 크고 식욕이 왕성해서 바롤라스 씨족이 되었다.
하촐라의 아들도 식탐이 많아서 큰 바롤라, 작은 바롤라라는 별명이 붙었다. 그래서 영리한 바롤라, 작은 바롤라, 우두머리 바롤라스 성씨가 되었다.

하랄다이의 아들은 쌀처럼[24] 뒤죽박죽 성격이기에 보다아드 성씨가 되었다. 하치옹의 아들의 이름은 아다르히대이다. 형제들 간에 불화를 일으키는 성격(이간질하는)이어서 아다르힝 씨족이 되었다. 나칭 바타르의 아들은 오로대와 망고대 둘이다. 오로대와 망고드 씨족이 되었다. 나칭 바타르의 본처에게서 태어난 아들은 쉬조대와 도골대 둘이다.

47. 하이도의 아들들은 바이싱호르 독쉰, 치르하이 량화, 차오징 오르타개

---

23) 귀족(노용)이라는 말에서 나온 부족 이름.
24) 쌀처럼. 즉 쌀이 튀어 흩어지듯이 산만하고 어지러운 성격을 표현한다. 몽골어의 쌀(보다: буд аа)이라는 단어와 '어지럽게 난무한(보드라흐: будрах)'이라는 말이 같은 어원으로 보인다.

등 셋이 있다. 바이슁호르 독슁의 아들은 (통비내) 세쳉이다. 치르해 량화의 아들은 셍궁이고, 암바개탕 타이조드족 사람들이다. 치르해 량화는 자기 며느리를 아내로 삼아서 아들 하나를 낳았는데, 이름은 베수데이다. 베수드 성씨가 되었다. 차오징 오르타개의 여섯 명의 아들의 이름은: 오르나르, 홍호탄, 아롤라드, 스니드, 합토르하스, 게니게스라는 성씨들이 되었다.

48. 톰비내 세쳉의 아들은 하볼왕과 셈세출레 둘이다. 셈세출의 아들은 불테추 바타르였다. 하볼왕은 일곱 명의 아들이 있었다. 그들의 이름은 오힝 바르학, 바르탕 바타르, 호톡토 몽호르, 호탈라 왕, 홀랑, 하당, 토토잉 오트치깅 등이다.

49. 오힝바르학의 아들은 호톡토 주르히이다. 호톡토 주르흐의 아들은 세체-베치와 타이초 둘이다. 그들은 주르치 성씨가 되었다.

50. 바르탕 바타르의 아들은 멩기투 히앙, 네궁 타이지, 예수헤이 바타르[25], 다리다이 오트치깅 등 네 명이다. 호톡토 몽호르의 아들은 부리 브흐이다. 오논강의 울창한 곳에서 결혼식에서 [칭기스의 동생] 벨구테의 어깨를 그가 칼로 내리쳤었다.

51. 호탈라왕의 아들들은 조치, 히르마오, 알탕 등 셋이다. 홀랑 바타르의 아들은 이흐 체렝이다. [이흐체렝의 종] 바다이와 히실릭 둘은 [칭기스의 시대에] 다르하드 귀족이 되었다. 하당과 토도이 둘은 자식이 없었다.

---

25) 예수헤이 바타르(칭기스칸의 아버지)의 등장 시기에, 벨구테(칭기스칸의 동생)가 갑자기 등장한 것이 시기적으로 맞지 않아서, 원본에서 옮기는 과정의 오류이든지 중간의 자료가 빠진 것이 아닌가 추정한다.

52. 전체 몽골을 하볼왕이 다스렸다. 하볼왕은 일곱 명의 아들이 있었는데, 셍궁 빌렉의 아들 암바개가 몽골 전체의 왕이 된다고 하였다.

53. 보이르 호수와 흘렝 두 호수를 연결하여 흐르는 오르숑강에 타타르 부족인 아이락족, 보이르족이 거주하였다. 그들에게 암바가이왕이 딸을 주려고, 자기가 딸을 데려다주고는 타타르 부족에게 붙잡혔다. 타타르 부족이 암바가이왕을 붙잡고, 햐타드의[26] 알탕왕에게 데려갔다. 베수드족의 발하치라는 사람을 사신으로, 암브가이왕이 사신에게 한 말은: "하볼왕의 일곱 아들 중 가운데 호탈라에게, 나의 열 아들 중에 하당 타이지에게 네가 가서 말해라. 모두의 왕이자, 나라의 군주가 딸을 직접 데리고 오는 경우를 나 이후에는 금지하라! 나는 타타르 부족에게 잡혔다. 다섯 손가락의 손톱이 다 닳도록, 열 손가락이 문드러지도록 내 원수를 갚아 주기를 바란다."라고 전하라고 보냈다.

54. 그때, 예수헤이 바타르가, 새를 사냥하여 가는데 올호노오드 지역에서 여자를 데리고 돌아가는 메르기드의 이흐 칠레두라는 사람을 만났는데, 그 여자를 얼핏 보니 참으로 어여쁜 여인이었다. 예수헤이 바타르는 집에 돌아와서 형 네궁 타이지, 동생 다리대와 오트치깅 둘을 데리고, 이흐 칠레두를 따라가니,

55. 그(이흐 칠레두)가 놀라서 붉은 말의 허벅지를 채찍질하여, 산으로 달렸다. 그를(이흐 칠레두) 세 명이 뒤에서 쫓으니 그가 더 빨리 달려 도망쳐 하나의 산

---

26) 햐타드(Хятад)는 중국을 일컫는데, 금나라 지배하의 중국 민족이나 그 지역에 거주하는 사람들을 일컫는다.

등성이를 돌아 수레로 돌아와서 여자 으엘룽 우징[27]이 말하는데, "그 세 명이 나를 쫓아오는 이유를 아는가? 그들의 얼굴이 의심스럽다. 너의 목숨이 위태하구나. 죽지 않고 살아 있는 한 아내 찾는 것은 어렵지 않다. 작은 수레마다 여자는 있고, 큰 마차마다 귀부인이 있다(나 같은 아름다운 아내를 얻게 될 것이다). 만일 내가 그립거든 후에 얻은 부인의 이름에게 내 이름을 주어라. 지금은 생명을 보전하라. 내 향취를 기억하거라."라고 하며 입은 스웨터를 벗어 주었다. 이흐 칠레두는, 그 스웨터를 말에서 숙여 받자마자, 보니, 그 세 명이 산등성이를 돌아오고 있었다. 칠레두는, 붉은 말을 채찍질하여 서둘러 오논강으로 도망쳤다.

56. 세 명이 뒤에서 그를 따라와서, 일곱 언덕을 넘을 때까지 쫓았는데, 으엘룽 우징을 잡고, 예수헤이 바타르가 앞에서 인솔하고, 형 네궁 타이지를 비롯하여, 동생 다리대 오트치깅이 옆에서 [낙타를 먹이며] 다가갔다. 이어서 으엘룽 우징이 말하기를:

"내 남자 칠레두
차가운 바람에
머리를 날리며
광야를
굶주리며 다니다니?

나는 지금 두 갈래의 머리를 앞뒤로 늘어뜨리고 있다니?" 하고 오논강이 출렁이도록, 숲이 출렁이도록 큰 소리로 울고 다리대 오트치깅 옆에서 말하기를:

---

27) 우징: 중국어 무징(부인: 婦人, 왕비)의 몽골어 번역이다.

"안기도록 사랑하는 너의 남자
저 먼 언덕을 넘었구나
울고 싶도록 그리운 너의 남자
저 물들을 건너갔구나.

메마르도록 울었지만
아무리 울어도 볼 수 없고
아무리 찾아도
문도 길도 찾을 수 없네.

세 강을 건넜다.
세 구릉을 넘었다.
찾으면 발자국이 없고
바라보면 흔적이 없고
울어봐도 들리지 않네.
조용하라고 설득했다."

예수헤이 바타르가 으엘룽 우징을 집에 데려가서 아내로 삼았다.
으엘룽 우징을 예수헤이 바타르 집에 데려온 내력이 이러하다.

57. 암바가이왕은 잡혀서 하당과 호탈라 둘의 이름을 말하니 온 몽골과 타이초드들이 오논강의 호르호나의 구릉에 모여서 회의하기를, 호탈라를 왕으로 삼았다. 몽골의 기쁨은 춤, 잔치가 있기 마련이다. 호탈라를 왕으로 삼아서 호르호나의 울창한 나무 아래 옆구리가 아프도록, 무릎이 닳도록 뛰놀며 춤을 추었다.

58. 호탈라가 왕이 되어서 하당 타이즈와 둘이서 타타르족으로 복수하러 갔다. 타타르의 호탕 바락, 잘리 보하 둘과 열세 번 싸웠으나, 암바가이왕에게 복수하는 데 실패했다.

59. 그때 예수헤이 바타르가, 타타르족의 테무진-우게, 호리-보하 등의 타타르 사람들을 잡아 와서(잡아 왔는데) 임신 중인 으엘룽 우징은, 오논강의 델룽 볼독[28]이라는 곳에서 칭기스왕을 낳았다.

---

28) 델룬 볼독(Дэлүүн Болдог): 역사적 기록에 따르면, 칭기스칸이 태어난 곳은 오논(Онон)의 델룬 볼독으로 전해져 왔다. 1928년, 몽골 학자 온후드 상가자브의 잠얀(Онхуд Сангажавын Жамъян)은 오논강을 따라 조사한 후, 현재의 헨티 아이막(Хэнтий аймаг) 다달 솜(Дадал сум)의 고르왕 누르(Гурван нуур) 호수 북쪽 기슭이 바로 델룬 볼독임을 처음으로 주장했다. 그는 "동쪽과 서쪽 두 개의 호수 이름이 합쳐져 '델룬 볼독'이 되었으므로 이곳이 맞다."라고 설명했다. 또한 그는 이렇게 기록했다. "헨티산맥의 남쪽, 케를렌강(Хэрлэн гол) 서쪽에 있는 델게르한(Дэлгэрхан) 산기슭에서 델룬 언덕(Дэлүүн өндөр)이라는 울창한 숲이 우거진 둥근 언덕을 발견했다. 이 언덕의 동남쪽, 케를렌강 동쪽에서 큰 길이 지나가며, 이를 볼독의 협곡(Болдагийн ам)이라 부른다. 지역 주민들은 이곳이 칭기스칸이 태어난 곳이라고 말한다."
몽골의 역사학자인 페를레(Х.Пэрлээ: 1911~1982, 《몽골비사》의 지명 연구)는 다음과 같이 주장했다. "델룬 볼독에 대한 다양한 가설이 있지만, 대부분은 잘못된 것이다. 델룬 볼독은 오논(Онон)과 발즈(Балж)강이 만나는 곳으로, 원래의 지명을 그대로 유지하고 있다. 현재 다달 솜 근처, 구르반 누르 온천 휴양지 인근에 위치하며, 그 위에는 돌비석이 세워져 있다."
고고학자 도르지수렌(Ц.Доржсүрэн)은 역사적 자료를 종합적으로 비교 연구한 끝에, 칭기스칸이 태어난 곳이 오논과 발즈강이 만나는 지점 근처, 오논강 우측에서 동북 방향으로 돌출된, 비장(脾臟, '델룬')처럼 생긴 큰 언덕임을 확인했다. 그는 이곳이 단순한 출생지가 아니라, 칭기스칸과 그의 조상들이 오랫동안 거주한 본거지이며, 그 이전부터 이후까지 수많은 역사적 사건과 연결된 중요한 장소라고 주장했다.
학자들은 '델룬(Дэлүүн)'은 '넓고 광활하다'는 의미, '볼독(Болдог)'은 '언덕이나 구릉'을 의미한다고 해석했다.
칭기스칸(본명: 테무진, Тэмүжин)은 말(馬)의 해, 말(午)의 시에 태어났다고 전해진다. 예수게이 바타르는 이를 길조로 여겨 "용맹한 아들이 태어났다."라고 기뻐하며, 태어난 아들에게 누런 암말을 잡아, 그 고기를 익혀 어머니 으엘룽(Өүлэн хатан)에게 국물로 먹였다. 그리고 말의 비장(脾臟, 델룬)을 땅에 묻었는데, 이것이 '델룬 불닥(Дэлүүн булдаг, 비장을 묻은 언덕)'이라고 불리다가 '델룬 볼독(Дэлүүн Болдог)'으로 변형되었다고 한다.

칭기스가 태어날 때 오른손에 복사뼈 같은 핏덩이를 잡고 태어났다. 타타르족의 테무진-우게를 잡아 올 시간에 맞춰서 태어났다고 테무진이라는 이름을 주었다.

60. 예수헤이 바타르의 으엘릉 우징에게서 테무진, 하사르, 하치옹, 테무게 네 아들이 태어났다. 또 테물릉이라는 딸도 한 명 태어났다. [예수헤이 바타르의 또 다른 부인인 소치겔에게서 태어난 벡테르와 벨구테 둘이 있다.] 테무진이 아홉 살이 되어서 조치-하사르는 일곱 살이고, 하치옹 알치는 다섯 살이며, 테무게 오트치킹(오트공은 불의 왕, 골롬트의 주인이라는 뜻이다)은 세 살이고, 테물릉은 기저귀를 찰 때였다.

61. 예수헤이 바타르는, 테무진이 아홉 살일 때 으엘릉 부인의 고향 올호노오드족에 아들의 외가에서 며느리를 구해 오자고 테무진을 데리고 갔다. 가는 길에 첵체르와 치호르고라는 곳의 사이에서 홍기라드족의 데이 세첸과 만났다.

62. 데이 세첸이 말하기를: "예수헤이 사돈어른, 어디 가시는가요?" 예수헤이 바타르가 말하는데: "내 아들의 외가인 올로노오드 사람에게서 며느리를 얻으려고 갑니다." 데이 세첸이 답하여: "댁의 아드님은 눈을 불꽃같고, 얼굴은 빛나는 사내아이네요.

63. 예수헤이 사돈, 나는 이 밤에 꿈을 하나 꾸었지요. 하얀 매가, 해와 달 둘을 잡고 날아와서 내 손에 앉았어요. 해와 달을 우리가 눈으로(만) 보잖아요. 그런데 해와 달을 매가 잡고 내 손에 내려놓는 것은 놀라운 일이죠. 정말 좋은 일이 생길 징조라고 사람들에게 말했거든요. 예수헤이 사돈, 아들을 데리고 온 것은 곧, 내 꿈이 실현된다는 것이죠. 꿈이 아닌 생시죠! (데이

세챙-예수헤이에게) 히야드 부족의 어르신이 오셔서 꿈으로 신호를 주었지 뭡니까.

64. 우리 홍기라드 부족은 예전부터 다른 지역이나 생명을 탈취하거나 싸운 적이 없어요.

이방인을 침략하지 말고
미녀들을
큰 수레에 태워서
검은 낙타를 끌고
무리 지어 가서
왕이 된 여러분의
왕비의 보좌에 앉히며
같이 앉는다.
다른 사람들과 싸우지 않고
아름다운 미녀들을
좌석 있는 수레에 태우고
늙은 낙타에 태워서
달려가서는
높은 고관들의
부인이 되고

우리 홍기라드 부족은 예전부터 아름다운 여자들과 미녀들이 있으며, 손녀들의 외모로, 딸들의 얼굴로 뛰어나지요.

65. 사내아이들은 고향을 잘 지키고 딸들은 미모가 특출해요. 예수헤이 사돈어른, 우리 집에 가시죠. 나에게 아리따운 딸이 있어요. 와서 보시죠."라고 데이 세첸이 말하며 예수헤이를 집으로 데리고 갔다.

66. 예수헤이 사돈이, 딸을 보니 얼굴에는 빛이 나고, 눈은 불꽃이 일어서 마음에 들었다. 그의 이름은 브르테라고 하였다. 테무진보다 한 살 많은 열 살이다.
데이 세첸의 집에 묵고서는 다음 날에 딸을 청원하니, 데이 세첸이 말하기를: "여러 번 청혼하면 존중하는 것이고, 겨우 몇 번 청혼하면 무시하는 것이지만, 딸이 태어난 곳에서 늙으면 안 되니 딸을 내주겠소. 대신에 아들을 내 사윗감으로 우리 집에 남기시지요." 하니, 예수헤이 바타르가 말하기를: "내가 아들을 남기겠소. 내 아들은 개를 무서워하지요. 존경하는 사돈어른, 내 아들을 개로부터 놀라게 하지 마시오!"라고 끌고 간 말을 선물로 주고, 테무진을 남기고 예수헤이 바타르가 돌아갔다.

67. 예수헤이 바타르가, 첵체링 들녘으로 가는 동안, 타타르 사람이 결혼하는 곳에 이르니 목이 말라서 결혼식에 멈추었다. 타타르인들은 예수헤이를 알아보고, "귀한 예수헤이가 왔다."라면서 혼인식장에 앉게 하고, 전에 당한 복수를 기억하고, 은밀하게 의논하여, 음식에 독을 타서 주었다. 예수헤이는 거기서 말을 타고 가는 길에 몸이 나빠져서, 사흘을 채 못 가서 집에 다다르니,

68. 예수헤이가 말하기를: "내 속이 안 좋아요. 내 곁에 누가 있소?" 하고 물으니, 홍호탄 부족의 치르하 노인의 아들 멘릭(또는 몬릭)이 "내가 가까이 있어요." 하니, 그를 불러 말하기를: "멘릭 젊은이 들어 보세. 내 아들은 아직 어려요. 내 아들 테무진을 사돈댁에 남겨 두고 오는 길에 타타르족이 나에

게 독약을 먹였어. 내 속이 안 좋아. 고아로 남겨진 동생들과 홀로 된 며느리[29]를 돌봐 주는 것을 잊지 말아요. 아들 테무진을 당장 데리고 와요! 사랑하는 멘릭아!" 하고는 숨을 거두었다.

---

29) 홀로 된 며느리, 으엘룽을 말함. 예수헤이의 부인이며 멘릭의 며느리. 차르하이와 예수헤이이 부친(세 아들 낳음, 하나는 예수헤이). 차르하이(예수헤이의 큰아버지)에게서 멘릭이 태어났다.

2장(69~103)

칭기스칸의 청소년기, 결혼과 메르기드족의 침입

69. 멘릭은, 예수헤이 바타르의 말을 따라서, 데이 세첸에게 가서 말하기를: "예수헤이 형님께서, 테무진을 아주 보고 싶어 하니 테무진을 데리러 왔소이다."라고 하니, 데이 세첸이 말하기를: "사돈이 아이를 보고 싶다고 하니 보내 주겠소. 그런데 곧 다시 데려와야 하오."라고 했다. 이 말을 듣고는 아저씨[30] 멘릭은, 테무진을 데려왔다. [예수헤이 바타르가 죽으니 테무진은, 땅에 엎드린 채로 크게 슬퍼할 때, 홍호트 부족의 치르하가 그를 위로하며 말하기를:

"톨강의 물고기처럼[31]
구슬피 울며 슬퍼하는가?
특별 선발된 (왕의 경호) 군사를 만들자고
단호한 결단의 말을 하지 않았던가?

물고기처럼
가슴 무너져 슬퍼하는가, 너는?

---

30) 멘릭은 예수헤이의 사촌이다. 원문은 '아버지 멘릭'이지만 문맥상 '멘릭 아저씨' 등의 친근성의 표현으로 보는 것이 맞다.
31) '톨 물고기'는 톨강에서 안절부절못하여 한곳에 안정되어 있지 못하는 모습을 말하는 것.

국가를 세우자고

이유 있는 말들을 하지 않았던가?"

라고 말하자 울음이 그쳤다.

70. 그 봄에 암바가이왕의 부인 오르바이와 소하태 둘이 매장지(조상의 시신을 매장한 곳)에 제물을 드릴 때 으엘룽 우징이 늦었기에 제물의 몫을 분배하는 데에 늦었다. 오르바이와 소하태 둘에게 으엘룽 우징이 말하기를: "내 남편 예수헤이 바타르가 죽었는데, 내 아들이 어리다고, 조상에게 제사를 드리는 제물용 술을 왜 주지 않는가? 눈으로 보고 있는데도 업신여겨 주지 않고, 이사할 때마저 말하지 않았다."라고 하였다.

71. 그 말에 오르바이와 소하태 두 여인이 답하기를:

"너에게 먹으라고 부를 필요가 없고
너에게 먹을 기회가 되면 와서 먹는 것이고!
너에게 먹을 것을 가져다줄 필요는 없고
너에게 먹을 만큼 있을 때 먹어야 한다!"

암바가이왕이 죽고, 으엘룽에게 이렇게 말했다.

72. "자, 그럼 이들의 어미[32]와 아들들을 마을에 남겨 버리자. 데려가지 말자."라고 하였다. 그다음 날 타이족의 타르고다이[33] 히릴톡, 토도잉-기르테 등이 오논강으로 갔다.

---

32) 으엘룽을 말함.
33) 예수헤이 부족 아래 있던 부족들.

으엘룽 우징이, 아들들과 함께 남겨질 때, 홍호탕의 치르하 노인이 이사하는 사람들에게 가서 설득하니 토도잉 기르테가,

"고인 물이 말랐고

큰 바위가 깨어졌다."

라며 치르하 노인의 말을 무시하고, 다른 곳으로 옮겨 가서, "너 왜 나를 이렇게 설득하는가."라고 그 노인의 등허리를 막대기로 밀며 쫓아냈다.

73. 치르하 할아버지가 상처를 입고 집에 와서 드러누웠는데, 테무진이 방문하였다. 홍호탄족의 치르하 할아버지는, 테무진에게 말하기를: "너의 아버지가 모아 놓은 나라를 흩어지지 않게 설득하러 갔다가 이렇게 당했다." 라고 하자 테무진이 울음을 터트렸다. 으엘룽 우징이 직접 깃발을 들고 말을 타고 가서, 버려진 사람들의 일부를 데려왔다. 그러나, 돌아온 일부는 남지 않고 타이초드 사람들을 따라 떠나갔다.

74. 이렇게 타이족은 형제들을 잃고 과부가 된 으엘룽 우징을 어린아이들과 함께 고향에 남기고 자신들은 떠나 버렸다.

지혜롭게 태어난 으엘룽 엄마

델의 옷자락을 기워 입고는

닳은 델을 허리띠에 집어넣어

오논강을 위아래 오르내리고

귀룽나무 열매를 따서

작은 아기들을 사랑하여 키우고

밤낮을 애쓰면서 지내셨네.

능력을 가지고 태어난 우징 엄마

참나무 꼬치를 들고 가서

작은 비탈길을 오르내리며
오이풀의 뿌리를 파헤친 후
밤낮을 단련되어 지새우니
총명한 아이들을 양육해 내었다.

[왕비로 태어난 우징 엄마
느티나무 가지를 가지고 가서
할동산을 오르내리고
주변의 야생 양파를 뽑아서는
어린 왕들을 사랑으로 키워 내니
풍성하도록 먹이고 키웠다.]

75. 곱게 태어난 으엘룽 엄마
쇠갈고랑이를 집어 들고
강과 산골짜기를 오르내리고
야생 부추를 뽑으러 가며
귀한 아이들을 양육하였다.
예정대로 태어난 우징 엄마
감자로 아이들을 키우고
고관 귀족으로 아이들을 키웠다.

곱게 태어난 으엘룽 엄마
야생 부추로 아이들을 양육시키고
아이들이 귀하게 잘 자랐다.
엄마 우징이 양육한 아들들
좋은 고관이 되어 자라고

모든 부족의 완성이 되고
오논강 가에 앉아서
물고기 잡는 낚시를 던져
물고기를 건져 올려
엄마 우징이 양육하였더라.
예정대로 우징이 양육한 아이들은
통치력 있는 남자들이 되어 자라고
이끼 낀 물을 치워 내고는
새끼 물고기들을 건져 올려서
복된 엄마를 돌보게 되었다.

76. 하루는 테무진, 하사르, 벡테르, 벨구테 넷이 함께 앉아서, 물고기를 잡을 때 한 '게겡 소고스[34]'라는 물고기를 그물로 잡았다. 테무진과 하사르 둘에게서 벡테르 벨구테 둘은 그 물고기를 빼앗아 갔다. 테무진과 하사르 둘은 집에 와서 모친 우징에게 말하기를: "한 연노랑색 물고기가 그물 안에 들어왔는데 벡테르와 벨구테 형제가 빼앗아 갔어요."라고 하니, 모친 우징이 말하기를: "너희가 한 아비의 자식들인데도 왜 그리 다투는가? 지금 그림자 외에 동료가 없고, 꼬리 말고 다른 채찍이 없다는 것을 알지 않는가. 이러면 우리가 어찌 타이족들에게서 원수를 갚을 수 있겠는가. 전에 모친 알롱의 다섯 아이들처럼 왜 사이가 안 좋은가? 너희들 제발 그러지 말아라."라고 했다.

77. 거기서 테무진과 하사르 둘은 (모친의 말을) 무시하고 말하여: "어제 참새 한 마리를 활로 사냥한 것을 그들이 빼앗아 갔거든요. 오늘도 역시 또 빼앗

---

34) 송어(Trout) 종류의 물고기.

아 갔어요. 이러면 이들과 어떻게 같이 살아요." 하고 집 문을 쾅 하고 닫고는 나가 버렸다. 벡테르는, 거친 곳에서 아홉 마리의 황금빛 말들을 방목하며 앉았는데, 테무진은 뒤에서, 하사르는 앞에서 몰래 화살을 겨눌 때, 벡테르가 보고 말하는데: "타이족이 이 형제들의 자멸을 기다리고, 복수를 다 마치지 못하고 있는데, 너희가 나를 어찌 눈썹[35]이나, 입의 토사물과 같이 여기는가? 지금 그늘 외에는 다른 동료가 없고, 꼬리 외에는 다른 채찍이 없는데 뭘 이렇게 하는가, 당신은? 나의 골롬트[36]를 없애지 마라. 벨구테를 없애지 마라."라고 무릎을 꿇고 빌었다. 테무진 하사르가 앞뒤에서 활을 쏘아 (벡테르를) 죽이고 떠났다.

78. 테무진과 하사르 둘이 집에 들어오자 모친 우징이 두 아들의 얼굴을 보자마자, 곧 이유를 알고 말하기를:

"배우자를 여의고
짝을 잃어버리고
따뜻한 복중에서 나올 때
검은 핏덩이를 쥐고 태어났지.
갈비뼈를 문
검은 개마냥

바위를 공격하여
송골매처럼
분노를 억제하지 못하는

---

35) '왜 나에게 적개심을 가지고 복수하려는가?' 하는 의미.
36) 골롬트: '소중한 것'을 나타내는 말.

거만한 사자처럼
생명들을 삼켜 버리는
위험한 괴물처럼
그림자를 공격하는
사나운 짐승처럼
덩어리째 삼켜 버리는
살육의 물고기처럼
두 살배기 낙타 새끼의
뼈마디를 깨무는
늙은 낙타마냥
비 오는 날
침략하여
굶주린 늑대마냥

어린아이를
쫓는 데 지쳐
잡아서 먹고
죄지은 원앙마냥
우리를 옮기면
뒤에서 공격하여
난폭한 늑대마냥
잡아먹고서는
호랑이, 사자처럼
난폭한 짐승이다.
그늘 외에 다른 동무가 없고

꼬리 외에 다른 채찍이 없을 때[37]

타이족들의 자멸을 기다리고, '복수를 누가 어떻게 할꼬?' 할 때, 너희들이 왜 이런 짓[38]을 했는가?"라고 옛날 말을 인용해서, 조상들의 말을 근거로 삼아 아이들을 아주 꾸짖었다.

79. 그러다가, 타이족의 타르고대 히릴톡은, 부하들을 데리고, "어린 양[39]이 털갈이를 하였고, 어린 양의 몸집은 자랐도다(으엘룽의 아들들이 자랐다)."라며 공격해 왔다. 그들이 두려워 으엘룽 우징은 아들들과 함께 숲속으로 피신했다. 벨구테는 나무를 꺾어서 방어진을 만들었다. 하사르는 활을 쏘며 대항하고, 하치옹, 테무게 등 셋을 산등성이에 숨겼는데 타이족은 소리치며 말하기를: "테무진을 내놔라. 다른 이는 필요없다."라는 말을 듣고는 테무진을 은밀하게 숲속으로 보내 버렸다. 이것을 타이족이 알고 쫓아가니 테무진은, 아주 깊은 숲속으로 들어갔고 타이족은 들어갈 수 없어서 포위해서 지켰다.

80. 테무진은, 숲속에서 사흘을 보내고 이제 내려가려고 말을 끌고 가는데 말에서 안장이 미끄러졌다. 돌아보니 안장의 밑 끈이 아무 이상 없는데 떨어진 것이다. "끈은 미끄러졌지만 안장 뒤꼬리는 왜 미끄러졌을까. 하늘이

---

37) 몽골의 시는 두운을 맞춘 경우가 많다. 한국어로 번역할 때, 두운을 살릴 수는 없지만 원어의 의도를 살리는 의미에서 행을 원래 작품에 맞추어 옮긴다.
38) 벡테르를 죽인 행위.
39) 몽골에서는 가축을 말할 때, 나이별로 명칭이 다르다.
나이별 양의 명칭을 보면 다음과 같다.
1살 양: 호락, 2살 양: 틀륵, 3살 양: 수들렝, 조삭, 4살 양: 햐잘랑, 5살 양: 소욜롱 등으로 칭한다. 즉, 본문은 1살 된 양이 털갈이를 하였고 2살 된 양의 몸이 커졌듯이 테무진이 자랐다는 의미이다.

말리는 징조인가?"라며 다시 사흘간 머물렀다. 다시 나가려는데, 숲에서 나오는 길을 게르만큼 큰 하얀 돌이 가로막았다. "이건 또 하늘이 말리는 징조인가?"라며 다시 사흘을 숲에 머물렀다.

모두 아홉 날을 굶고는 "이렇게 죽느니 나가자."라며 길을 막고 있는 그 돌을 돌며 나갈 때, 가로막는 나무를 화살 만드는 칼로 자르며 말을 끌고 나오자 곧바로 타이족에서 붙잡히고 말았다.

81. 타르고대-히릴톡이 테무진을 붙잡고, 자기 나라로 데려가서 괴롭히고는 집집마다 들러서 머무르게 하였다. 여름의 첫 달[40]쯤인 열엿샛날 달이 뜨는 날[41], 타이족은 오논강 변에 잔치를 열어 해 질 무렵에 마쳤다. 그 잔칫날에 한 연약한 소년을 데려와 테무진을 지키게 하였다. 잔치 손님들이 흩어지자마자, 그 소년의 머리를 가쇄[42]로 한 번 내리치고는 뛰어서 오논 숲으로 피신했다가 들킬까 봐 세차게 흐르는 물가의 옆에 고인 물에 들어가서는 가쇄를 물속에 집어넣고 고개를 밖으로 내밀었다.

82. "잡힌 사람을 놓쳤다."라고 그를 감시하던 사람이 큰 소리로 외치니 흩어져 있던 타이족이 모여들어서, 낮같이 환한 밤에 오논강 변의 숲을 샅샅이 뒤졌다.
급류에 누워 있던 테무진을 술드슨족의 소르홍-샤르가 딱 보고는 말하기를: [물에 흔적이 없고, 공중에 흔적이 없으니 네가 이렇게 누워서 숨는 것

---

40) 여름의 첫 달, 즉 6월을 의미한다.
41) 테르겔 사르(тэргэл сар)는 보름달, 올란 테르겔 으드르(붉은 보름달: улаан тэргэл өдөр)는 보름 다음 날을 말한다.
42) 가쇄(枷鎖), 죄인의 목에 채우는 나무로 만든 틀로 족쇄와 구분된다.

이 옳구나.]

"네가 이런 요령이 있고 눈에는 불빛이, 얼굴에는 빛이 나는 사람이니 타이족이 이렇게 시기하는구나. 너 이렇게 누워 숨어 있어라. 내가 너를 고자질 하지 않겠다."라며 지나가 버렸다. 앞으로 어떻게 찾을 것인지 타이족이 논의할 때, 소르홍-샤르가 말하기를: "사람마다 왔던 길로 돌아가는데, 주변 장소를 다시 찾아보자."라고 하니 모두가 "그러자."라고 동의하고, 사람들이 지나간 자국으로 수색했다. 또 소르홍-샤르가, 테무진에게 들러서 "형제 타이족들이, 이를 갈며 가고 있었다. 너는 잘 숨어 있어라." 하고는 지나갔다.

83. 타이족은 찾을 수 없으니까 다시 가서 찾자고 의논하고 소르홍-샤르가 말하기를: "타이족[귀족], 우리 남자들이, 밝은 대낮에 사람을 놓치고, 지금이 어두운 밤에 어떻게 찾는다는 말인가. 사람마다 간 길 자국으로 다시 한 번 흩어져서 찾아보고 내일 모여서 찾자. 그 가쇄 찬 사람이 얼마나 가겠는가." 하니 모두가 "그럽시다."라며 찾으러 돌아갔다.

소르홍-샤르가 또 테무진에게 와서 말하기를: "지금 한 번 더 찾아보고 내일 다시 찾기로 했어. 그러니 우리가 헤어지면 곧바로 엄마와 동생 쪽으로 가거라. 만일 사람을 만나면 나를 봤다고 말하지 마라."라며 가 버렸다.

84. 그들이 헤어지자마자, 테무진은 속으로 생각하기를: '최근 며칠간 집들을 전전하며 묵을 때 소르홍-샤르의 집에 묵었을 때 그의 아들들 침바와 촐론, 둘이 나를 가엾게 여겨, 밤에 가쇄를 풀어서 묵게 했었지. 지금도 소르홍-샤르가 나를 보고도 (타이족에게) 알리지 않고 지나갔으니 그들이 나를 구해 줄 테지.'라며 소르홍-샤르의 집을 향하여 오논강으로 갔다.

85. 소르홍-샤르의 집의 특색은 밤새 새벽까지 우유를 떠서 붓고는 마유주

를 휘젓는 것이다. 그 표시를 기억하며 우유 휘젓는 소리를 향하여 집에 도착하니 소르홍-샤르가 말하여: "내가 너에게 모친과 동생들 쪽으로 가라고 말하지 않았느냐? 너 왜 왔지?" 그의 아들 침바와 촐롱 둘이 말하는데: "참새가 매로부터 도망가서 수풀 속에 피하면 수풀은 그를 지켜 구합니다. 지금 우리에게 사람이 숨으러 왔는데 어찌 그리 말할 수 있어요."라고 부친에게 따졌다. 가쇄를 부수고 불에 태워서, 테무진을 뒤편에 짐승 털을 실은 검은 수레에 숨기고, "누구에게도 말하지 마라."라고 하고 하당이라는 이름의 여동생에게 보살피도록 했다.

86. 사흘 되던 날, [가쇄 찬 사람이 어디 멀리 갔겠는가?] "그를 우리 쪽 사람들이 숨겼을 거야. 팀을 나눠 집집마다 뒤져 보자."라고 집집마다 찾으며 소르홍-샤르네 집에 와서, 수레와 침대 밑까지 샅샅이 뒤지고, 뒤에 짐승 털이 있는 수레에 가서 입구 쪽의 털을 당겨서, 테무진의 발을 건드리니, 소르홍-샤르가 말하기를: "이런 더운 때에 털 더미 속에 사람이 어찌 살아 있을까?" [마음껏 수색하라.] 하니 찾던 사람들이 내려가 버렸다.

87. 그 찾던 사람이 떠난 다음에 테무진에게 소르홍-샤르가 말하기를: "나를 재로 날려 버릴 뻔했네, 너, 이제 곧 모친과 동생들에게 가라."라며, 새끼를 낳지 못하는 황갈색 암말에 태워서, 텔레(두 어미의 젖을 먹는 살찐) 양을 삶아서, 흐후르(가죽 물통)와 활 하나, 화살 두 개를 주고, 안장 등을 적당히 (챙겨) 주고 (떠나) 보냈다.

88. 테무진이 거기서 떠나서 전에 숨었던 숲에 와서 경사진 곳을 따라 오논강으로 가서, 서쪽에서 흐르는 히모르가 시냇가에 도착했다. 히모르가 시냇가를 거슬러 가서, 베데르산의 호르초호이 언덕이라는 곳에 와서 모친과 동생을 만났다.

89. 거기에 모두 모여서, 보르항 할동 앞쪽 후렐흐 안에 흐르는 셍구르 시내의 (헹헤링 강) 하르 주르흐[43]의 흐흐 호수[44]라는 곳에 가서 살면서 타르박[45], 다람쥐를 잡아먹으면서 살았다.

90. 하루는 집 근처에 있는 여덟 개의 좋은 말을 뺏으려고 (도둑들이) 와서 눈앞에서 탈취해 갈 때 테무진 일행은 걸어가고 있어서 보기만 하고 놓쳤다. 벨구테는 작고 연한 갈색 말[46]을 타고 타르박 사냥을 나간 상태였다. 저녁에 해가 진 후에 작고 연한 갈색 말을 타고 타르박을 잡으러 갔는데 잡은 타르박을 말에 싣고 말을 끌고 왔다. "좋은 말들을 뺏겼다." 하니, 벨구테는, "내가 쫓아가겠다." 하고 말했다. 하사르가 말하기를: "넌 안 돼, 내가 갈게." 하고 말했다. 테무진이 말하기를: "너희는 안 될걸, 내가 가지."라며 그 말을 타고 연황색 말을 잡으러 풀들이 누운 곳[47]을 따라 사흘간 갔는데 하루 아침은 많은 말이 있는 곳에 도착하니 한 재빠른 사내가 말의 젖을 짜고 있었다. 그를 만나 말들에 대해 물어보니, 그 사내가 답하는데: "오늘 아침 해가 뜨기 전에 여덟 마리의 연한 갈색 말들을 사람들이 여기로 몰고 갔지. 내가 발자국을 가르쳐 주지."라며 연한 갈색의 타던 말을 놓고는 회색빛의 다른 말에 테무진을 타게 하였다.

자신은 빠르고 붉은 말을 타고, 집에 들르지 않고 가죽 부대와 그릇들을 벌판에 묶은 채로 두었다. 그리고 말하기를: "당신은 왜 그리 허겁지겁 가는가. 남자들의 고통이란 다 매한가지이지. 내가 동무가 되어 주마. 나의 성

---

43) '하르 주르흐', 검은 심장이라는 의미로 호수의 모양을 그렇게 표현한 듯하다.
44) 검은 호수. 몽골인은 호수의 색깔을 '하얀, 푸른, 검은' 등으로 표현한다.
45) 몽골의 마못, Marmota sibirica. 다람쥐와 흡사한 설치류로 스텝이나 초원 지역에 서식하며 유목민들이 사냥하여 식용으로도 사용한다.
46) 작고 연한 갈색 말(оготор хонгор морь)은 몽골 말 중에서 품종이 좋은 말이다.
47) 풀들이 누운 곳: 이미 다른 사람들이 다닌 흔적이 있는 곳.

씨는 나호 바양[48]이라 한다. 난 외아들이지. 내 이름은 보오르치."라며 둘이 말을 타고 연한 갈색의 말을 추적하여 사흘간 갔다. 어느 오후에 해가 산 너머로 기울어질 무렵, 한 마을의 주민의 집에 도착하니, 여덟 마리 말이 그 마을의 외곽에서 풀을 뜯고 있었다. 테무진이: "동무(보르츠)야, 넌 여기 있어라. 우리 황갈색 말이 저기 있다. 내가 이리 몰고 오겠다."라고 하니, 보오르치가: "내가 너의 친구가 되어 왔는데 어찌 여기 남겠는가."라며 둘이서 같이 마을에 들어가서 황갈색 말들을 마을에서 몰고 나왔다.

91. 뒤에서 많은 사람이 뒤쫓아 갔다. 그들 중에서 백마를 타고 붉은 델을 입은 한 사람이 올가미 달린 장대를 잡고 홀로 가까이 왔을 때 보오르치가 말하기를: "동무야, 네 화살을 나에게 줘 봐. 내가 활로 쏠게." 테무진이 말하기를: "날 위해 그리 위험한 일에 관여하지 마라. 내가 활을 쏠 테니." 하며 돌아서서 활을 쏘았다. 그 백마 탄 사람이 올가미를 들고 뒤쫓으니 뒤따르는 사람들이 연달아 쫓아왔지만 갑자기 해가 산 너머로 기울어 저물게 되니 그들이 테무진을 찾지 못하고 놓쳐 버렸다.

92. 테무진과 보오르치 둘은 말들을 데리고 밤이 새도록 사흘 밤낮을 달려서 보오르치의 집에 도착하니, 테무진이: "나에게 네가 없었더라면 이 말들을 어떻게 데려왔을까? [내가 몇 마리를 가지고 갈까?] 넌 몇 마리를 가져갈래?" 하니, 보오르치가 말하여 "나는 좋은 친구인 네가 허둥지둥할까 봐 도와주려고 같이 간 거야. 내가 이익을 바란 게 아니거든. 내가 나호 바양의 외아들이고 나의 부친이 모아 둔 재산이 나에게 충분하거든."이라며 (말을) 받지 않았다.

---

48) 몽골인은 성(姓)을 말할 때, 아버지의 이름을 말한다.

93. 둘이서 나호 바양의 집에 가니, 아들이 없어졌다고 눈물 콧물 흘리던 나호 바양은 아들이 온 것을 보고 한 번은 울고, 한 번은 혼내고, "아들놈아, 뭔 일인지 말해 봐." 하니 보오르치가 말하기를: "이 좋은 친구가 갈팡질팡 가는 것을 보고 같이 갔다가 지금 왔습니다."라며 말을 타고, 초원에 묶어 둔 가죽 부대(남보르, 흐후르)와 물건들을 가져왔다. 테무진에게 어린 양을 잡아서 음식을 차리고 안장의 가죽끈을 주었다. 나호 바양이 말하기를: "두 젊은이는 지금부터 잘 지내라, 서로 떨어지지 말고."라고 했다. 거기서 테무진은 말 타고 사흘 밤낮을 달려 셍구르 시냇가에 있는 집에 도착했다. 테무진이 오자 모친 으엘룬, 하사르와 동생들은 걱정이 사라지고 마음껏 기뻤다.

94. 전에 브르테 우징을 테무진이 아홉 살일 때 보고 온 다음에 다시 본 적이 없다. 지금 테무진과 벨구테 둘이서 브르테 우징을 찾으러 헤를렝강[49]으로 갔다. 체첵르와 치호르고 둘 사이에 홍기라드의 데이 체첸이 거주하고 있었다. 데이 체첸이, 테무진을 보고 아주 기뻐하며 말하기를: "형제 타이족들이 너를 시기, 질투할 것을 내가 알고는 많이 걱정이 되었는데 지금 너를 만났구나."라고 브르테 우징을 테무진에게 주었다. 테무진은 브르테 우징을 데리고 돌아갈 때 데이 체첸이 배웅하며 헤를렝 오락 평야라는 곳까지 가서 [더위에 피곤하니까] 헤를렝으로 되돌아갔다. 데이 체첸의 부인 초탕은 딸 브르테 우징을 보고 후렐흐 안에 셍구르 냇가에 데려왔다.

95. 초탕을 보내고 보오르치를 친구 하자고 초대하러 벨구테를 보냈다. 벨구테가 가자마자 보오르치는 아버지에게 말하지 않고 구부정한 갈색 말을

---

49) 헤를렝강은 헨티산맥에서 발원하여 중국 내몽골 자치구로 흘러가는 전장 1,260km에 이르는 큰 강이다.

타고 갈색 비옷(거적)을 걸치고 벨구테와 함께 왔다. 보오르치가 테무진과 친구 된 경위가 이러하다.

96. 테무진 일행은 셍구르 시냇가에서 옮겨서, 헤를렝강의 상류 부르기강 가에 정착할 때, 초탕 어머니가 아끼는 옷[50]이라고 가져온 검은 밍크를 가져와서 테무진, 하사르, 벨구테 셋이 예수헤이 아버지의 옛 친구인 옹[51]이라는 왕을 만나러 갔다. 아버지 친구는 아버지와 같다고 옹칸이 톨강의 수풀에 거주할 때 가서 테무진이 말하기를: "아버지의 옛 친구이시니 제 부친이나 다름없습니다. 그래서 제가 아내를 얻었고, 이 검은 밍크코트를 드리러 왔습니다."라며 밍크코트를 주었다. 옹칸은 아주 기뻐 말하는데:

"검은 밍크코트의 화답으로
분단된 너의 나라를
하나 되게 해 주마.
밍크코트의 화답으로
깨어진 너의 나라를

---

50) 옷(쉬트굴: шитгул)은 '고급스럽고 소중한 옷'이라는 의미이다.
51) 옹칸은 토그릴(Togril)이다. 그는 투르크어와 케레이트어에서는 Tongrul이라는 전설 속의 강력한 새의 이름인데, 몽골인들도 그를 동그룰(Dongrul) 혹은 토그릴(Togril)이라고 불렀다. 옹칸의 원래 이름이 토그릴이었다. 후에 알탄칸의 재상이 그에게 '옹칸'이라는 이름을 주었다. 라시드 앗 딘 지음, 김호동 역 《칭기스칸기》, 사계절, 177 참조.
일반적으로 몽골어에서 хаан(khaan)은 왕이나 황제, 최고의 통치자를 의미하고 хан(khan)은 부족장이나 지방 영주의 의미이다.
그러나 《몽골비사》에 나오는 Ван(Wang), 옹(Ong)칸이 누구인가에 대해서는 여러 가지 학설이 있다. 케레이드 부족의 토오릴왕으로 보는 견해가 많으며 한자 차용어인 왕(王, Ong)과 몽골어 왕의 의미인 칸(Khan)의 합성어로 보기도 한다. 일부는 왕한(王汗 혹은 王䍐)으로 표기되는 문헌도 있다. 본 역본에서는 일반적인 번역음을 따라 '옹왕(Ong King)' 혹은 '옹칸(Ong Khan)'으로 표기한다. 김호동, 《동방 기독교와 동서문명》, 19 참조.

하나로 통일시켜 줄 것이다.

신장은 엉덩이에 있고

거담은 가슴에 있단다[52]

(형제가 될지어다)."라고 했다.

97. 거기서 부르기강 변에 거주하는데 보르항 할동에서 오리앙하이 자르치 오대 노인이 풀무[53]를 짊어지고, 젤렘[54]이라는 이름의 아들을 데리고 와서 말하기를: "테르궁(존칭) 오논의 델궁 언덕에서 테무진 그대가 태어날 때 담비 털 속싸개를 주었고 나는 이 아들 젤렘을 너에게 주었지만, 아직 어려서 집에 데리고 있었다.

이제 그대는 내 아들 젤렘으로 하여금,

안장을 준비하게 하고

문을 열게 하라."라며 주었다.

98. 헤를렝강의 상류인 부르기강 변에 거주하는데 한 번은 아침 일찍 밝아 올 때, 모친 으엘룽의 집안일을 돕던 화그칭 할머니가 일어나서 말하기를: "으엘룽, 으엘룽, 얼른 일어나요. 땅이 터질 것같이 큰 소리가 나요. 말발굽 소리를 들어 봐요. 무서운 타이족이 왔어요. 으엘룽, 얼른 일어나요."라고 했다.

---

52) 나의 말은 확실하다는 표현.
53) 풀무(хөөрөг): 철공소 장인이 사용하는 가죽 부대
54) 젤렘(Зэлмэ): 원래 음절상의 발음은 '젤메'가 맞지만, 몽골인들은 젤렘, 혹은 젤름이라고 발음하기에 본 역본에서도 '젤렘'으로 표기한다. 흔히 몽골어의 L+M의 경우, 자음의 순서를 거꾸로 발음하는 경우가 많다.

99. 으엘룽은, "아이들을 얼른 깨우세요."라며 자기도 벌떡 일어났다. 테무진 일행은 곧 일어나서 말을 준비시키고, 테무진, 으엘룽, 하사르, 하치온, 테무게 오트치깅, 벨구테, 보오르치, 젤렘 등을 각각 한 말에 태우고, 테물룬을 엄마 으엘룽 품에 안게 했다. 한 말에는 짐을 싣고 떠났다. 브르테 우징에게는 말이 부족했다.

100. 테무진의 형제들은 말을 타고, 새벽에 보르항 할동을 향하여 갔다. 화그칭 할머니는, 브르테 우징을 숨기려고 천막 수레에 타게 하고 [물건들을 싣고 수레에 탔다.] 배 쪽 얼룩무늬 소에게 수레를 매고, 퉁흘렉 쪽으로 이동하여 [산 너머 퉁흘렉강에 도착해서] 방금 동이 트고 어슴푸레할 때에 앞쪽에서 군인들이 말 타고 다가와서, "넌 누구냐?"라고 물으니 화그칭 할머니는: "나는 테무진 쪽 사람이야. 종갓집에 양털 깎으러 왔지. 지금 [솜털을 싣고] 집에 간다." 했다. 그 군인들이 말하기를: "테무진이 집에 있소? 없소? 집은 어디요?" 하니, 화그칭 할머니가: "집은 가까운데, 테무진은 있는지 없는지 나는 모른다오. 내가 뒤쪽 집에서 나왔거든."이라고 했다.

101. 그 군인들이 말을 타고 지나갔다. 화그칭 할머니는, 얼룩 배의 소를 채찍질하고, 서둘러 가는데, 수레의 굴대가 부러졌다. 굴대가 부러졌으니, 걸어서 숲속으로 피신하자고 할 때, 뒤에서 그 군인들이 벨구테의 모친을 추격하며 두 발은 늘어뜨린 채 달려와서, "이 수레 속에 뭐가 있나?"라고 물으니, 화그칭 할머니가: "양털이지." 그 군인들의 상사가 "너희들이 내려가서 확인해 봐." 하니, 모두 내려가서 천막 덮인 수레의 덮개를 여니, 안에는 귀부인이 앉아 있었다. 그를 수레에서 끌어 내려서 화그칭과 둘을 나란히 줄로 엮고는 테무진의 뒤에서 풀의 흔적을 따라가서, 보르항 할동으로 갔다.

102. 테무진을 쫓아 보르항 할동을 세 번[55]이나 돌았지만 찾지 못했다. 앞으로 뒤쪽으로 다니면서 찾았지만 진흙과 빽빽한 숲과 배부른 뱀이 끼어들 틈[56]이 없는 위험한 숲이니 테무진을 추적할 수 없었다. 이렇게 추적한 군인들은 세 메르기드의 연합군인들이었다. 우도이드 메르기드의 톡토아, 오와스(오하) 메르기드의 다이르-우숭, 하드 메르기드의 하타이 다르말라 등, 셋이 합하여 전에 칠레두에게서 으엘룽을 빼앗았던 원수를 갚으러 온 것이다. 이제 그 메르기드들은: "으엘룽을 빼앗긴 원수를 갚으러 와서 이제는 여자들을 뺏었다. 조상들의 원수를 갚았다."라며 집에 돌아갔다.

103. [그들이 브르테 우징을 붙잡아 칠레두의 동생 칠레게르에게 주었다.] 테무진이: "그 세 메르기드인들이 집에 돌아갈까? 산에 잠복할까? 사흘을 따라가서 알아 와라."라고 벨구테, 보오르치, 젤렘 셋을 보냈다. 테무진은 스스로 보르항 할동 위에 가서 말에서 내려, 가슴을 펴고(때리며) 기도하며 말하기를:

"족제비처럼 듣고
귀가 밝은 화그칭의
청각의 힘으로
담비 같은 시력에
진실된 화그칭의
시력 덕택에
[위험한 적으로부터

---

55) 단순히 '3회'일 수도 있지만, '수차례, 여러 차례'라는 의미로 보는 것이 좋다.
　　Igor de Rachewiltz, 《The Secret History of the Mongols: A Mongolian Epic Chronicle of the Thirteenth Century》, The Australian National University, 2015.
56) 뱀이 배부르게 살찌면 다닐 수 없을 정도로 촘촘한 숲을 표현함.

도망칠 수 있었고]

온몸을
전체가 숨겨서
흐릿한 길을
뒤를 따라서
사슴 발자국을
밟으며 뒤따라서
음산한 집에
피하고
보르항 할동에서
목숨을 보존했다.

이방의 적
공격해 올 때
시야에서 잘 안 보이는
참새처럼
큰 순록의
흔적을 따라
바위 협곡의
출구를 찾아
할동산에서
도망쳐 와
가죽 덮개로 집을 짓고
뜨거운 생명을
나는 지켜 냈다.

빽빽한 숲에

신의 산

벼룩 같은 내 생명

감싸서 살려 내고

콩밭 같은 내 몸을

온전하게 지켰다.

원한 깊은 원수에게서

용서하고 구하였고

고아 같은 우리를

지켜 주시었으니

존귀한

보르항 할동 너를

아침마다 칭송하리라!

날마다 숭배하리라!

대대손손

영원토록

세대마다

지속하여 숭배하리라!"

라고 띠를 목에 감은 듯이 걸고, 모자를 손에 들고, 손에는 가슴을 누르고, 해 뜨는 방향으로, 보르항 할동 쪽으로 아홉 번 꿇으며 고백하며, 고수레[57]를 하였다.

---

57) 음식을 조금 떼어 공중에 던져 자연의 신에게 예를 갖추는 행위로 종교적 행위로 보기도 함.

3장(104~126)

메르기드족의 멸망과 테무진에게 칭기스칸(khaan)의 칭호를 부여하다

토그릴 옹칸, 자모하와의 연합 결성과 자모하와의 분열

104. 거기에서 테무진, 하사르, 벨구테 세 명이 가서, 톨강의 검은 숲에 거주하는 옹칸인 토오릴에게 가서 말하기를 "무방비 중에 세 메르기드족이 공격해 와서, 내 아내와 아이들을 빼앗아 갔습니다. 왕이시여, 아내와 아이들을 구해 주십사고 부탁하러 왔습니다." 하니, 옹칸 토오릴이 답하여: "내가 지난해 너에게 말했지 않은가. 부친과 같은 부친이라고 담비 외투를 가져다준 것에 대해 내가 이렇게 말했지.

담비 외투의 답으로
나누어진 너의 나라를
모아 주겠다.
검은 담비 외투의 답에
분단된 나라를 모아 주겠다.
용기를 마음에 담고
콩팥은 배에 있도록
(있어야 할 자리에 있도록)

이제 그 한 말대로
검은 담비 외투에 대한 답에

모든 메르기드족을
남김없이 공격해서
너의 브르테 우징을
되돌려 주겠다.

검은 담비에 대한 보답으로
모든 메르기드족을
크게 쳐부수고
너의 왕비 브르테를
보답으로 찾아오마.

너는 자모하 아우에게 말해 줘라. 자모하 동생인 호르호낙은 조보르라는 곳에 있다. 내가 여기에서 이만 명의 군인을 데리고 (테무진의) 오른팔[58]이 되어 출정하겠다. 자모하와 동생, 둘이 일만 명의 군인을 인솔하여 왼팔이 되어 출정한다. 우리가 만날 약속에 대해서 자모하가 정하라."라고 말했다.

105. 테무진, 하사르, 벨구테 셋이, 토오릴왕으로부터 헤어져 집에 와서 테무진이, 자모하에게 하사르 벨구테 둘을 보내며 말하기를:

"원수인 메르기드가 와서
내 아내를 해치고
내 품을 텅 비워 버렸다.
나를 안위하여 주는

---

[58] 몽골 말로 '오른손(바롱 가르)'이라고 하면 아주 가까운 관계를 말한다. 예, 단짝 동료를 '오른손 친구(바롱가르 나이즈)'라고 한다.

형제 친족 혈육이여
나의 원수를 갚아 다오.
나의 심장과 간이
찢어질 듯 아프구나.
동포 혈육들이여
이 원한을 꼭 갚아 다오."라고 했다.

또 케레이드의 토오릴왕의 말을 자모하에게, 전하기를: "전에 부친 왕께서 예수헤이와 사이좋게 지낸 것을 생각하고, 지금 이만 명의 군인을 데리고 오른손이 되어 출정한다. 자모하와 동생 둘은 일만 군인을 데리고 왼팔이 되어, 출정하여라. 동맹의 언약을 자모하 아우가 결정해라." 한 것을 전했다. 이런 말을 듣고 나서 자모하가 말하기를:

"그 테무진 동료에게
지금까지의 고난을
겪은 것을 내가 듣고
가슴이 아프고
불쌍한 생각에
가슴이 미어지는데
심히 슬프구나.
이 원수를 추궁하니
이 메르기드 지역을
격파시키고
부인 브르테를
되찾아 옵시다.
모든 메르기드의 왕들을

크게 쳐부수고
왕비 브르테를
되찾아 옵시다.
안장을 내리치는 소리를
전쟁의 북소리라고
착각해서 도망친 톡토아⁽메르게딩 장수 이름⁾
염분이 있는 보오르-헤에르에서
산을 빙 둘러 가듯 비스듬히 앉았구나.
두 개의 화살통 입구가
쉬지 않고 움직이고
전쟁이 시작되었다고
행렬에서 도망자인
다이르-우승이 지금
물결 이는 오르홍 셀렝게의
탈홍섬에
은둔해 살고 있겠지.
풀이 훌훌 날아가는데
적이 쳐들어왔다고
빽빽한 숲 쪽을 향하여
소리치며 도망하는 놈들
강한 다르말라가 지금 이 순간
넓은 평야 지대에서
어디에도 없겠지.
멋진 힐고강에서
수염이라는 풀이 풍성하고
그 풀로

뗏목을 만들 수 있다고 하네.
그 편안함을 생각하고
풀로 뗏목을 만들고
넓은 힐고강을
건너가니
매정한 선악 간의 메르기드의
그 나쁜 톡토아의
집을 부수고
중심을 공격하여
좋은 재물을 약탈하고
끌어안을 여자도 빼앗고
자라는 아이들도 끊어 버리고
원수를 갚고 말리라!
거룩하고 존귀한 신상들을
마구 당겨 부수고
잔멸해 버리자!
번창한 나라를
텅 비도록 무너뜨리자."라고 했다.

106. 자모하가 또 테무진 친구와 토오일왕 형 둘에게 말하여:

"지금 나는
시야가 좋은 (멀리서 보이도록) 깃발을 올려
검은 소의 가죽으로 입힌
투박한 소리가 나는 북을 울리며
단단한 지팡이를 잡고

갑옷 방패 옷을 입어
날카로운 화살촉을 겨누고
검은 말을 타서
수많은 병사를 데리고
왕 같은 귀족을 향하여 공격하여
찔러 무찌르러 왔노라.

아름다운 깃발을 꽂고
소가죽 북을 두드리며
계속 갑옷 방패 옷을 입은 채
끝이 날카로운 검을 든 채
좋은 궁수가 활을 겨누어
아주 좋은 말을 타고
병사 무리를 데리고
비겁한 메르기드 연놈들과
죽기까지 싸우려고 말 타고 갔다.

토오릴왕이 먼저 출정하여, 보르항 할동의 기슭으로 테무진의 무리를 습격하여 오논강 상류의 보토항-보오르지라는 곳으로 오도록 하시지요. 나는 여기서 만 명의 군사를 이끌고 가다가 오논강 유역에 머물고 있는 테무진 동료의 소속 병사들 중에서 또 만 명의 군사를 얻어, 모두 합쳐서 이만 명의 군사를 모아 보토항-보오르지에서 합류하겠소."라고 말하며 보냈다.

107. 자모하의 이 말을 하사르와 벨구테 둘에게서 테무진이 듣고, 토오릴왕에게 전하였다. 토오릴왕이, 자모하의 말을 듣자마자 이만 명의 군사를 데리고 말을 타서 보르항 할동 기슭으로 헤를렝의 부르기강 변을 향하여 갔다.

이것을 테무진이 듣고 부르기강 변에서 출발하여, 보르항 할동의 기슭 퉁헬렉 위쪽으로 옮겨서 탄강에 가서 머물렀다. 토오 왕은, 일만 명의 병사를 데리고, 토오일왕의 동생 자하 함보가 일만 병사와 히모르가강의 아일 하르간이라는 곳에 머물 때 테무진이, 병사를 데리고 가서 같이 합류하였다.

108. 테무진, 토오일왕, 자하 함보 셋이 합쳐서 이동하니, 오논의 상류 보토항-보오르지라는 곳에 도착하니 여기에 자모하가 이미 와서 사흘간 기다리고 있었다. 테무진, 토오릴, 자하 함보의 병사들을 자모하가 보고 이만 병사를 집결시켰다. 테무진, 토오릴, 자하 함보 셋도 병사를 집결시켰다. 자모하가 말하여: "비가 와도 약속을 어기면 안 되며, 비바람이 몰아쳐도 모임이 지연되지 않는다는 몽골 격언대로 약속하고 '예'라고 선언하지 않았는가?" 하니 "'예'라고 한 시점부터 늦은 사람은 무리에서 뺀다고 하지 않았는가?" 하니, 토오일왕이 말하여: "약속한 날에서 사흘을 늦었으니 처벌하는 것에 대해서는 자모하 네가 알아서 하라."라고 했다. 약속을 어긴 것에 대해서 이런 말을 주고받으며 지나갔다.

109. 보토항-보오르지에서 모두 이동하여, 힐고강에 도착해 뗏목을 만들어 건너니 보오르-헤에르(평야)라는 곳에 다다랐고 톡토아 베히의 집 지붕으로 들어가서, 신상을 부숴 버리고, 여자와 아이들을 빼앗아 버렸다. 부적을 훼손하고, 번창한 나라를 수탈하여 폐허로 만들어 버렸다. 톡토아 베히가 자는 동안 습격할 수 있었다. 그런데 힐고강에 사는 어부와 밍크 사냥꾼들, 수렵꾼들이 "적이 나타났다."라고 그 밤중에 톡토아 베히에게 말했다. 이 소식을 듣고 톡토아와 오와스 메르게딩[59]의 다이르-우숭 둘이 합쳐서 적은

---

59) 오와스 메르기드: 메르기드 나라가 세 개로 나뉘어 있는데, 오도이드 메르기드, 오와스 메르기드, 하아드 메르기드이다.

동료들과 함께 셀렝게강을 내려가서 바로고징 나라로 피신했다.

110. 메르기드 국가가 퇴각하고, 그 밤에 셀렝게강을 내려가서 도망할 때 우리 군인들이 도망치는 메르기드 군사를 쫓아가서 착취하였다. 테무진이, 도망가는 사람들 속에서 "브르테! 브르테!"라고 외치며, 찾을 때, 도망치던 사람들 속에 있던 브르테 우징이 테무진의 목소리를 알아듣고 수레에서 내려 화그칭 할머니와 함께 뛰어와서, 테무진의 말고삐를 붙잡았다. 테무진은 달 밝은 밤에 보니 브르테 우징이 맞길래 껴안고 재회하였다. 테무진은 그 밤에 토오릴왕과 자모하 두 동료에게 사람을 보내 말하기를: "찾던 사람을 찾았으니 오늘 밤은 공격을 멈추고 여기서 머물자."라고 했다. 도망치던 메르기드 사람들 역시 그 밤에 어디 있든지, 그곳에서 머물렀다. 브르테 우징이 메르기드인의 손에서 빠져나가 테무진과 재회한 것이 이렇다.

111. 전에 오도이드 메르기드의 톡토아 베히, 오바스 메르기드의 다이르-우숭, 하드 메르기드의 하태 다르말라 셋에서 삼백 명의 사람들을 데리고 톡토아 베히의 동생 이흐 칠레두의 아내 으엘룽을 예수헤이 장군에게 빼앗긴 원수를 갚으려고 어느 아침에 떠났다. 그때 테무진을 보르항 할동에서 세 바퀴 돌면서 찾았으나 테무진을 찾지 못했다. 그런데 브르테 우징을 잡아가서 칠레두의 동생 칠레게르 브흐에게 주며 돌보게 하였다. 그다음에 브르테 우징은 칠레게르 브흐의 집에 머물렀다. 지금 칠레게르 브흐가 도망가서 후회하며 말하기를:

"시커먼 까마귀가
찌꺼기를 먹을 운명이거늘
보기 좋은 거위를 먹으려고
달려들듯이

무력한 칠레게르 내가

많은 것을 바라고

여왕 우징에게 접근하여

모든 메르기드 백성을

헐뜯길 위험에 처하여

기댈 곳 없이 만들고

깜깜한 밤에 도망쳐 나와

바위 절벽에 피신하여

아까운 생명을 잃고

검은 머리를 잃게 되었구나.

못되고 나쁜 새는

쥐나 잡아먹어야 하는 운명인데

백조를 먹으려고

부리를 날카롭게 내밀고

알거지 칠레게르 내가

존귀한 우징 여왕을

훔쳐 데려와서

많은 무리의 메르기드인에게

독이 되고 말았구나.

성격 못된 칠레게르 내가

두개골 나쁜 머리를

감출 곳이 없게 되었구나.

배설물 같은 생명

정결케 할 곳이 없어졌네.

어두운 절벽에 묻힐까.

바위틈에 끼일까.

어디로 갈까나?"
라며 도망쳤다.

112. 하아태 다르말라를 잡아 와서, 목에 차는 칼[60]을 채우고 할동산으로 보냈다. 벨구테의 모친이 저 집에 있는 것을 듣고 벨구테는, 모친을 데려오려고 가서 집의 오른쪽 문으로 들어가니 그의 모친은 남루한 델을 입고 집의 왼쪽 문으로 나가 바깥 사람게 말하기를:

"사랑하는 내 아들들은
왕의 자리에 올랐는데
나는 여기서
볼품없는 사람에게
속해 있구나.
왕이 된 자녀들의 얼굴을
어떻게 바라볼꼬?"

라며 울창한 숲으로 뛰어 들어가니 아들이 뒤쫓아 갔지만 찾지 못하였다. 벨구테 양반이, 메르기드족 사람을 보고 "내 모친을 데려와." 하며 활을 쏘았다. 보르항 할동에 테무진 일행을 공격한 삼백 명의 메르기드 군인들을

자자손손
재가 흩날리도록 살육하여
남은 여자와 아이들마저
문간의 종을 삼고

---

60) 계구 또는 가쇄를 말한다.

일부 곱게 생긴 이들은
영원히 곁에 두었더라

113. 테무진이 토오릴왕과 자모하 둘에 대해 감탄하여 말하기를:

"아버지 같으신 왕 토오일과
친애하는 동무 자모하 둘이서
힘을 합하여
권능 있는 하늘의 자비하심으로
이 세상의 자비로움으로
예전의 원수 메르기드족의
간 심장을 베어 내고
귀한 족속들을 멸망시켜서
소유한 집을 비워 내고
풍성한 모든 것을 빼앗았다."라고 하였다.
메르기드 사람들이 그렇게 약탈하고 돌아갔다.

114. 우도이드 메르기드가 퇴각한 다음에 그들의 고향에 밍크 모자를 쓰고, 사슴 가죽 신발을 신고, 밍크 목털의 델을 입고, 빛나는 눈에, 얼굴은 불꽃이 이는 후추라는 이름의, 다섯 살배기 사내아이가 뒤에 잔류한 것을 우리 군인들이 찾아 데려와서 으엘룽 모친에게 선물로 드렸다.

115. 테무진, 토오릴왕, 자모하 셋이 합하여
많은 메르기드의 뾰족한 집[61]을 부수고

---

61) 집의 모양이 뾰족하기도 하고, 사납다는 의미이기도 하다.

고운 여성들은 빼앗고
오르홍과 셀렝게 사이의 숲에서 돌아갔다.

탈홍섬에서 나와서, 테무진, 자모하 둘은 호르호낙 조보르를 향해 갔다. 토오릴왕이, 보르항 할동 산등성이로 으흐르트 숲을 가로질러 가초르트(가초르가[62] 있는) 숩치드, 올리야트[63](버드나무가 있는) 숩치드라는 곳을 가로질러서, 사냥하며 톨강의 검은 숲에 돌아갔다.

116. 테무진과 자모하 둘은, 호르호나의 평원에서 잠시 머물며, 오래전 친구가 된 추억을 회상하며 더 친하게 지내자고 말했다. 처음 친구가 된 것은 테무진이 열한 살 될 때였다. 그때 자모하는 영양의 복사뼈를 테무진에게 주었고, 테무진은 제작한 복사뼈를 자모하에게 주고, 오논강의 얼음 위로 샤가이[64] 놀이를 하며 친구가 되었다. 그다음 해 봄에 전나무 활을 쏘고 있을 때 자모하가, 송아지의 두 뿔을 붙여 만든 활을 테무진에게 주고, 테무진은, 향나무 촉을 자모하에게 주고 친구가 되었다. 두 차례나 친구를 맺게 된 유래가 이러하다.

117. 선조들의 얘기를 들어 보면
어떤 사람과 관계할 때
동무가 되었다면
목숨과 몸에
더 처신을 잘 하여

---

62) 전나무과의 사철나무.
63) 수양버드나무 혹은 포플러나무.
64) 샤가이는 주로 양의 복사뼈로 만든 것인데, 이것으로 한국의 공기놀이같이 즐긴다.

서로에게
의지하고
사랑하며 사귀어야 한다.

지금 우리는 사랑하며 이기자고 테무진이, 메르기드의 톡토아에게서 뺏은 금허리띠를 동무 자모하에게 채워 주고, 톡토아의 용맹스러운 말을 동무 자모하에게 태워 주었다. 자모하가 답하기를 오와스 메르기드의 다이르-우셍에게서 빼앗은 금허리띠를 테무진에게 채워 주고, 또 다이르-우셴의 뿔에 갈기가 하얀 말을 테무진이 타게 하였다. 이렇게 둘은 친구가 되었는데

호르호낙 조보링 평원
홀드가르 백조 산기슭의
울창한 나무 아래에서
근사한 혼인식을 하고
즐겁게 춤추며 기뻐하고
마음을 하나로 모아
좋은 친구가 되어
한 이불을 덮고 밤을 지내자.

118. 테무진과 자모하 둘은 각별한 우정이 들었고, 한 해 반 동안 같이 지내고, 하루는 그 지역에서 옮기자며, 여름의 처음 달 열엿새 붉은 보름달(꽉 찬 달)에 이사했다. 테무진과 자모하 둘이서, 수레들의 선두에 가는 동안 자모하가 말하여:

"테무진 친구여
산 가까이서 머물자.

말 치는 이들의 집이 되자꾸나!
[아하 맞는가?]
냇가에 머물자.
양치기들에게
양식이 생기게 하자!
[안 될 게 없지 않은가?]"

(반은 말의 방목지로 산에 거하자, 나머지 반은 양의 방목지로 냇가에 거하자는 의미) 테무진은 자모하의 이 말을 골똘하게 생각해 보았지만 아무런 답을 못하고 뒤처진 채로 수레를 기다리며 으엘룽 모친에게 말하기를:

"자모하 친구가 내게 말하기를:
산 가까이에 머물자.
말 치는 이들의 집이 되도록!
아하 맞는가?
냇가에 머물자,
양치기들에게
양식이 생기게 하자!
못 할 게 없지 않은가?
라고 말했습니다.

내가 이 말을 골똘하게 생각해 보았지만 아무런 말을 하지 못해서 어머님께 여쭈어보려고 왔습니다."라고 했다. 엄마 으엘룽이 아직 말하기 전에, 브르테 우징이 말하기를: "자모하 친구가 쉽게 싫증 낸다고 하던데, 지금 우리에게 싫증 날 때가 온 거겠지. 방금 자모하가 말한 것은 우리를 빗댄 말이다. 우리 멈추지 말자. 여기에서 이동하여 얼른 자모하에게서 떨어져 밤새 이동하자."라고 했다.

119. 브르테 우징의 말에 따라 멈추지 않고 밤새 타이족의 흔적을 추적해서 공격하였다. 타이족은 두려워서 그 밤에 이동하여 자모하 쪽으로 갔다. 타이초족의 베수딩 지역에는 흐흐추라는 이름의 한 작은 소년이 뒤처진 것을 우리가 찾아서 엄마 으엘룽에게 키우도록 하였다.

120. 테무진 일행은 그 밤새도록 이동하여 동이 틀 때 보니, 잘라이르 지방의 하치옹-토호라옹, 하르하이-토호라옹, 하랄대-토호라옹 형제 셋이 밤새 이동해서 따라왔다. 다르하드 지방의 하다앙, 달도르항 형제 다섯, 또한 멘기토 히안의 아들 웅구르들, 찬시오트, 바야오드에 포함된 사람들을 데리고 왔다. 바롤아스 지역에서 쿠빌라이, 호도스 형제들이 왔다. 망고드 지방에서 자태, 도골호 지휘관 형제 둘이 왔다. 보오르칭의 동생 우겔렝 지휘관이, 아롤라드 지역에서 헤어져서 형 보오르치와 합류하여 왔다. 젤렘의 동생 차오르항, 수베에데 장군은, 오리앙하이 지방에서 헤어져 젤렘에게 합류하여 왔다.

베수드 지방에서 데게이, 후추구르 형제 둘이 왔다. 술두스 지방에서 칠레구테이-타히, 타이치오대 형제들이 왔다. 잘라이르 지방에서 세체-도목이, 아르하이-하사르 발라 두 아들을 데리고 왔다. 홍호탄에서 수이헤투 지휘관이 왔다. 수헤겐에서 제게이 혼드가르의 아들 수헤헤-자웅이 왔다. 네구데의 차강 고오가 왔다. 올호노오드 지방에서 힌기아대, 고를로스 지방에서 세치우르, 두르베드 지방에서 무치와 부둥들이 왔다. 이히레스 지방에서 보토가, 여기의 사위가 되었기에 같이 왔다. 노요홍 지방의 존서가 왔다. 오로나르 지방에서 조르강이 왔다. 그리고 바롤라스 지방에서 소호 세첸, 하라차르 아들과 왔다. 또 바링 지방의 호르치, 우숭 노인, 흐흐츠스,

메넹 바링을 데리고 한 무리가 되어 왔다.

121. 호르치가 와서 말하는데: "우리는 보돈차르왕이 잡아 온 여성에게서 태어났으니 자모하와 한배에서 난 혈연이다. 이러니 자모하로부터 헤어질 수 없다. 그러나 운명의 하늘이 내 눈에 보여 준 것은, 불그스레한 소가 와서 자모하를 휘돌아 가더니, 자모하와 집 수레를 들이받아 한쪽의 뿔을 부러뜨리고 한쪽 뿔만 남게 되어 '내 뿔을 돌려 달라.'라고 자모하 쪽으로 울부짖으며 먼지를 뿌려 댔다. 또 다른 뿔이 없는 황소 한 마리를 큰 집(궁전)의 수레에 매었다. 그 소는 큰 수렛길을 따라 테무진을 따라가며 울면서 이렇게 말하였다."

"하늘과 땅이 말하는데
테무진을 나라의 주인으로 삼거라."라고 했다며
"그 소식을 전하자."라며 울었다.

이렇게 내 눈에 운명의 하늘이 와서 보여 주었다.

"테무진 너는, 국가의 주인이 되면 내가 먼저 말해 준 것에 대해 어떻게 기쁘게 해 줄 건가?" 하고 물으니, 테무진이 말하되: "진실로 진실로 내가 국가의 주인이 되면 너를 만인의 귀족으로 삼겠다."라고 했다. 호르치가: "여태까지 나라의 일들을 미리 말한 나를 만인의 귀족으로 삼는 것이 얼마나 좋겠는가? 나를 만인의 귀족으로 삼고 전국에서 고운 딸들 서른 명을 골라 첩으로 삼게 하라. 또 내가 한 말들을 모두 명심하라!"라고 했다.

122. 호낭이 수장인 게니게스가 한 무리를 이루고, 또한 다리다이 오트치깅이 한 무리를 이루어서 왔다. 자다랑 지방의 몰할호도 왔다. 온징 사하이트

가 한 무리를 이루어서 왔다. 자모하에서 이렇게 헤어져서 온 히모르가 강가의 아일-하르간이라는 곳에 머물렀다. 그때 또 자모하에게서 헤어진 주르흐의 소르하토-주르흐의 아들 사차 베치와 타이초 둘이 한 무리가 되어, 네구웅 타이즈의 아들 호차르 베히가 한 무리가 되었고, 호탈라왕의 아들 알탄 오트치깅이 한 무리가 되고, 자모하에게서 헤어져 떠난 테무진이 히모르가 강 아일-하르간이라는 곳에 머물며 합류하였다. 테무진 일행은 거기서 옮겨 후렐흐 안의 셍구르강의 하르 주르흐[65]의 허흐 호수[66]에 가서 머물렀다.

123. 알탕, 호차르, 사차 베히 모두가 조언을 하여 테무진에게 말하기를: "당신을 왕으로 삼겠다. 테무진 당신을 왕이 되게 하여 우리가

많은 전쟁을
이겨 나가고
우수하고 아름다운
여인들을 데려와서
근사한 왕궁 같은
집을 가져
많은 이의 왕
테무진에게 바치리.

이방 민족을
정복하고

---

65) 하르 주르흐: '검은 심장'이라는 뜻의 지명.
66) 허흐 호수: 푸른 호수. 몽골인들의 지명을 보면, 색깔이 많이 있다. '하르 주르흐(검은 심장)', '허흐(푸른) 호수' 등과 같다. 주로 '하양', '푸른', '노랑' 등의 색깔이 들어간 지명이 많다.

얼굴이 고운
여왕들을 붙잡아 오고
발 빠른 짐승들을
몰아다 주겠다.

날쌘 사슴을
사냥할 때
매복하여
우리가 몰아 주겠다.
들판의 사슴을
잡아 죽이고
내장이 맞붙도록
집어 짜겠다.

도랑의 사슴을
사냥할 때에
허벅지가 붙도록
집어 짜겠다.
치열한 전투가
일어날 때
왕 테무진 당신의
단호한 명령을
무시하고 지나가면
나의 여인으로부터
떨어지게 하여
모든 것을

빼앗고

나의 검은 머리를

버리고 가시오.

평화로울 때

군주 테무진 당신의

자비로운 명령을

거부할 경우

당신이 점령한 백성들을 데리고

아내와 아들을 빼앗고

이 내 몸을

황량한 곳으로

내버리시오."라고 했다.

이런 말을 하고, 선포하기를, 테무진을 칭기스칸이라고 칭하여 왕으로 삼았다(칭기스 왕이란 대양의 왕, 바다의 왕이라는 말이다).

124. 칭기스가 왕(칸)이 되어 보오르치의 아들 우겔렝 경비병, 하치옹-토호라옹과 제테, 도골호 형제를 네 개의 화살통으로 무장하게 하였다.

응구르, 수이헤투 체르비, 하당-달도르항 세 명이 말하기를:

"아침 식사를

오래도록 무사하게

낮의 음료를

영원히 끊어지지 않도록 채워 놓겠습니다."

라고 하며 요리사가 되었다.

데게이가 말하기를:
"갖가지의 양들을
뒤뜰 가득 방목하고
많은 양 떼를
마을 가득 키워 내고
먹기를 좋아하는 태생인 나는
두 내장까지

양의 엉덩이 꼬리를 먹고
하루도 놓치지 않고
날마다 거르지 않고
살찐 양을 잡아
영양 많은 국물을 준비하겠습니다."
라며 데게이에게 가축을 돌보게 하였다.

그의 동생 후추구르가 말하는데:
"자물쇠 달린 수레를
자물쇠 꺾쇠를
망가지지 않게 하고
균형 잡힌 수레를
큰길로
방해됨이 없도록
수레 집을
평평하게 고쳐 놓겠다."
라며 후추구르를 마부로 임명했다.

집 안의 부인과 아들들과 하인들을 도다이 경비병으로 하여금 돌보게 하였다. 하사르의 지휘 아래 검을 차고 갈 때 쿠빌라이, 칠고타이, 하르하이-토호라옹 셋을 임명했고:

"침략자들
그들의 목을 베어 내고
종족의 많은 사람의
가슴뼈를 베어 내라."라고 했다.

벨구테이와 하랄다이-토호라옹 둘에게: "거세한 양을 치라. 거세꾼이 되어라."라고 했다.
타이족의 호토, 모리치, 몰할호 세 명에게는 "말을 돌봐라."라고 했다.
아르하이 하사라, 타하르, 수헤하이, 차오르항 넷은 "먼 곳을 연결하는 역할, 가까운 곳을 연결하는 전령(멀고 가까운 곳을 전달하는 역할)이 되어라."라고 했다.
수베데이 바타르가 말하여:

"쥐처럼
모은 재물을 아껴 저장하고
검은 까마귀처럼
모든 것을 아끼며
뒤덮는 펠트처럼
기운 조각이 되어
집안을 지키고
작은 덮개가 되자."라고 했다.

125. 거기에서 칭기스칸이, 왕이 되어 보오르치와 젤렘 둘에게 말하기를:

"그림자 외에 다른
친구가 없을 때
나의 그림자가 되었고
꼬리밖에 다른
막대기가 없을 때
나의 꼬리가 되어
내 마음을 일깨우고
내 마음을 평온케 해 준
심장같이 친밀한 내 친구

너희 둘은 가장 먼저 와서 합류하게 되었으니 가장 상급자다."라고 했다. 또한 칭기스칸이 말하기를: "하늘로 용서받고, 땅의 은혜를 받아, 자모하와 헤어진 나를 마음에 두어 같이 지내자고 온 첫 운 좋은 내 동료들을 누구보다 더 존중함으로써 이렇게 여러분을 합당한 직위로 임명한다."라고 했다.

126. 칭기스칸이 왕(칸)이 되었다고 헤레이드의 토오릴왕에게 타아시와 수헤헤 둘을 보내니, 토오릴왕이 말하여:
"테무진 내 아들 녀석이, 왕이 된 것은 정말 옳은 일이다.
몽골인들에게 어찌 왕이 없을 수 있단 말인가.
이 결정은 어긋남이 없을 것이고
평화의 매듭은 끊어지지 않을 것이며
근본이 사라지지 않고
영원히 이 법을 지켜 나가자."라고 했다.

4장(127~147)

자모하와 타이초들과의 경쟁

몽골부의 칸의 계승과 주르힝족의 붕괴

127. 아르하이 하사르와 차오르항 둘을 자모하에게 사신으로 보내니, 자모하가 말하되: "알탄과 호차르 둘에게 가서 말하라. 알탄, 호차르 너희들은 내 동무(친구) 테무진과 나 사이의 틈에 옆구리를 찔러[67], 왜 이리 헤어지게 했는가? 테무진과 나 둘이 함께할 때 그를 왕이 되지 않게 하였거늘, 지금 무슨 생각으로 그를 왕이 되게 했는가? 알탄, 호차르 너희 둘이 말한 대로 테무진 마음을 안심하게 하고, 내 동무에게 좋은 친구가 되어라."라고 말하게 했다.

128. 그다음, 잘람마(산)의 기슭 을기 볼락이라는 곳에 정착하여 사는, 자모하의 동생 타이차르가, 사아리-헤르라는 곳에 있는 우리 주치-다르말라의 말을 훔치러 가서 주치-다르말라의 말을 타이차르가 훔쳐 가 버렸다.
이에 주치-다르말라가, 말을 도난당해서 심장이 떨려 가지 못하게 되면서 주치-다르말라 혼자서 밤에 말 떼 있는 곳에 도착하여 말의 갈기 위에 바짝 엎드려 접근하고 타이차르의 허리가 부서지도록 활로 쏴서 죽이고 말을 되찾아 왔다.

---

67) 우리 둘 사이를 갈라놓고는

129. "동생 타이차르가 살해당하니 자모하는, 자다랑의 열세 부족의 공훈[68] 군사를 하나로 모아 앞세워서,[69] 삼만 명의 군인을 데리고 알고오드, 토르가고오드산을 넘어, 칭기스칸에게 공격하러 출동했습니다."라고 이히레스족의 물헤-토탁과 보롤다니 둘이 칭기스칸이 후렐헤에 있을 때 전해 주었다.

이 소식을 듣고 칭기스칸은, 열세 부대에서 삼만 명의 군인을 뽑아, 자모하를 맞서 갔고 달랑발조드라는 곳에서 전투를 하였다. 칭기스칸은, 자모하 군사에게 밀려 오논강의 제에렝이라는 골짜기로 피신하였다. 이에 자모하가 말하기를: "오논의 제에렝이라는 골짜기로 그들을 쫓아냈다."라며 돌아갈 때 치노스족의 젊은이들을 달랑 토고[70]라는 곳에서 잔인하게 없애 버렸다.
누데 차강의 머리를 잘라서 말의 꼬리에 단 채로 갔다.

130. 자모하가 돌아간 뒤에 거기에서 오로드 지역의 주흐치데, 망고드 지역의 호일다르 등이 병사들을 데리고 자모하로부터 헤어져 칭기스칸에게로 귀순해 왔다.
홍호탄의 멘릭의 부친이, 자모하를 따랐지만 지금은 일곱 아들을 데리고, 자모하로부터 벗어나서, 칭기스칸에게 합류하였다. 자모하에게서 이만큼의 백성들이 나와, 칭기스 본인에게 왔다며 기뻐하고 칭기스칸, 으엘룽 우징, 하사르, 주르흐니 사차 베히, 타이초 등이 오논의 숲에 모여 잔치를 베풀었다. 칭기스칸이 으엘룽 우징, 하사르, 사차 베히들에게 먼저 축배를 돌렸다. 다음에 사차 베히의 작은 처 에베헤이에게 축배를 돌릴 때, 호르징

---

68) Отго, 역사적 공훈의 표시로 모자에 달았던 공작의 깃털, 양의 꼬리, 마지막 등의 뜻이 있다.
69) 문장을 직역하면, '열세 공작 깃털을 하나로 모아 앞세워서'인데, '공훈 군대'로 번역한다.
70) 달랑 토고는, '칠십 개의 솥단지'라는 뜻을 지닌 지명이다.

왕비와 호오르칭 왕비[71] 둘이서 화나서, "우리에게 먼저 잔을 주지 않고, 왜 에베헤이에게 먼저 잔을 주는가."라며 요리사 쉬후르를 후려쳤다. 요리사 쉬후르가 맞고 "예수헤이 바타르와 네구웅 타이즈 둘이 없으니 이렇게 때리나요?"라며 큰 소리로 울었다.

131. 그 잔치를 우리 쪽에서는 벨구테이가 준비하고, 칭기스칸의 말을 붙잡고 있었다. 주르흐에게서는 부리-브흐가 그 잔치를 준비하고 있었다. 그런데 하타깅족의 한 사람이, 우리의 말의 끈에서 고삐를 훔쳐 가다가 붙잡혔다. 부리-브흐가 그 사람의 편을 들어, 벨구테이와 다투었다. 벨구테이가 계속 싸우니 오른쪽 소매를 걷어, 맨손을 보이며 나갔다.[72] 벨구테이의 맨 어깨를 부리-브흐 검으로 내려쳤다. 벨구테이가 이렇게 검으로 베었지만 전혀 무관심하고 피를 흘리며 가는 것을 그늘에 앉아 잔치를 즐기던 칭기스칸이 보고 나와서 말하기를: "누구에게 이렇게 베였는가." 하고 물으니 벨구테이가 말하기를: "아침에 이렇게 되었어요. 나 때문에 형제들이 싸웠거든요! 난 견딜 수 있어요. 내 몸이 많이 나아졌어요. 형제들이 금방 화해하고 있으니 나로 인해 형님까지 다투지 말고, 잠시 기다려 봐요." 했다.

132. 칭기스칸은, 벨구테이의 말에 귀 기울이지 않고, 양측에서 나뭇가지를 부러뜨려 잡고, 아이락(마유주)을 젓는 막대기[73]를 빼 들어 싸우니, 주르흐

---

71) 호르징 왕비와 호오르칭 왕비라고 비슷한 명칭의 두 왕비(хатан)인데, 일부 학자의 견해에 의하면, Хорижин хатан: 아마 호리차트 부족 출신의 왕비를 지칭하는 듯하다. Хуурчин хатан: '연주자 왕비'라는 뜻으로, 특정 인물의 이름이라기보다 현악기를 연주하는 역할을 맡은 왕비일 가능성이 있다(Boldbaatar, Mongolian Lexicon).
72) 벨구테이는 늘 씨름을 하느라 오른쪽 소매를 벗고 맨팔로 다녔다고도 번역할 수 있다.
73) 아이락: 말의 젖을 발효시켜 만든 음료용 발효주인데, 마유주라고 한다. 아이락을 만들기 위해 가죽 부대 안에 누룩과 말의 젖을 넣고 휘젓는데 이때 사용하는 막대기를 말한다.

를 이겨 호리징 왕비와 호오르칭 왕비 둘을 차지하였다. [하사르가 활을 쏠 때마다 한 명이 쓰러졌다. 벨구테이가 아이락이 담긴 부대째로 때렸다. 타이초드들이 벨구테이를 붙잡고 수레의 바퀴에 묶어 버렸다. 잠든 뒤에 벨구테이가, 바퀴를 맨 채로 다가왔다.] 주르힝들이 화해하고 잘 지내자고 한 것을 우리가 수락하여, 호리징 왕비, 호오리칭 왕비 둘을 되돌려 주었다. 그때 햐타드[74]의 알탕왕, 타타아르의 메구징 술트가 화친에 들어오지 않아서 옹[75]의 승상[76]에게 군사를 주어, 그들과 얼른 싸우라고 보냈다. 옹의 승상이 메구징-술트를 앞세운 타타르와 싸웠고, 올즈라는 곳으로 가축을 몰고 갔다는 소식을 받았다.

133. 그 소식을 들은 칭기스칸이 말하기를: "이미 타타르는 우리의 조상을 죽인 원수이다. 이제 이 전쟁에 참전하자."라며 토오일왕에게 사신을 보내 알탄왕의 옹의 승상, 메구징-수울트를 선두로 타타르족을 올쯔 쪽으로 몰아 버리자고 했다. "조상들을 죽인 원수 타타르족과 싸우자. 토오일왕의 아버지는 즉시 오시라."라고 사신을 보냈다.

이 말을 들은 토오일왕이 말하여: "이 아들 녀석이 맞는 말을 했구나. 우리도 참전하자."라며 사흘 되는 날에 군인을 집결시켜 출발하였고 토오일왕을 곧바로 칭기스칸이 맞이하였다.

---

74) 햐타드(Хятад)는 중국을 일컫는데, 금나라 지배하의 중국 민족이나 그 지역에 거주하는 사람들을 일컫는다.
75) 본문 96번 각주 참조.
76) 승상(丞相, чансан)은 중국의 관직으로 왕을 보좌하는 직책이다.

칭기스칸과 토오일왕 둘이서 사차 베히를 선두로 하는 주르힝[77])들에게 말하기를: "이 전쟁에 참전해서 조상들을 죽인 타타르와 싸우러 함께 가자." 라고 사신을 보내 엿새를 기다렸지만 그들은 오지 않았다.

기다리다 못해 칭기스칸과 토오일왕 둘이서 군인들을 데리고 옹의 승상과 싸우기 위해 올즈로 올라가니, 올즈의 호소토 쉬투엥, 나라토 쉬투엥이라는 곳에 타타르의 메구지-수울트를 선두로 하는 타타르족이 요새를 구축하고 있었다. 칭기스칸과 토오일왕 둘은 그 메구징-수울트를 포위하고 체포하여 메구징-수울트를 거기서 죽이고 은으로 된 장신구와 진주 보석을 단 침구들을 탈취하였다.

134. 메구징-수울티를 죽였다고 칭기스칸과 토오일왕 둘이서 전해 왔고, 옹의 승상이 듣고 매우 기뻐서 차오트호리(중국어로 강한 귀족[78])이라는 말이라고 라쉬드 에드딘이 설명했다)라는 직위를 내렸다. 헤레이드의 토오일에게 옹(Ong: 청나라 시대의 벼슬)[79])의 직위를 내렸다. 옹의 승상은 옹의 직위를 받은 후로 토오일을 옹이라고 불렀다.

옹의 승상이 말하는데: "메구징-수울티를 같이 죽여 여러분이 알탄왕에게 많은 도움을 주었다. 이 도움을 알탄왕에게 내가 말하리라. 칭기스칸에게 이것보다 더 높은 직위를 내리라고 알탄왕에게 말하겠다."라고 했다. 옹의 승상은 그렇게 기뻐하며 돌아갔다. 칭기스왕과 옹(Baн)칸 둘은 타타르를 나눠 차지하고 집에 돌아갔다.

---

77) 주르첸(Jurchen)이라고 하는데 이는 몽골에서 여진을 가리키던 말인 주르첸(Jürchen)과 같은 이름이다.
78) '強主(강주)' 또는 '強君(강군)'으로 번역될 수 있다.
79) 3장 96절 각주 참조.

135. 타타르가 피신해 있던 나라토 쉬투엔 지역에 작은 아이를 남겨진 것을 우리[80] 군인들이 발견하였다. 보니까, 코뚜레(귀고리의 일종) 모양의 금귀고리를 차고, 밍크 내피의 비단 조끼를 입었다. 그 아이를 칭기스칸이 데려와서 으엘릉 모친에게 선물로 주었다. 으엘룽이 말하되: "좋은 사람의 아들이네요. 혈통이 좋은 사람의 아이로군요. 다섯째 아이의 다음인 여섯째로 삼읍시다."라고 말하며 '쉬기호탁[81]'이라는 이름을 주었다.

136. 칭기스칸의 친가(본가)는 하릴트 호수에 있었다. 주르힝 무리가 칭기스 본가의 뒤처진 사람들을 공격하여, 오십 명의 옷을 뺏고 열 명을 죽였다. 주르힝 일행이 이렇게 공격했다고 우리의 본가에 남겨진 사람들이 칭기스칸에게 알리니 칭기스칸은 아주 분노하여 말하기를: "주르힝 무리가 우리에게 왜 이런 짓을 했던가? 오논강 인근의 숲에서 잔치를 할 때 요리사 쉬후르를 그들이 폭행하였다. 벨구테이의 어깨를 베어 버렸다. 화해하자고 우리가 호리징 왕비, 호오르칭 왕비 둘을 돌려주었었다. 그다음에 우리 조상을 죽인 옛 원수 타타르를 같이 쳐부수자고 주르흐 일행을 엿새 동안 기다렸지만 오지 않았다. 지금도 원수의 곁에서 원수가 되었구나."라며 칭기스칸이 주르힝과 싸우러 갔다. 주르힝 일행이 헤를렝의 시골 섬의 돌롱 볼독[82]이라는 곳에 있을 때 쳐들어가니 사차 베히와 타이초 둘이 약간의 사람들을 데리고 도망쳐 버렸다. 추격하여 텔레투 암[83]이라는 곳에 도착하여

---

80) '우리'는 칭기스칸의 군대와 그 일행이다.
81) 쉬기호탁은 칭기스칸의 동생이 된다. 그는 또한 칭기스칸 군사의 법률 담당 보좌의 일을 맡게 된다.
82) 돌롱 볼독은 현대 몽골의 헨티 아이막(Хэнтий аймаг) 지역, 특히 헤를렌강(Хэрлэн гол) 인근이며 헤를렝 바양-올란 올(Хэрлэнбаян-Улаан уул)의 '흐드 아랄(Хөдөө арал) 지역으로 추정된다.
83) 텔레투 암(Тэлэту ам)은 산과 산 사이의 좁은 협곡을 흔히 암(ам)이라고 하는데, 텔레투 협곡으로 이해해도 좋다.

사차 베히와 타이초 둘을 붙잡았다. 칭기스칸이 붙잡고 사차와 타이조 둘에게 말하여: "내가 전에 뭐라고 했더냐?" 하니 사차 타이조 둘이 말하여: "우리가 한 말을 지키지 않았다면 내 말에 책임지겠다."라고 하니, 그들이 전에 한 말을 기억하고 한 말대로 그들을 모두 죽였다.

137. 사차, 타이초 둘을 죽이고 주르힝의 백성을 붙잡아 올 때 그들 중에 잘라이르의 텔레게투 바양의 아들 궁과, 촐롱 하이츠, 제우게 셋이 있었다. 궁과가 모홀라이(모훌리)와 보하 두 아이를 칭기스칸에게 만나게 하여 말하기를:

"당신의 문지방의 종으로 삼으소서!
당신의 문지방에서 도망치면 복사뼈를 부러뜨리시고!
당신의 문의 재산으로 삼으소서!
당신의 문에서 도망치면 간을 베십시오!"

촐롱 하이치, 퉁게 하쉬 두 아들을 만나게 하여 말하기를:

"당신의 금문지방을 평안하게 지키게 하소서!
당신의 금문지방에서 떠나가면 목숨을 끊으시고
당신의 넓은 문지방을 받들게 하소서!
당신의 넓은 문지방에서 다른 쪽으로 가면 흉골을 베어 죽이소서!"

라고 하였다.
제우게를 하사르에게 주었다. 제우게는 주르힝의 지역에서 보로홀이라는 이름의 아이를 찾아 으엘릉 모친에게 만나서 주었다.

138. 으엘룽 모친은 메르기드가 데려온 후추라는 이름의 사내와 타이초오드의 베수딩 지역에서 데려온 흐흐추, 타타르 지역에서 데려온 쉬기호톡, 주르히 지역에서 데려온 보로홀 등 이 네 명을 집 안에서 돌보았다. 으엘룽 모친은 아이들에게: "이들을 낮에 볼 눈, 밤에 들을 귀가 되게 하자."라고 했다.

139. 주르힝 부족의 시조는 하볼왕의 일곱 아들의 형인 오힝바르학이었다. 그의 아들 소르하토 주르히는, 주르힝의 부친, 하볼왕의 아들들의 맏이이므로 백성들 중에서

권위와 열정이 있고
간은 건강하고
허파는 강렬하여
입술에는 분노로
강인한 씨름꾼이며
지혜로운 남성들을
선별하여 아들에게 주었다.

이렇게 용감하고 강심장[84]인 사람들이 모였으니 주르힝이라고 이름 짓는다. 칭기스칸은 이렇게 거만한 주르힝족을 굴복시켜서 많은 백성을 자기 백성으로 삼아 버렸다.

140. 어느 날 칭기스칸은 부리-브흐와 벨구테이 둘을 싸우게 하였다. 부리-

---

[84] 강심장(주르흐): 부족의 이름, 주르흐(Jurkh)는 심장이라는 뜻이다. 즉, 강한 심장의 부족이라는 단어와 연관시켜 부족 이름이 만들어졌다고 볼 수 있다.

브흐는 주르힝 쪽이었다. 부리-브흐는 전에 벨구테이를 한 손으로 잡고, 한 발로 뒤집어 넘어뜨리고 움직이지 못하게 눌러 버린 적이 있다. 부리-브흐는 국가에서 알려진 선수였다. 이번에 부리-브흐와 벨구테이 둘을 싸움 붙였는데 부리-브흐가 질 사람이 아니었지만 쓰러져 주었다.

벨구테이가, 부리-브흐를 간신히 어깨로 밀어 넘어뜨리고 가죽끈 위에 올라가 눈으로 칭기스칸을 흘겨보니 칭기스칸은 입술을 깨물고 있었다. 벨구테이가 정신을 차리고 부리-브흐를 동여매어 가슴과 엉덩이를 낚아채어 허리를 부러뜨렸다. 부리-브흐가 허리가 부러져서: "벨구테이에게 내가 질 수 없는데 어디서 뭘 두려워해서 일부러 넘어져 죽게 된 걸까."라며 죽었다.

그의 허리를 벨구테이가 부러뜨려 끌고 가서 버렸다. 바볼 왕의 일곱 아들의 맏이는 오힝바르학이고, 둘째는 바르탕 바아타르이다. 그의 아들이 예수헤이 바타르이다. 셋째는 호톡트 몽호르이고 그의 아들은 부리-브흐이다. 부르-브흐는 씨름 실력이 바르탄 바타르의 아들들보다 뛰어났으며 바르학의 용감한 아들들과 어울려 다녔다. 국가 씨름꾼 부리는 이렇게 벨구테이에게 허리가 부러져 죽었다.

141. 그다음에, 닭의 해(1201년) 하타깅과 살지오드가 연합해서, 바고 초르히를 선두로 한 하타깅 일행, 치르히테 바타르를 선두로 한 살지오드 일행, 드르웨니 타나르와 함께 연합한 하치온 베히를 선두로 한 드르벤 일행, 알치, 타라르의 잘리 보하를 선두로 한 타타르 일행, 투게 마하를 선두로 한 이히레스들, 홍기라드의 테르헥 에멜 알호이 일행이 초역 차강을 선두로 고를로소들, 나미망에서 후추구드, 나이망의 보이록왕, 메르기드의 톡토아 베히의 아들 호토, 오리르드의 호도가-베히, 타이족의 타르고다이 히릴톡,

호동 오르창의 아오초 장군 일행, 그 외 타이족들이 알호이샘에서 모여서 자지르다이족의 자모하를 왕으로 추대하려고 논의하고 종마를 잡아 맹세하여 거기서 에르구네강으로 피신하였고, 에르구네로 흐르는 겐(Khan)강[85]의 하류의 아고오라는 습지에서 자모하를 구르왕[86]으로 추대하였다. 자모하를 구르왕(모든 것의 왕)으로 추대하고, 칭기스칸은 옹칸 둘과 싸우러 가자고 하였다. 이렇게 전투하려는 것을 고를로스의 호릴다이라는 사람이, 칭기스칸이 후렐레흐라는 곳에 있을 때 가서 말하였다. 이 말을 칭기스칸이 듣고 옹칸에게 전하니 옹칸이 듣고 군사를 데리고 즉시 칭기스칸에게 갔다.

142. 옹칸이 오자마자 칭기스칸과 옹칸 둘이 합심해서 자모하를 대적하여 전투하러 가자고 헤를렝강으로 가니, 칭기스칸이 알탄, 호차르, 다리다이 셋을 선봉으로 보냈다. 옹칸은 셍궁, 자하 함보, 빌게 베흐 셋을 인솔자로 보냈다. 이 선봉대들 앞서 정찰병을 보내 에네겡 구일레투라는 곳에 한 보초병을 두었다. 그다음에 치초로호라는 곳에도 한 보초병을 두었다. 우리를 인솔하는 먼저 앞서간 알탄, 호차르, 셍궁들은 오트히야라는 곳에 와서 머물자고 할 때, 치호르호에 둔 보초에게서 사람이 뛰어와서 "적이다!"라고 외쳤다. 그 소식을 접하고 적에게서 분명한 정보를 듣자고 머물지 않고 전진하여 적의 선두와 만나, "누구냐?"라고 물으니 자모하가 인솔자로 보낸

---

85) 겐강: 이 강은 지금의 내몽골 동북부 지역인 대흥안령에서 내몽골 동북부의 에루구네에 이르는 평원을 가로질러 흐르는 '겐강(根河, 460km 정도)'으로 보이며, 《몽골비사》에는 Khan river(Хан мөрөн)로 나타난다. 만주와 몽골을 잇는 이 대평원 중앙에는 산맥이 있는데, 한국어로는 흥안령 산맥이라고도 부른다. 대흥안령(대싱안링) 산맥, 소흥안령(소싱안링) 산맥으로 구분된다. 동아시아의 주요 산맥이며 만주의 실질적인 경계선 역할을 한다. 중국 북동부 내몽골 자치구 동부 지역에 있는 큰 산맥이며, 서쪽으로 이 산맥을 넘으면 몽골고원이 나온다.

86) 몽골어 구르(гүр)는 대(大), 제국, 또는 나라라는 뜻이고, 칸(хан)은 왕이다.
즉, '구르칸'은 여러 부족을 아우르는 최고 통치자라는 칭호로, 이 문맥에서는 자모하(Jamukha)를 여러 부족 연합의 수장(왕)으로 추대한 것을 나타낸다.

몽골의 아오초 바타르와 나이만의 보이록왕, 메르게딩 톡토아 베히의 아들 호토, 오이르도의 호도가-베히, 이 넷이 가고 있었다. 우리의 인솔자가 그들과 소리치며 내일 전투하기로 하고 낮이 되어 다시 강에 합류하여 머물렀다.

143. 그다음 날 양측이 후이텡이라는 곳에서 만나 서로를 밀어붙이고 물러설 정도로 싸우고 있었다. 또한 보이록왕과 호도가 둘이 주술(비가 오게 하고, 바람이 불게 하는 마법의 일종) 방법을 알고 있었다. 그 둘이 주술을 쓴 결과 그 방법이 도리어 그들에게 적용되니 진흙탕으로 인해 미끄러져 갈 수 없게 되고 "우리에게 하늘의 진노가 임했다."라면서 뿔뿔이 흩어져 버렸다.

144. 나이만의 보이록왕은, 알타이 앞쪽 올록탁이라는 곳을 향하여 흩어져 떠났다. 메르기드의 톡토아의 아들 호토는, 셀렝게를 향해 갔다. 오이르드의 호도가-베히는 숲으로 가려고 쉬스기스를 향해 떠났다. 자모하는 자신을 왕으로 추대한 백성들을 약탈하여 에르구네로 돌아갔다. 그들이 이렇게 흩어질 때 옹칸은 에르구네로 자모하를 추격했다. 칭기스칸은 오논 쪽 타이족의 아오초 바타르를 추격했다. 아오초 바타르가 고향에 돌아가 백성들을 피신시키고 아오초 바타르와 호동 오르창 일행은 남은 정예군을 정비시켜 오논 건너편에서 전투 준비를 하였다. 칭기스칸이 와서 타이족과 싸웠다. 뒤엉켜 오랫동안 싸우더니 오후가 되어 그 싸운 곳에서 머물렀다. 피신했던 사람들이 전투한 병사들과 같이 둘러싸여 밤을 지냈다.

145. 칭기스칸은 그 전투에서 목의 핏줄에 상처를 입고 피가 멈추지 않아 힘들고 고통스러웠고, 해가 질 때 그 전투했던 곳에 머물렀다. 칭기스칸의 (혈관이) 막힌 피를 젤렘이 입으로 빨아, 입술에 피를 묻히며, 다른 사람을 믿지 않고, 자기가 직접 지켜 밤을 지새웠다. 피를 입에 가득 머금었다가 뱉

으며 밤을 지새우니, 칭기스칸의 정신이 돌아와: "지혈되었다. 내가 목마르다."라고 했다. 거기에서 젤렘이 모자, 신발, 델 모두를 벗고, 오직 속옷만 입은 알몸으로 적군 속으로 달려가, 저편에 둘러싸고 있는 사람들의 수레 위로 올라타서 마유주(말의 젖으로 만든 술)를 찾았지만 못 찾았다. 왜냐하면 도망친 사람들은 말 젖을 짜 놓지 않았기 때문이다. 마유주를 찾지 못해서 한 큰 가죽 부대의 타락(요구르트)을 가져오고 젤렘이 직접 또 물을 찾아와서 타락을 타서 칭기스칸에게 마시게 했다.

칭기스칸이 세 번이나 쉬면서 마시고는: "내 속이 편안해졌다."라며 일어나 앉으니 새벽이 되고 환해졌다. 젤렘이 피를 빨아 뱉었던 그들의 앉은 곳은 피로 엉망이 되었다. 이것을 칭기스칸이 보고는 "이게 뭐냐? 멀리 뱉지 않고 어쩌려고?"라고 했다. 젤렘이 "당신께서 고통스러워할 때 멀리 가기가 망설여지고 두려워서, 삼킬 것은 삼키고 뱉을 것은 뱉었습니다. 내 뱃속에 많이 들어갔어요." 하고 말했다. 칭기스칸이 "내가 이렇게 되어 누워 있을 때 너는 왜 발가벗고 뛰어갔느냐? 네가 잡히면 나를 여기에 이렇게 누워 있다고 말했을 거 아닌가?" 하니, 젤렘이 "난 이렇게 생각했거든요. 맨몸으로 가서 만일 잡히면 난 그들에게 이렇게 말했죠. 내가 당신들 편으로 들어가려고 했다. 그런데 여기 사람들이 이걸 알고 나를 잡아 죽이려고 옷을 다 벗기고 속옷만 남겨졌을 때, 내가 빠져나와 당신에게 도망쳐 온 거라고 말하려고 했죠. 내 말을 그들이 믿고 나에게 옷을 주고 돌볼 겁니다. 내가 말한 필을 타고 올 수 없었겠습니까? 내가 이렇게 생각해서 당신의 고통스러운 몸을 쉬게 하려고 눈 깜박할 사이에 결정하고 간 겁니다."라고 했다. 칭기스칸이 "내가 이제 어떡할까? 전에 세 메르기드에게 살해될 지경일 때, 보르항 할동에 피신해서, 세 번을 수색당할 때 네가 내 생명을 한 번 구출해 주었다. 지금도 너는 흐르는 피를 입으로 빨아 내 목숨을 구해 냈다. 또한 갈증으로 피로할 때 목숨을 내걸고 뜬눈으로 적진 속으로 들어가 마실 것을 가져와 나를 구했다. 이 세 번의 빚을 영원히 잊지 않으리라."라고 맹세했다.

146. 낮이 되고 보니, 전투 준비로 밤을 지새운 적군들이 밤에 흩어져 퇴각해 버렸다. 그런데 둘레에 머물던 사람들이 군인들과 함께 빨리 이동할 수 없었기 때문에 이동하지 않고 뒤처졌다. 도망간 사람들을 모아 오자고 칭기스칸이 묵은 곳에서 출발하여 도망친 사람들을 모으고 있을 때 한 붉은 델을 입은 여자가 "테무진, 테무진!" 하고 큰 소리로 울며 소리 지르니 칭기스칸이 듣고 "어떤 여자가 이리 우는가?" 하고 물어보라고 사람을 보냈다. 그가 가서 물으니 그 여자가 답하여 "나는 소르홍-샤르[87]의 딸입니다. 이름은 하다앙입니다. 내 남편을 여기 군인들이 붙잡아 죽이려고 합니다. 내 남편을 구해 달라며 테무진을 부르며 울었어요."라고 했다. 그 사람이 돌아와서 칭기스칸에게 그의 말을 전하니, 칭기스칸이 듣고 달려가 말에서 내려 그 여성을 끌어안았다. 그런데 남편은 우리 군인들에게 벌써 죽고 말았다. 그 백성들을 나눠 보내고 칭기스칸은 대군들과 함께 또 거기에 머물렀다. 그 하다앙을 불러와 곁에 앉혔다. 다음 날 낮에 타이초드의 트드게에 속한 소르홍-샤르, 제브 둘이 왔다. 칭기스칸은 소르홍-샤르에게:

"내 목에 끼워진
무거운 나무를
땅으로 내던지고
내 옷깃에 끼워진
겹겹 목칼을
없애 준

---

87) 소르홍-샤르에 대해서는 본문 84~87의 내용을 읽어 보라.

아버지 같은 은혜
존귀하신 당신은
어찌 이제야 오셨는고?"

라고 했다.

소르홍-샤르가 "내가 당신을 마음 깊이 신뢰합니다. 서두를 필요가 뭐 있습니까? 만일 서둘러서 일찍 왔다면 타이초드의 귀족들이 나의 뒤에 있는 여자, 아이들과 가축들을 재로 만들어 날려 버렸을 건데, 제가 서두르지 않았습니다. 지금 왕에게 합류하려고 왔습니다." 이 말을 들은 칭기스칸이 "좋습니다."라고 했다.

147. 칭기스칸이 "후이텡이라는 곳에서 전진, 후퇴 등으로 전투하는 동안 산 위에서 활을 쏘아 내 전투용 말, 입이 하얗고 황갈색인 말의 목덜미를 누가 쏘았는가?" 하니 그 말을 듣고, 제브가:

"산 위에서 쏜 사람은 접니다.
지금 왕께서 저를
죽이려면 죽이십시오
손바닥만 한 곳을
얼룩져 썩혀 버린
저는 작은 사람입니다.
구하고자 생각하고
제 생명을 살려 주시면
공격하라는 곳을
뛰어들어

검은 물이 솟기까지
바위가 부서지기까지
적들을 공격해서
왕께 충성하겠습니다.
깊은 호수의 물이 솟기까지
흰 돌이 깨어지기까지
모든 용기를 내어
칭기스 당신을 도우리이다.
가라는 곳에
내가 기꺼이 가서
검은 바위를 부수겠습니다
사람의 마음을 좌절시키겠습니다!"라고 했다.

칭기스칸이
"원수는 적대하여 해친 행위를 숨기고 거짓을 말한다. 그런데 너는 적대하여 해친 행위를 숨기지 않고 솔직하게 말하는구나. 이런 사람과 가깝게 지내도 된다. 너의 이름 조르가대이를 버리고, 내 전투용 말, 입이 하얗고 황갈색 말의 목덜미를 화살촉으로 쏘았으니 '제브(화살촉)'라고 이름 짓겠다. 내 곁에서 화살촉처럼 경호하라."라고 명령했다. 타이족에서 제브가 와서 교류를 맺은 것이 이러하다(칭기스 본인이 상처 입은 것을 감추고, 말이 다친 것처럼 말했었다).

5장(148~169)

타타르를 멸망시킴과 옹칸과의 결렬

148. 칭기스칸은 거기서 타이초드를 공격하여 아오초 바타르와 호동 오르창, 호도오다르 등의 타이초드의 귀족들의 모든 혈육까지 잿가루로 만들어 버렸다. 백성들을 이동시키고 칭기스칸은 오바하야(오하 하야: 지명)라는 곳에 와서 겨울을 지냈다.

149. 위대한 왕[88] 칭기스칸은, 변방에서 자리를 잡고 살아가는 중에, 하루는 아홉 장관을 데리고 흔적을 찾아서, 물증을 찾으며 가다가 명령하여: "어느 방향에서 어떤 적이 나타날지 모르니, 아홉 장관은 세 쪽으로 나눠서 가라."라고 명하였다.
주(왕)의 명령을 따라 젤름, 초오 메르겡, 쉬기호톡 셋이 한 팀을 이루었다.
보오르치, 보르홀, 모홀라이 셋이 한 팀을 이루었다.
술두스의 소르홍-샤르, 베수드의 젭, 오이르드의 하르 히루게 셋이 한 팀이 되어 집에 남았다.
주(왕)는 다른 여섯 장관을 데리고 흔적을 찾고, 물증을 찾으며, 차하라이왕을 뒤로 보내고, 잘만왕을 앞서 보내고 왕의 안쪽에서,

얼룩진 산양이
껑충 뛸 때 왕은

---

[88] 원문에서 '소트 복드 칭기스칸(Суут богд Чингис хаан)'이라는 표현은 '경애하는, 위대한' 등의 뜻으로 칭기스칸에 대한 최고의 존칭 표현이다.

갈색 얼룩진 말을

달려가 따라잡아

무장한 화살

시위를 당기며

금활을

양팔을 벌려서

얼룩진 산양을

주눅 들게 활을 쏘니

죽은 즉시

뒤의 장관이

마중 나가서

안장 끈에 매달리는 순간

왕이 명하여: "이것을 즉시 너희가 가죽을 벗겨 구워라. 내가 그 황색 구릉 위로 올라가 살펴보리라."라고 말하며 갔다. 거기에 왕이 졸려서, 갈색 얼룩의 말 갈기 위에 채찍을 두고 자니 꿈을 꾸게 되었다. 칭기스칸이 잠에서 깨어 여섯 장관에게 와서 명하여:

"내가 꿈을 하나 꾼즉

나의 갈색 심장이

두근두근거렸다.

내 작은 갈비뼈가

뽀드득뽀드득거렸다.

불가항력의 적들이

올 것 같다.

높은 언덕에

검은 세 개의 깃발이 있는
삼백의 원수가 있다.
삼백 원수의
장수들은
밤색 말을 타고
활시위를 당기며
단단한 갑옷을 입고
검은 수염을 매만지며
서쪽으로 중얼거리며
동쪽으로 관찰하며
바늘처럼 날쌔게
실처럼 널름댄다.

이 꿈이 만일 사실이면 너의 여섯 장관은 어쩔 것인가?"라고 물었다.

쉬기호톡이 답하길:

"가까운 곳과 먼 곳을
예리한 두 눈으로 굽어보며
몽골 전 부족을
꺾고 굴복하게 하며
메르기드 부족을
놀라 달아나게 하고
타이족의 지역을 움츠리게
한 달의 지역을
눈여겨 살피고

한 해의 지역을
통찰하여 바라보고
검은 눈동자로
왕을 도우리이다.
지나가는 눈길마저도
왕을 돕겠나이다."라고 했다.

젤름이 답하여:

"죽을 생명인데
아끼지 아니하고
사라질 가축인데
아까워하지 않고
보이는 적을
넘어지도록 공격해서
길에서 만난 자들을
세차게 때리고
가는 길에 만난 적을
순식간에 쳐 버리고
검은 깃발을
휩쓸고
붙잡은 놈들을
처단하여
휘날리는 깃발을
짓밟아 버리고
찢어진 깃발을

무시하며 짓밟아

원수의 사기를

꺾어 버리고

다시 일어설

힘을 없애겠다."라고 했다.

초오 메르겡이 답하여:

"침투해 쳐들어갈 수는 없지만

내가 정한 것을 견고하게 할 수는 있습니다.

솜씨를 발휘할 수는 없지만

무너진 것을 고칠 수는 있습니다.

겁이 많은 초오 메르겡 나는

기습할 시간이 될 때

물러나 도망할 수도 있으니

먼저 왕에게 말씀드립니다.

나라가 세워진 다음에

합당한 말로 충성할 수 있어요.

이방 적들이 공격해 올 때

칭기스칸 왕이신 주여

노련한 나의 이 간언이

가끔이지만 도움이 될 것입니다."라고 했다.

보오르치가 말하여:

"공격해 오는 원수를

앞의 길을 막고

공격해 오는 적을

퇴로 길을 폐쇄하여

당신의 생명을 지키어

왕의 귀하신 고삐를

놓치지 않고 따르며

왕이 향하는 방향으로

벗어나지 않고 가리라."라고 했다.

보르홀이 말하여:

"(적이) 쏜 화살의

방패가 되어

요란한 화살의

방패가 되어

신뢰하는 주 당신의

신비한 몸에

칼날이

닿지 않게 하리라."라고 했다.

모홀라이가:

"원수를 무찌르고

전리품을 가져와

오는 원수들의

칼날을 무디게 하고

퇴각하는 원수들의
모두를 다 살육하여
군마를
꼬리 위로
연한 안개를 모아서
쓰러진 말의
갈기 위로
솟는 좋은 햇살의
붉은빛을 발산하여
모든 전투마다 이겨
모든 기쁜 소식을
장군님에게 전하리이다."라고 했다.

칭기스:

"뛰어난 여섯 장관의
단호한 말들을 듣고
사냥한 구운 고기를
얼른 서둘러 먹고
노란색 말의 고삐를
쉬기호톡에게 주고
내가 꾼 꿈의
진위 여부를 가려내라."라고 보냈다.

쉬기호톡은 홍황색 말을 타고

광야에 놓아

타이가(협산)에서 걷게 하여

분지에서 걷게 하고

파인 곳을 터벅대어 걸으며

노란 언덕에 다다라

여기저기 잘 살펴보니

검은 깃발을 날리는

흉측한 원수 군사를

급작스레 만났을 때

쉬기호톡 장군이

있던 곳으로

놀라 달려와서:

"노란 언덕 위에

갑자기 올라가 보니

삼백 원수와

갑자기 대면하게 되었다.

타이족을

알아보지 못하고

메르기드를

알아보지 못하고

몽골족을

기겁하여 보지 못하여

뒤로 한 번 힐끔 보니 왕의 꿈에 본 원수들과 같았습니다."라고 했다.

그리고 여섯 명의 장관이 갑옷을 입고, 방패를 들어서, 전투를 준비하는데 적군이 다가왔다.

장관 보오르치 장군이

회색 말을 타고

혼란스러운 원수들의 앞에서

빈틈을 찾아가서

(적군의) 기세를 살펴보니:

"넌 누구냐? 예절을 갖추고 말하라! 이름이 있다면 이름을 대라."라고 하니 그들이:

"우리는 이름을 물으러 온 것이 아니라,

우리는 인정사정없이 싸우러 왔다."

보오르치가 말하여:

"나에게 이유를 말하면

평화적으로 용서해 줄 것이다.

이쪽과 싸울 생각이라면

해 뜨는 쪽에서 시작하자."라고 했다.

그러자 저쪽 사람이:

"당신에게 말할 좋은 이름이 우리에겐 없소, 우리는 사냥꾼이고 어부에 불과하오."

그래서 쉬기호톡이:

"그들에게 뭘 물을 필요가 없다. 익숙한 타이족이다. 주저하지 말고 싸우자."라고 했다. 보로훌이 뛰어 내려와, 갈색 방패를 들고, 복드왕을 지켜 섰다. 젤렘이 곁에 있는 사람의 검을 잡고 들어가

길에서 만난 모든 것을
길 벗어날 때까지 찍어 베고
세 검은 깃발은
굳게 잡아 뺏어서
산 위에 가져가서
거꾸로 꽂았다.

초오 메르겡이 벌써 도망갔다. 보오르치는 앞으로 공격하여 가는 동안 뒤에서 초오 메르겡을 보고서: "여봐! 초오 메르겡, 거기 서라! 주왕(칭기스칸)을 위해 이렇게 열심인가! 구덩이에서 나온 망아지처럼 허둥지둥 도망치다니?"라고 하니, 초오 메르겡이 돌아와 웃으며 말하여: "맞서 싸우자니, 화살이 부족하다."라며, 왕이 금화살통에서 단사(진한 붉은) 화살을 꺼내 주었다. 초오 메르겡은 단사 화살을 활에 재고, 시위를 당겨, 겨냥하고, 조준하여, 적장을 쏘았고, 붉은 갈색의 갈기가 없는 말을 잡아 와서 왕에게 드렸다.

왕이 그 말을 타 보니 나는 새와 바람 같았다. 그래서 적을 멸절시켜, 찔린 적군들을 물고기처럼 되도록, 보로훌의 머리에 화살을 쏘니 그가 밑으로 떨어져 화살을 만져 잡고 기대며 방패를 놓치지 않으려고 잡고 섰다. 보오르치가 앞으로 공격해 가는 동안, 뒤를 보고 그에게 말하여: "사나이가 화살 한 방에 쓰러진다고? 뿔에 맞은 염소 새끼처럼 두려워 떠는 너는 뭔가?" 그러자 보르훌이 말을 반대편으로 타서 말 안장 덮개를 잡고 겁내지 않고 전투하였다. 공격해 온 적이 시신을 가지고 도망쳤다.

왕이 명령을 내려:

"대항해 온 적을 어떡할까?" 하고 물으니,

보오르치가 답하여:

"죽은[89] 사람은 장례를 치르고
대적한 적들은 무장한 활로 작별한다.
공격합시다."라고 하니, 그 말을 왕이 허락하였다.

차이트의 하얀 벌판에서 적들을 쫓으니, 많은 양 틈에 들어간 늑대처럼 공격하여 일백 명을 죽였다. 이백 명이 도망쳤다. 이 전투에 백 마리의 말과 오십 개의 갑옷을 전리품으로 얻었다.
그때 칭기스칸이 하늘의 아버지에게 제사를 드리자고[90] 하여 언덕 위쪽에 가서, 안장을 펴고 띠를 목에 걸고 기원하여 말하기를:

"나는 용감하여 왕(주)이 된 것이 아닙니다.
권능의 하늘 아버지의 사랑으로
나는 왕(주)이 되었습니다.
하늘 아버지[91]의 도움으로
나는 원수의 공격을 무찔렀고,

---

89) 원문에는 '보르항 볼송: Бурхан болсон(즉 신이 되었다)으로 표현되었다. 몽골인들에게 죽음의 세계는 보르항(신)의 영역이라고 보며, '죽었다'는 의미로 통용된다.
90) 하늘의 아버지께 제사를 드리자(тэнгэр эцэгтээ мөргөө): 칭기스칸에게도 '텡게르(하늘)'라는 신을 향한 종교심이 있었다는 표현이다. 아버지께(Эцэгтээ)는 '조상에게'라고도 볼 수 있다.
91) 왕 하늘 아버지(Хан тэнгэр эцэг), 또는 아버지 하늘(Эцэг тэнгэр)이라는 표현에서 '하늘 아버지'가 구체적으로 누구를 의미하는지는 분명하지 않다. 하늘의 '신(神)'을 의미하는지, 조상(祖上)을 의미하는지, 혹은 다른 어떤 절대자를 의미하는지에 대해서는 분명하지 않다.

명예 때문에
나는 왕이 된 것이 아닙니다.
하늘 아버지 왕의 자비로움으로
나는 이방 적군을 무찔렀습니다."

라고 기도했다.
거기에서 말을 타고 가서 여섯 장관을 칭찬하였다.
먼저 쉬기호톡을 칭찬하여:

"메르기드를 혼란시키고
몽골을 무너뜨리고
타이초드를 알아보고
원수들을 무찌른
타타르의 쉬기호톡이여." 하고 칭찬했다.

젤렘을 칭찬하여:

"잘 잡히지 않는 영양도
잘 사냥하는
(영양 사냥을 잘하는)
거만한 적의 심장을 떨게 한
탈 말이 없을 때
탈 것을 가져와 준
갈증으로 목마를 때
마실 포도주를 주고
밤잠을 설치며

총명하고 지혜로운
나라를 위해
앞서 충성하는
오리양하의 충성된 나의 젤렘."이라고 칭찬했다.

초오 메르겡을 칭찬하여:

"내 명령을 어김없이 따르고
내가 가르친 것을 실수 없이 행하여
적장을
활로 쏘아 명중시켜
적장이 탄 말을
기습하여 빼앗고
공격해 오는 적을
강력한 공격으로
대항해 오는 적을
산산이 쳐부순
주르치의 초오 메르겡이다."라고 칭찬했다.

보로홀을 칭찬하여:

"쏜 화살의
방패가 되고
휘익 날아드는 화살의
방패막이가 되어
머리를 다쳤을 때

가죽 모자를 잃지 않는[92]

호쉰의 훌륭한 보르홀이여."라고 칭찬했다.

모홀라이를 칭찬하여:

"적군을 무찌르고
노획물을 취득하고
오는 적들의
칼날을 무디게 하고
퇴각하는 적들의
발목뼈를 잘라 내고
말의 꼬리 위로
짙은 안개를 끼게 하여
타고 있는 말의 갈기 위로
떠오르는 태양이 빛나고
원수의 재물에서
짧은 끈 하나 남기지 않고
부러진 바늘 하나 남기지 않고
거두어 온
잘라이르의 훌륭한 모홀라이여."라고 칭찬했다.

보오르치를 칭찬하여:

---

92) 전쟁터에서 칭기스칸을 지키고 화살을 막아 내며 머리에 상처를 입어도 자신의 자리를 끝까지 지켜 임무를 완수하는 군인을 말함.

"내가 젊었을 때

여덟 마리의 적갈색 말을 찾을 때

해가 뜨는 무렵에

나와 만난 이후

평생 진심을 다한

나호 바양의 아들

믿을 만한 벗 보오르치여!

동네에서는

얼룩송아지처럼 온화하지만

맹렬한 원수와 접할 때면

호랑이 사자처럼 사나워

위험한 적들을 무찌르기 위해

목숨마저 아끼지 않은

고마운 벗 보오르치여!

어울려 다닐 동안에는

검은 송아지처럼 온순하지만

쳐들어오는 적군과 만나면

사나운 매처럼

이방 적들을 무찌르기 위해

뜨거운 목숨을 아끼지 않고

사랑스러운 벗 보오르치여!

놀이에 다니는 동안에는

친근한 송아지처럼 온순하지만

다가오는 적을 만났을 때는

야수처럼 사납게도
침략하는 적군을 무찌르려고
자신의 몸을 돌보지 않고
은혜 입은 동지 보오르치여!

즐거울 때에
가을의 망아지처럼 다정하지만
적군과 전투로 마주할 때는
매처럼 공격하여
평생 동안 충성해 온
나의 벗 보오르치여!
주군 왕을 따르는
사랑하는 벗 보오르치여!"라고 칭송했다.

이 여섯 장관을 칭송하기를 마치자 보오르치가 역시 왕을 칭송하되:

"예수헤이 장군의 아들
아홉 용사 장수가 있는
모든 것을 권력하에 두신
세상의 주인[93] 칭기스칸이시여!

으엘룽 국모(여왕)로
아홉 장수를 신하로 둔
으게데이, 톨루이 아들을 둔

---

93) 세상의 주인(Ертөнцийн эзэн): 칭기스칸에 대한 최고의 표현이다.

자비와 사랑이 많으신
다양한 민족을
앞에서 무릎 꿇게 하신
원수 적들 모두를
발바닥 아래 밟아 뭉갠
고귀하신 왕이시여!

왕께서 계시는 동안
이방의 적들로부터
주저함 없었습니다.
영웅 왕께서 계시는 동안
침략하는 적으로부터
움츠러들지 않았습니다.

모두가 같이 모여서
일가 친족같이 화평하되
이방 원수들을 모두 쳐부숩시다.
뜨거울 때 즐겁게 살며
백조와 거위처럼
모두가 즐거워합시다.
거짓말꾼의 말에
끼어들지 맙시다.

매같이
뛰놀며 날아갑시다.
쳐들어오는 전쟁에

뜨거운 생명을 아끼지 맙시다.

원앙새[94]같이
사랑하는 둥지를 부수지 맙시다.
서로 죽이는 전쟁에
생명을 아끼지 맙시다.

일가 친족 간에
화평을 잃지 맙시다.
공격해 오는 적군과 만나면
우리의 몸을 아끼지 맙시다."

훌렉 보오르치가 들은 말은 이것이다.

위대한 왕 칭기스칸은 낮 동안 가서 삼백 타이초드를 무찌르고 무사히 집에 와서 평안하게 지냈다(알탄 텁쳐).

누츠겡 바아르 종족의 쉬레트 노인은 알락, 나야 두 아들과 협력하여 타이초드의 귀족 타르고다이-히릴톡이 숲에 피신해 있을 때 찾아서 데리고, 그가 말을 탈 수 없을 정도로 풍풍하니 마차에 태워서 테무진에게 데려다줄 때 타르고다이-히릴톡의 아들과 동생들이 되찾으려고 왔다.

그들이 오자마자 쉬레트 노인은 움직이지 못하는 타르고다이를 뒹굴어 넘

---

94) 원앙새 혹은 기러깃과에 속하는 새이다. 가족을 소중히 여기는 새이며 이 문맥에서는 원앙새가 가족을 아끼듯 무고한 생명을 해치지는 말자는 의미이다.

어뜨려, 뒤집어 눕히고, 배 위에 걸터앉아서 검을 꺼내 말하기를: "너의 아들과 동생들이 너를 잡으러 왔다.

왕이 너를 지금은 죽이지는 않겠지만 너에게 이미 공격했으니 (너는 언젠가는) 나를 죽이게 될 것이다. 너를 죽이지만 마찬가지로 나도 살해당할 것이다. 이러하니 너로 베개를 만들어 죽이겠다."라고 칼날을 타르고대의 목에 대니, 타르고대-히릴톡이 동생과 아들들에게 큰 소리로 울며 말하기를: "쉬레트가 나를 죽이려 한다. 나를 죽이면 나의 시신으로 너희들은 뭘 할 건가? 나를 죽이지 않을 거면 곧장 돌아가라. 테무진은 나를 죽이지 않는다.

테무진이 타지에서 버려졌을 때 눈에는 불꽃이, 얼굴에는 빛이 나고, 탁월한 재능을 가진 아이라고 내가 찾고 데려와, 철부지 아이를 망아지 가르치듯 훈육하여 가르쳤다. 그때 그를 쉽게 죽일 수 있었는데도 용서하여 키웠다. 이제 테무진은 그 일을 철이 들고 성숙했으니 깨닫고 있을 거다.

테무진은 나를 죽이지 않는다. 너희 아들, 동생들은 어서 빨리 돌아가라. 쉬레트는 나를 죽이라."라고 큰 소리로 울며 소리치니 아들과 동생들은 듣고 논의하니:

"부친의 생명을 구하러 왔잖아요. 그런데 부친을 이 쉬레트 노인이 죽이면 생명이 없는 빈 몸으로 우리는 어떡해요? 지금 죽이지 않았을 때 돌아갑시다."라며 돌아갔다.

그들이 사라지자마자 타이초드에서 도망친 쉬레트 노인의 아들 알락과 나야 둘이, 부친에게 돌아왔다. 쉬레트 노인이 아들들과 함께 합쳐서, 타르고대를 데리고 가서, 호토홀-노가라는 곳에 다다랐다. 거기서 나야가: "내가 이 타르고대를 잡아가면 칭기스칸이 우리를 왕을 잡아 온 믿을 수 없는 사람들이라고 우리를 믿지 않을 것이고, 대신 왕을 공격한 놈들이라고 우릴 잡아 죽일 것이다. 지금 타르고대를 여기에서 놓아 보내고 우리는 칭기스칸에게 직접 가서 이렇게 말하자."

"우리는 칭기스칸에게 힘을 보태 드리러 왔습니다. 우리는 타르고대를 잡아 오던 길에 그 왕을 똑바로 쳐다보니, 이방인에게 어떻게 잡아 넘기나 하고 안타깝고 불쌍해서 도중에 풀어 돌려보내고, 우리가 당신을 모시고자 왔습니다."라고 말하고자 하니 나야의 말을 부친과 아들들이 동의하고 타르고대-히릴톡을 호토홀-노가에서 놓아서 보내 주고, 쉬레트 노인, 알락, 나야 두 아들과 함께, 칭기스칸에게 왔다. 쉬레트 노인은 칭기스칸에게 말하여: "우리는 타르고대-히릴톡을 잡아 가는 중이었지만 도중에 왕을 바라보니 이방인에게 어떻게 잡아 넘기나 하여 놓아서 돌려보냈고, 우리는 직접 칭기스칸에게 힘을 보태 드리려고 왔습니다."라고 했다.

"왕 타르고대를
공격해 잡아 왔지만
왕을 공격한
독한 백성들을
믿을 수 없기에
대신에 너희들의
일가친척을
모두 죽이겠다.
왕을 사랑하여
뜨거운 너의 마음은
맞는 것이다."라고 나야를 다정하게 용서하였다.

150. 그다음에 칭기스칸이 데르수드라는 곳에 있을 때, 헤레이드의 자하 함보가 놀러 왔다. 그때 메르기드가 공격하여 오니, 칭기스칸과 자하 함보 둘이서 격퇴시켰다. 투맹 투베겡과 많은 동가이드 헤레이드의 흩어진 백성들이 칭기스칸을 따르러 왔다. 헤레이드의 왕인 옹이 전에 예수헤이 장군과 가까운 동료 사이였다. 동료가 된 이유는, 옹칸이 호르차오스 보이록 선왕의 동생들을 죽이고 사촌 구르왕과 갈라져 싸워서, 하라옹 하브찰(절벽)이라는 곳에 숨어들어 거기서 백여 명과 겨우 피신하여 예수헤이왕에게 오니, 예수헤이왕은 그를 돌보고 직접 군인을 데리고 가서 구르왕을 하셩 나라로 쫓아내고 백성들과 가축들을 옹칸에게 가져다주었기에 서로 동료가 된 것이다.

151. 그다음에, 옹칸의 동생 에르흐 하르가 형인 옹칸에게 죽임을 당할까 봐 두려워 도망하여, 나이만의 이나차왕에게 갔다. 이나차왕은 군대를 데리고 와서 옹칸을 쫓아내니, 옹칸은 세 도시를 건너 떠돌며 하르(검은) 햐타드[95)]의 구르왕에게 갔다. 그 왕과 다시 갈등이 생겨서 위구르시의 탕고드[96)]의 폐허로 떠돌아 가서, 다섯 염소의 젖을 짜서, 낙타의 피를 뽑아 마셔 가며 겨우 구세우르 호수에 다다르니, 전에 예수헤이 장군과 동료로 지낸 것을 칭기스칸이 떠올려서 다하이 바타르, 수헤헤이 제운 두 명을 사신 삼아 옹칸을 맞았고 이어 헤를렝의 상류에서 칭기스칸이 직접 마중 나와서 얼마나 주리고 고생했느냐며 옹칸에게 (백성들에게서) 공물을 받아 주고 자기 주변

---

95) 몽골어로 햐타드(Хятад)는 금나라 지배하의 중국 민족이나 그 지역에 거주하는 사람들을 일컬으며 거란(кидан, Kidan) 민족을 처음 명명하는 말에서 유래한 것으로 보인다. 《몽골비사》에서 8곳 정도에 언급된다.

96) 탕고드(Тангуд)는 당항(黨項) 또는 당올(唐兀)이라고 지칭한다. 티베트계 강족(羌族)의 한 갈래로, 7세기 무렵부터 13세기경까지 간쑤성과 칭하이성에 웅거했던 민족이다. 탕구트라는 말은 중세 몽골어의 ᠲᠠᠩᠭᠤᠳ(Tangγud)에서 유래됐던 것으로 보인다.

에 두었다. 그 겨울에 같이 이사하여 칭기스칸은 호바하야에서 겨울을 지냈다.

152. 그때, 옹칸의 동생이 귀족들과 말하기를:

"우리의 형인 왕은
혈육인 우리마저
재처럼 날려 보낼 수 있는
흉측한 생각을 가진
있을 수 없는 인간이다.
사랑하는 형제들을
다 멸절하고
하르(검은) 햐타드에게 마저
도움을 받으러 굴종하고
온 나라를 아끼지 않고
잔인하게 괴롭혔다.

이걸 어쩔꼬? 전에 일곱 살 시절에 메르기드 백성에게 붙잡혀서, 검은 염소털로 된 옷을 입고, 셀렝게의 보오르 평야에 가서 메르기드 땅에서 쌀을 찧으며 살았었지. 오르차오스 보이록 선왕은 메르기드 백성을 쳐부수고 아들을 구해 왔다.

그런데 이 토오일도 타타르의 아자이왕에게 열세 살 시절에 엄마와 함께 붙잡혀 가서 그의 낙타를 돌보며 지냈다. 거기서 아자이왕의 목동과 함께 탈출하여 집에 왔다. 그 후에는 나이만이 두려워 피신하여 사르타올 지역의 초이 호수의 하르(검은) 햐타드의 구르왕에게 갔다.

거기서 일 년간 있다가 다시 위구르 지역으로 떠돌아, 탕고드로 가서, 다섯 염소 젖을 짜며, 낙타의 피를 마시며, 한 눈 없는 갈색 말을 타고, 테무진에게 고생해서 가니, 테무진 아들이 사람들에게 공물을 받고는 그를 챙겼다. 그런데 지금 그가 이렇게 한 것들을 잊어버리고 나쁜 생각을 가지고 있다." 라고 했다.

이 이야기들이 옹칸에게 알탄 아쇼를 거쳐 전달되었다. 알탄 아쇼가 말하는데: "나는 이 논의에 참여했는데 참을 수 없어서 들은 모든 것을 말해 버렸다."라고 했다. 옹칸이 그 말을 한 엘호도르, 홀바리, 아린 타이즈 등의 동생 귀족들을 붙잡게 했다. 옹칸의 동생 자하 함보가 도망쳐서 나이만으로 갔다. 붙잡은 동생들을 옹칸이 한 집에 들여보내며: "위구르 지역으로 탕고드 지역으로 어떻게 갔다고 너희가 말했는가? 너희들은 이걸 어떻게 생각하는가?" 하며 얼굴엔 침을 뱉으니, 집에 있던 사람들 모두에게 일어나 침을 뱉게 하고, 그들의 포승줄을 풀어 주었다.

153. 그 겨울을 지내고, 개의 해(1202년) 가을에, 칭기스칸과 차강 타타르, 알치 타타르, 토타오드 타타르, 알로하이 타타르 등과 달랑 네무르게라는 곳에서 전투하기 전에 칭기스칸이 명령하기를: "적을 무찌를 때 노획물에 관심을 갖지 마라. 원수를 한 번이라도 물리치면 그들의 것은 언제라도 우리의 노획물이 될 거니 나눠 가지기 충분하다. 만일 우리가 물러서면 처음 공격한 곳으로 즉시 집결하라. 이 장소로 곧 오지 않은 병사는 처단하겠다." 라며 이런 명령을 하였다. 달랑 네무르게라는 곳에서 타타르와 싸워 그들을 격퇴하고 추격하여 올호이 쉴루겔지드라는 곳을 점령하였다. 차강 타타르, 알치 타타르, 토다오드 타타르, 알로하이 타타르 등의 지도부(위 계층)를 무찌르고 사람들을 점령할 때 명한 것을, 알탄, 오차르, 다리다이 셋이 어기고 노획물에 욕심을 두었다. 명한 것을 지키지 않고 정한 명령에 순종하

지 않았다고 제브, 쿠빌라이 둘을 보내 그들의 노획물인 말과 물건들을 모두 압수하였다.

154. 타타르를 멸망시키고 모두 점령한 다음에 백성들을 어떻게 할 것인지에 대해 칭기스칸이 자기 가문의 사람들을 모아 한 집에 들이고 대회의를 하였다. 그들의 말은:

"옛날부터 지금까지
우리 조상을 살해한
이 나쁜 타타르족을
영원히 없애 버리기 위해
마차의 축과 맞춰 보고는[97]
모두 없애 버리자꾸나.
남은 처자식을
문(집)마다 나누어서
영원한 노예를 삼아 버리자."

라고 정하고 집에서 나와 타타르의 이흐-체렝이, 벨구테이에게 물어:

"너희는 회의에서 무슨 이야기를 했느냐?" 하니 벨구테이가 "너희 모두를

---

[97] 마차 바퀴보다 작은 아이들만 놔두고, 그 이상의 사람은 다 죽이자는 의미.
테무진의 부친 예수헤이가 타타르족에게 독살을 당하는 장면은 《몽골비사》의 서두(1장 23절)와 아래의 연구 자료에 설명되어 있다. Francis W. Cleaves, 《The Secret History of the Mongols(1956)》, Igor de Rachewiltz, 《The Secret History of the Mongols: A Mongolian Epic Chronicle of the Thirteenth Century》, Б.Ринчен(B.Rinchen)가 편집한 알탄 텁쳐의 제1장과 2장에 예수헤이의 죽음과 타타르족의 독살 사건이 언급된다.

수레의 축에 재어 보고, 그보다 큰 키의 사람은 씨를 말려 없애자."라고 했다. 벨구테이는 이 말을 듣고 이흐-체렝이 많은 타타르에게 명령하여 요새에 모이도록 했다. "그들의 진영을 무너뜨리기 위해 우리 군대가 큰 피해를 입었다. 진영에 모인 타타르족을 간신히 정복하여 수레의 축에 재어 보고 죽이니 타타르족 사람마다 베개를 가지고 죽자(죽일 때 한 명이라도 더 죽이자)."라고 하고 단검이 소매에 있었으니 그 칼로 우리 군인들도 많이 죽었다. 그들이 타타르족을 수레의 축에 매달아 죽이고 칭기스칸이 명령을 내려: "우리가 동족끼리 대회의를 한 것을 벨구테이가 누설하여 우리 군사들에게 큰 피해를 입혔다. 이후로는 대회의에 벨구테이를 참석시키지 마라. 대회의 중에는 벨구테이에게 외부의 일을 시켜서 언쟁과 거짓말 등의 안건을 맡아 다루도록 하거라. 대회의를 마친 후에는 축배의 술을 마신 후에 벨구테이와 다리다이 둘은 들어 올 수 있다."라고 명하였다.

155. 그즈음에 타타르의 이흐-체렝의 딸 예수겐을 칭기스칸이 자기의 왕비로 삼았다. 예수겐 왕비는 칭기스칸의 총애를 받으며 말하기를: "왕께서 허락하셔서, 나를 사람대접을 해 주시지 않습니까? 저의 언니 예수이는 나보다 훌륭하여 왕께 걸맞은 미녀입니다. 단, 이런 혼란한 중에 어디로 갔는지는 모르겠습니다." 하니 칭기스칸이: "당신의 언니가 정말로 그대보다 미인이면 그를 찾아오겠소. 언니가 오면 그대는 그 자리를 넘겨주겠는가?" 하였다.

예수겐 왕비가: "왕께서 허락하셔서 나의 언니를 찾아 데려오시기만 하면 나는 언니에게 즉시 넘겨주리이다."라고 했다. 이 말에 칭기스칸이 선언하여 찾게 하니 예수이 왕비는 자기의 사위와 함께 숲으로 숨어 버린 것을 우리 군사가 보고 예수이 왕비를 잡아 왔고 남자는 도망갔다.

예수겐 왕비가 언니를 보고 한 말에 따라 일어나 자신의 자리에 앉히고 자신은 그 밑 자리에 앉았다. 예수겐 왕비가 말한 대로 예수이 왕비는 정말 예뻐서 칭기스칸이 관심을 가지고 왕비의 지위에 앉혔다.

156. 타타르족을 멸망시키고 하루는 칭기스칸이 집 밖에서 예수이 왕비, 예수겐 왕비 둘 사이에 앉아 술을 마시는데, 예수이 왕비가 큰 한숨을 쉬었다. 칭기스칸은 속으로 의심하여 보오르치 보홀라이 두 귀족을 불러서 말하기를: "너희 둘은 여기 모인 모든 사람을 지역별로 구분하라. 다른 지역의 사람을 자기 지역에 남기지 말아라."라고 명했다. 그리고 모든 사람을 지역별로 구분하니 한 젊은 남자가 지역이 없이 남았다. "넌 누구냐?" 하고 물으니 그 남자가: "타타링 이흐-체렝의 딸 예수이의 남편이다. 적에게 약탈당할 때 무서워서 도망가 버렸다. 지금 전쟁이 끝났다고 생각해서 많은 백성 사이에서 나를 모를 거라고 생각해서 다녔다."라고 했다. 이 말을 칭기스칸이 듣고, 명하여: "그놈이 나쁜 마음을 먹고 홀로 떠돌다가 지금 여기에 왔구나. 그 같은 사람들은 이미 수레 축에 매달아 죽였지 않았는가. 뭘 망설이는가. 눈에서 안 보이게 처단하라." 하니 즉시 그를 죽였다.

157. 역시 개의 해(1202)에 칭기스칸이 타타르와 전투할 때 옹칸은, 메르기드를 공격하러 출발하여, 톡토아 베히를 바로고징 트훔 쪽으로 쫓아내고, 톡토아의 맏아들인 특수 베히를 죽였으며, 톡토아의 두 딸 호톡타이와 차알롱 부인을 사로잡았으며, 호토와 촐롱 두 아들의 지역 주민들과 함께 정복하였다. 그렇지만, 옹칸은 이 노획물 중에서 칭기스칸에게는 아무것도 주지 않았다.

158. 그 후에 칭기스칸과 옹칸 둘은 나이만의 후추구드의 보이록왕과 전투하러 가서, 올록 탁의 소혹 오스라는 곳에 다다르니 보이록왕은 전쟁에서

밀려서 알타이를 넘어 도주하였다. 칭기스칸과 옹칸 둘은 소혹 오스에서 보이록왕을 쫓아 알타이를 넘어 홈쉥기르의 우룽구강으로 추격하였다. 그런데 거기 예디-토블록이라는 이름의 귀족이 경비를 섰는데 우리 경비병에게 쫓겨 산으로 도망할 때, 말 안장의 끈이 끊어져 잡혀 버렸다. 보이록왕은 우룽구강[98]으로 쫓겨나 히쉴바쉬 호수로 몰아가서 거기서 처단하였다.

159. 거기서 칭기스칸과 옹칸 둘이 돌아올 때 나이만의 훅세우 사브락 장군이 바이드락강의 합류 지점에서 군사를 정비하고 전투 준비를 하고 있었다. 칭기스칸과 옹칸 둘 또한 전투하고자 군사를 정비하고 오니 벌써 오후가 되어서 내일 전투하기로 수정하여 거기서 묵었다. 그런데 밤에 옹칸이 머무는 곳에 불을 피워 놓고는, 하르술강의 상류로 올라갔다.

160. 그날 밤에 자모하는, 옹칸과 함께 이동할 때 옹칸에게: "테무진이 진작부터 나이만과 관계가 있었잖아요. 지금 우리와 같이 이동하지 않잖아요.

왕이시여! 왕이시여! 나는
아무 데나 먼 곳에 날아가지 않고
텃새처럼 늘 한곳에 있어요.
허나 내 단짝 테무진은
철새처럼
여기저기 배신하고 다녀요.
왕 당신으로부터 지금 헤어져

---

[98] 알타이를 넘어 '우룽구강'이 있다는 것으로 보면 지금 중국의 신장 북부와 몽골의 서부지역임을 추정할 수 있다. 바이드락강이나 하르술강은 현재의 몽골 중서부(항가이 지역)에 있는 강임을 추정 가능하다.

이방 나이만에게 가려고

힐끗거리며 뒤처졌지요."

라는 자모하의 말을 듣고 오브칙다이 후렝 장군이: "넌 무슨 쓸데없는 아부를 하여, 정직한 형제를 마음 상하게 하는가?"라고 했다.

161. 칭기스칸이 그날 밤에 거기서 머물고 다음 날 아침에 전투를 하려고 일어나니 옹칸이 머물렀던 자리가 텅 비어서 "너희가 우리를 속이고 야영지에 버렸다." 하며 칭기스칸이 이동하여 에데르 알타이 들판을 건너서 막힘 없이 가서 사아리 들판에 가서 멈추었다. 거기서 칭기스칸과 하사르 둘은, 나이만족이 어떤 장애가 되는지 알았으나 이것을 누구에게도 말하지 않았다.

162. 나이만의 훅세우 사브락 장군이 옹칸의 뒤를 추격하여 셍굼의 여자들과 소년들, 재물들, 그리고 관료들을 모두 포획하고, 또 옹칸이 텔레게투 암사르라는 곳에 있을 때, 쫓아가 전투하여 일부 관료들과 가축들을 빼앗아 돌아갔다. 옹칸을 따라간 메르기드의 톡토아의 호토, 촐롱 두 아들이 그 틈을 이용하여 관료들을 데리고 셀렝게 쪽으로 이동하여 부친과 합류하였다.

163. 옹칸은 나이만의 훅세우 사브락 장군에게 패배한 후 칭기스칸에게 사신을 보내 말하기를: "제가 나이만에게 재물과 여성, 소년들을 빼앗겼으니 용맹스러운 네 명의 장수를 보낼 것을 요청드립니다. 나의 관료들과 재물을 도로 찾아 주십시오."라고 했다.
칭기스칸은 군사를 정비하고, 보오르치, 모홀라이, 보로홀, 촐론 네 명의 용맹스러운 장수들을 보냈다. 이 네 명의 장수들이 도착하기 전에 올란 호스라는 곳에 셍굼(옹칸의 아들)이 전투 중에 말의 뒷다리가 다쳐서 잡히기 직전에 칭기스칸의 네 장수가 가서 그를 구출하고 빼앗긴 모든 것을 되찾아 주었다. 그때 옹칸은: "전에는 테무진의 훌륭하신 부친 예수헤이 바타르께서 나의 흩어진 나라를 재건하여 주었다. 지금은 아들 테무진이 다시 네 명의 장수를 보내, 나의 빼앗긴 나라를 구출해 주었다. 꼭 보답할 것을 하늘과 땅이 알지어다."라고 맹세했다.

164. 또 옹칸이:

"나의 동료 예수헤이 장군
완전 패망한 내 나라를
다시 찾아 회복해 주었다.

그의 큰아들
테무진 칭기스칸도
산산이 흩어진 내 나라를
다시 모으도록 도와 주었다.

이 아버지와 아들 둘이 나의 조국을 지원하니
누굴 위해 이리도
무엇을 위해 수고하였는고?

다 늙은 나는
높은 산을 기대고
풀과 건초들을 베개 삼고
죽은 후에는
거대한 나의 나라를

누가 이어받을꼬?

나 토오일왕은
아늑한 나의 집을 떠나
바위 같은 집에 도달하니
모든 것을 쏟아부은 내 나라
지켜 낼 사람
어디 누가 없을꼬?

나 토오일 주군은
양털 아늑한 집에서 떠나
산기슭의 집에 도착하니
소중하게 모아 온 내 나라
누가 다스리겠는가?
비록 친동생이라지만
나라의 지도자가 되지 못하여
성품이 변변하지 못하니
참 곤란한 사람이구나.

나에게 한 명의 아들 셍굼은 있지만, 그에게 형제가 없으니 테무진을 셍굼의 형이 되게 하고, 두 아들로 마음 편히 지내자."라고 했다. 그리고 칭기스칸과 옹칸 둘은 토올강 인근 숲에서 만나서 부자의 연을 맺었다.
전에 예수헤이 장군과 옹칸이 동료가 되었으며, 이제는 옹칸을 부친처럼 여겨, 부자지간이 되었고 이에 대해 나눈 얘기는:

"원수와 맞닥칠 때

같이 합치자꾸나.

바위틈의 영양을 사냥할 때

같이 합하여 가자."라고 했다.

또한, 칭기스칸과 옹칸 둘이 말하여:

"독사의 혀가

우리 둘 사이에 끼어들어

헛된 소문을 내어도

헤어지지 말고, 대신에

두 얼굴을 맞대고

악하고 나쁜 것을 끊어 내자.

간사한 뱀의 이빨

맹세 속에 침투하여

우리의 우정을 무너뜨릴 때

간사한 생각을 하지 말고

서로 만나 대화하며

그 어떤 이유이든 찾아내자꾸나."

라고 강한 맹세로 선서하였다.

165. 그 후에, 맹세 위에 다시 맹세하자고 칭기스칸이 생각하여, 주치[99]에게 셍굼의 동생 차오르 베히를 달라고 하고, 셍굼의 아들 토사하에게 자기의 호진 베히[100]를 교환해 주겠다고 부탁하니 셍굼이 거만하게 굴며: "내 혈육이 그들에게 가면, 항상 문간에서 안쪽을 보며 살게 될 거다. 그들의

---

99) 주치는 칭기스칸의 큰아들이다.
100) 호진 베히는 칭기스칸의 큰딸이다.

혈육이 우리에게 오면, 상석에 앉아 문간을 보게 될 것이다.[101]"라며 거만하게 우리를 무시하며 말하여, 차오르 베히 동생을 주지 않겠다고 했다. 여기에 칭기스칸이 속으로 옹칸과, 냘하-셍궁 둘을 싫어하게 되었다.

166. 그렇게 싫어하게 된 것을 자모하가 알고, 돼지해[1203]의 봄에 자모하, 알탄, 호차르, 검은 햐타드의 으부구징 노요홍, 수베에데이-토오일, 하치옹 베히 등이 연합하여 옮겨 와서 제제에르 산기슭의 베르헤 엘레트족에게 가서 냘하-셍굼과 만나니, 자모하가 고자질하여: "내 동료 테무진은, 나이만의 다양왕에게 사신을 보내며 계속 관계를 유지하고 있다.

그는,
말로는
부자지간이라지만
품격은
형편없지 않은가요.

그를 신뢰하는가? 늦게 되면 너희들은 어떻게 될는지 아는가? 너희들이 테무진과 전투를 하러 가면 나도 같이 참여하겠다."라고 했다. 알탄, 호차르 둘이 말하여:

우리는:

---

101) 문간: 하타브치(хатавч)는 가마의 뒤쪽, 하인이나 아랫사람이 앉는 자리를 뜻하고, 상석: 호이모르(хоймор)는 게르의 안쪽이며 가장 윗자리를 의미한다.

"으엘룽 모친의 고아들의 형은 죽이고, 동생은 매달아 주겠다.[102]"라고 했다.

하르(검은) 햐타드의 으브그징 어르신이:

"손은 붙잡고, 발은 묶어 주겠다."라고 했다.

토오일이: "방법을 강구하여 테무진의 나라를 빼앗자. 나라가 망하면 그도 어쩔 수 없겠지." 하치옹 베히가: "냘하-셍굼 당신을 위해서라면 긴 길의 끝이건, 깊은 구덩이에 들어가는 것도 마다하지 않겠습니다."라고 했다.

167. 이 말을 냘하-셍굼이 부친 옹칸에게 사이항-토데라는 사람을 통해 전달하였다. 이 말을 옹칸이 듣고: "어찌 아들 테무진에게 그리 나쁜 생각을 할 수 있느냐? 우리는 아들 테무진으로 버팀목이 되고 있어서 그에게 나쁜 생각을 하면 하늘이 우리를 기뻐하지 않을 것이다. 자모하는 원래부터 떠돌이이며 수다쟁이였다. 그는 쓸데없이 옳고 그름을 말하고 있다."라고 싫어하며 돌려보냈다. 또 셍굼이 말하여: "살아 있는 사람이 입으로 말하는 것을 아버님은 왜 믿지 못하시나요?"라고 다시 사람을 보내고 나중에는 자신이 직접 와서 말하는데: "지금 아버지가 살아 계시는데도 그는 우리를 아랑곳하지 않는다고요. 만일 아버님께서 테무진을 흰 음식에 버리고, 고기 음식을 목에 막히게 한다면,[103] 하르차호스-보이록 왕께서 수고하여 차지한 나라, 힘써 세운 나라를 우리에게 넘겨주지 않을 수 없을 겁니다."라고 했다. 옹칸이: "자식들을 어찌 죽이겠는가? 정말로 버팀목이 되어 주는 그

---

102) 으엘룽 모친의 고아들의 형은 테무진과 그 형제들이다. 부친 예수헤이가 세상을 떠나면서 테무진은 어린 나이에 고아가 되었다. 테무진 가문을 멸족하겠다는 표현이다.
103) 흰 음식에 쏟고 검은 고기에 목이 막히게 한다는 말은 '제거하다, 죽이다'라는 의미이다.

에게 나쁜 마음을 먹는다면 하늘이 우리를 기뻐하지 않을 것이다."라고 하니, 아들 냘햐-셍굼이 화나서 문을 닫고 나가 버렸다. 지치가, 옹칸, 셍굼 아들을 사랑하여 불러와서 말하여: "하늘이 기뻐하지 않을 것을 두려워하여 아들을 어찌 없애겠는가?"라고 했다. 또 "너희가 그렇게 할 수 있다면 뭘 하든지 알아서 하거라."라고 했다.

168. 거기에서 셍굼이 말하여: "그들이 얼마 전에 우리 차오르 베히 누이를 달라고 했었지요. 이제 '바갈조오르 이드[104]'라고 날을 잡아 불러들여서 그를 체포합시다."라고 했다. 그렇게 말하여 정하고 "차오르 베히를 줄 테니 바갈조오르 먹으러 오시오." 하고 칭기스칸에게 사람을 보냈다.

그 방식대로 칭기스칸은 열 명을 데리고 옹칸에게 가는 길에 멘릭 부친의 집에서 묵었는데, 멘릭 부친은: "우리가 최근에 차오르 베히를 청할 때는, 우리를 무시하며 주지 않았잖아. 그런데 지금은 '바갈조오르 이드'라며 갑자기 초대하니 수상하지. 최근까지 거만하게 우리를 무시하던 사람들이 갑자기 무슨 일로 차오르 베히를 주겠다는 것인가? 이것이 수상한 일이지. 아들아, 너는 조심해야 한다. 지금 봄이 되었다. 우리의 말이 삐쩍 말랐다. 말이 살찌거든 간다고 핑계를 대고, 이 일을 뒤로 미루면 어떤가?" 하니 칭기스칸이 그의 말을 듣고 자기가 가지 않고, 보하태, 히라태 둘을 '바갈조오르 이드'라며 보냈고, 칭기스칸은 멘릭 부친의 집에서 돌아왔다.
보하태, 히라태 둘이 도착하자마자 셍굼 일행이 "우리의 작전이 탄로 났다. 내일 일찍 덮쳐 붙잡자."라고 했다.

---

104) '바갈조오르 이데흐'는 양의 목살을 먹으라는 뜻으로 젊은 남녀가 결혼한 날로부터 사흘간 양의 목살을 나눠 먹는 풍습이 지금까지 몽골에 남아 있다. 목살 뼈는 아주 단단하여 이것은 남녀의 영원한 관계를 상징한다. '바갈조오르 이드'는 남녀 사이에서 결혼하자는 말이다(원문 해설).

169. 그렇게 붙잡자고 결정한 것을 알탄의 동생 이흐-체렝이 집에 와서 말하길: "내일 아침 테무진을 붙잡기로 정했다. 이 말을 전한 사람에게 테무진은 무엇이라도 아끼지 않고 주겠지."라고 하니, 그의 아내 알라흐치트가: "당신의 이 사소한 말 한마디가 어찌 되겠는가? 사람이 듣고 믿지 않을 것이다."라고 했다. 이 말을 우유를 가져다주러 온 그들의 마부 바다이가 듣고 돌아갔다. 바다이가 돌아와서 히쉴릭에게 체렝의 말을 전하니, 히쉴릭이: "나도 가서 상황을 알아보자." 하고 체렝의 집에 가니, 체렝의 아들 나링-게겡이 밖에 앉아 활을 손질하고 있었다.

나링-게겡이: "우리 집 사람들이 좀 전에 뭐라고 했지? 말들 조심하고 다녀."라고 했다. 그리고 나링-게겡이, 또 마부 히쉴릭에게: "메르게딩의 백마, 갈색 말 두 필을 가져오라. 매어 두었다가 아침 일찍 간다."라고 했다.

히쉴릭이 와서 바다이에게: "방금 너의 말은 맞다. 지금 우리 둘이, 테무진에게 전하자."라고 하며, 메르게딩의 백마와 갈색 말 두 필을 준비하여 중앙 게르의 밖에 묶고는 그 오후에 양들 중에서 어린 양을 잡고는 침대를 태워 삶아서 메르기드의 방금 두 말을 타고 그 밤에 칭기스칸에게 달려갔다. 바다이와 히쉴릭 둘이서 칭기스칸의 집 뒤쪽에서 이흐-체렝의 대화와 그의 아들 나링-게겡의 화살을 손질하고 준비하고 있던 것과 두 말을 준비하라고 한 모든 말을 칭기스칸에게 전달했다. 또 바다이와 히쉴릭 둘이 말하여: "칭기스칸께서 용납하신다면, 우리의 말을 의심하지 않을 것입니다. 같이 와서 당신을 기습하겠다고 한 말은 정말입니다."라고 했다.

6장(170~185)

헤레이드 부족의 멸망

으게데이칸의 즉위와 주변 국가들의 정벌

170. 이를 들은 칭기스칸은 바다이와 히쉴릭 둘의 말을 믿고, 그 밤에 부관이었던 신뢰하는 동료들에게 알려서, 물건들을 두고, 몸을 가볍게 하여 이동했다. 마오 산등성이를 넘어가는데 뒤에 오리앙하의 젤메(젤렘)를 후방 경비병으로 두었다. 그렇게 가다가 다음 날 낮에 해가 기울 무렵에 하르할장 지역에 이르러 점심을 먹으려고 멈추었다. 점심 식사 중에, 알드치다이의 말몰이꾼인 치히태와 야디르 둘이 좋은 초지에서 말을 치며 가는데, 마오 산등성이 앞쪽에서 올란 보르가드를 가로질러 공격해 오는 적들의 먼지를 보고, 말들을 빠르게 몰고 온 것을 살펴보니, 정말로 마오 산등성이 앞으로 올란 보르가드라는 곳에 먼지가 날리고 있었다. 칭기스칸이 그 먼지를 보고, 옹칸이 쫓아온다고 여겨 말에 짐을 실어 타고 출발했다. 만일 그 먼지를 먼저 보지 못했다면 방심했을 것이다.

그때 옹칸과 자모하가 왔다. 옹칸이 자모하에게 물어: "아들 테무진에게 우리와 대적할 수 있는 사람이 있는가?" 하니, 자모하가: "오로오드, 망고드들이 그(테무진)를 따르고 있습니다. 생각해 보니 그들이 있습니다.

빙 돌아와서는
공격하더니
옆쪽으로 와서

공격해 들어와서
칙칙한 얼룩 깃발을
붙들고 다니며
속임수를 잘 치는 사람
어린 시절부터 시작하여
싸움에 익숙해졌으니
옹칸 당신은
아주 조심하는 것이 좋겠소."라 했다.

그 말을 듣고, 옹칸이: "그러면 우리는 먼저 하닥을 앞세우고 주르히의 장수들을 투입하자. 그다음에 투멩 두베겡의 아칙-쉬룽을 투입하고. 그다음에 올란 동가이드의 장수들을 투입시키자. 그 뒤에 옹칸의 천 명의 근위대를 앞세워 호리쉬레뭉 왕족이 공격해 가자꾸나. 그 뒤에서 우리의 주력 부대가 들어가자."라고 했다.
또한 옹칸이: "동생 자모하야, 네가 우리의 모든 군대를 통솔하라."라고 하니, 자모하가 무리에서 나와, 동료에게 말했다. "옹칸이 나에게 모든 군대를 통솔하라고 하는군. 내가 테무진 친구와 전투하는데 나에게 군대를 지휘하라고 하는구나."라고 하였다.

자모하가 "내가 보니, 옹칸은 나보다 형편없이 약하고, 잠깐 동맹을 맺을 사람일 뿐이다. 테무진 동료에게 전해 주자. 친구여 힘내라."라고 자모하는 칭기스칸에게 몰래 사람을 보내 전달하기를: "옹칸이 나에게 물었습니다. 아들 테무진에게 우리와 싸울 사람 누가 있을까?"라고 물으니, 내가 "오로오드, 망고드가 이끄는 대적하기 어려운 장수들이 있다."라고 하였다.
옹칸은 주르히의 장군들을 선봉으로 임명하였다. 그 뒤로 투멩 투베겡의 아칙-쉬룽을 임명했다. 그다음으로 올랑 동가이드를 임명했다. 그다음에는 옹칸의 천 명의 근위대의 장군 호리쉬레뭉 왕족을 임명했다. 그다음에 옹칸이 주력 병사들을 데리고 들어간다고 했다.

또 옹칸이 말하기를, "동생 자모하여, 이 모든 군인을 지휘하라."라고 나를 믿고 말했다. 여기서 보면, [이 옹칸은] 호락호락한 사람이었다. 군인들을 직접 지휘하지 못한다. 내가 테무진 친구와 전에 싸울 때는 이기지 못했다. 그런데 옹칸은 나보다 약한 사람이다. [이러하니] "친구야 너는 두려워하지 말라. 굳세어라."라며 보냈다.

171. 이 소식을 듣고 칭기스칸은: "오로오드의 조르치대 백부 당신은 어떻게 생각하시는지요? 당신을 선봉으로 보내겠소."라고 하니 조르치대가 답하기 전에, 망고드의 호일다르가, "테무진의 앞에서 내가 싸우리라. 내 뒤에 남은 고아들을 돌봐 줄 것을 테무진은 기억해 주시오."라고 했다. "조르드를 돌볼 것을 테무진은 알고 기억해 주시오."라고 했다. 조르치대가 "칭기스칸의 앞에서 내가 오로오드, 망고드를 이끌고 싸우겠소."라고 했다. 그래서 조르치대와 호일다르 둘은 오로오드, 망고드(망고드의 군인들)를 정렬해서, 칭기스칸의 앞에서 출발하려고 준비했다. 그러는 사이, 주르히[105]를 앞세운 적군이 나타났다.

그들이 오자마자 오로오드, 망고드들이 맞서 싸워 주르히를 무찔렀다. 그런데 또한 투멩 투베겡의 아칙-쉬룽이 공격해 왔다. 아칙-쉬룽이 호일다르를 부상 입게 하여 바위 골짜기로 말에서 떨어지게 했다. 이것을 보고 망고드들이 돌아와 호일다르를 지켰다.

---

105) 주르힌(Жүрхин)은 여진(女眞)족이다. 12~13세기 초 당시 금나라(金나라, Jurchen Jin dynasty)를 세웠으며, 몽골 고원과 만주 지역에서 몽골 부족과 빈번하게 충돌했다.

조르치대가 오로오드 군사를 이끌고 싸워서, 투맹 투베겡을 무찔러 쫓고 있을 때, 올란 동고이드가 다시 반격해 왔다. 조르치대도 동고이드를 무찔렀다. 뒤쫓아 가니 호리쉬레뭉 왕족이, 천 명의 근위대를 이끌고 맞서 싸웠고 또 조르치대가 호리쉬레문 왕족을 무찔러서 셍굼이 선친 옹칸에게서 허가를 받지 않고 맞서 싸우다가, 불그스레한 뺨을 다쳐 쓰러졌다. 셍굼이 다쳐 쓰러지니 헤레이드가 모두 그에게 모여들었다. 그들을 이렇게 무찔러 해가 지고, 산을 넘을 때 우리 군사가 다시 부상당한 호일다르를 쓰러진 곳에서 데리고 돌아오니 그 저녁에 칭기스칸이 옹칸과 싸운 곳에서 이동하여 밤을 보냈다.

172. 거기서 밤을 지낸 다음 날 동이 트자마자, (사람들을) 헤아려 보니 으게데이[106], 보르홀, 보오르치 셋이 없어졌다. 칭기스칸이: "으게데이와 믿을 만한 동료 보오르치 보르홀 둘이 뒤처졌다. 살았든지 죽었든지 그 둘을 떨어뜨리면 안 된다."라고 했다. 아군들은 밤에 말을 준비하고 잤다. 칭기스칸이: "만일에 적군이 공격해 오면 싸우자." 하고 군사들을 준비시켰다. 날이 밝아 오자 뒤에서 한 사람이 왔는데, 보니 보오르치였다. 칭기스칸은 가슴을 치며: "(너의 운명을) 영원한 하늘[107]이 알지어다."라고 보오르치를 불러 물으니, 보오르치가: "전투 중에 내 말이 상처 입고 쓰러졌습니다. 그래서 내가 뛰어가는데, 헤레이드족이 셍굼에게로 모여들 때 짐을 실은 말을 보고 짐을 다 내리고 안장에 올라타서 아군의 흔적을 따라 찾아왔습니다."라고 말했다.

---

106) 으게데이(Өгэдэй), 일부는 오고타이 혹은 우구데이라고도 하는데, 원음은 으게데이이다. 칭기스칸의 셋째 아들이며 칭기스칸 다음 권좌에 오른다.

107) 영원한 하늘(믕흐 텡게르)은 칭기스칸에게 특정한 교리나 경전이 있는 신앙이 아닌 고대 몽골-튀르크계 유목민들이 지녔던 '텡그리 신앙(Tengrism)'이다.

173. 또 잠시 뒤에는 한 말 탄 사람이 오는 것이 보였다. 보니, 한 사람처럼 보였는데, 아래쪽으로 사람의 발 같은 것이 매달려 있었다. 가까이 온 것을 보니, 으게데이의 뒤쪽에 보로훌이 나란히 타고(으게데이를 보로훌이 안장 위로 태웠다) 왔다. 보로훌의 입가에 피가 묻어 있었다. 왜냐하면 으게데이의 목이 화살에 상처를 입어서 보로훌이 그의 흘리는 피를 입으로 빨았으니, 핏덩이가 입가에 묻어 있었다. 칭기스칸이 보고 눈가에서 눈물이 흐르고 마음이 아파, 곧 불을 피워서 상처를 지지고, 으게데이에게 차를 마시게 하여, 적군이 오면 싸우자고 대기하였다. 보로훌이: "마오 언덕의 등성이에서 올란 보르가드 쪽 너머로 적군의 먼지가 솟아오르다 사라졌습니다."라고 하니 보로훌의 그 말을 듣고: (칭기스칸은) "만일 적군이 공격해 오면 우리도 맞서 싸울 거다. 적군이 후퇴했다면 우리도 군사를 정비하고 뒤쫓아 가자."라고 하며 이동하였다. 거기서 이동하여 올호이 쉴루겔지드(라는 강)로 가서 달란 네무르게에 다다랐다.

174. 거기로 나중에 하다앙-달도르항[108])이, 여자와 아이들과 헤어진 채 반쪽만 돌아왔다. 하다앙-달도르항이 와서 옹칸의 말이라고 전하여: "옹칸이, 아들 셍굼이 붉은 뺨을 화살에 다쳐서 쓰러진 곳에 와서 말하기를:

타인을
없애려고
가엾은 몸을
너는 외면하였구나.

---

108) 이 인물은 본서의 120장에서는 하다앙, 달도르항(Хадаан, Далдурхан)과 같이 두 명으로 기록되어 있다. 174장에서는 하다앙-달도르항(Хадаан-Далдурхан)으로 기록되어, 자칫 다른 인물로 오해하기 쉽다.

곁에 있는 사람을
치려고
붉은 뺨을
너는 찔렸구나.

사랑하는 아들의
찔린 곳 때문에
원수 적군을
공격하여 멸망시키리라."

라고 하니, 아칙-쉬룽이:

"주 나의 왕이시여
모름지기 조심해서 가셔요.
[왕이 앞서시고 평민들도 모두]
예정 없던 아들의
꿈이 되었고
다양한 방법을 통하여
평안하게 해 달라고 기원하며
이 기도를 이루어
태초에 태어난 운명
존귀한 아들 셍굼을
사랑으로 돌보고 치료하소서.

몽골(믕-골)[109]의 대다수가, 자모하, 알탄, 호차르 등을 따라 우리 쪽에 있다. 테무진을 따라나선 몽골인들이 어디 갔는가? 말 탄 사람들이 숲속에 피신했나(사람마다 간신히 한 필의 말이 있고 집이 없는 관계로 나무숲에 숨었다). 그들이 따라오지 않으면 우리가 가서, 말의 똥처럼 주워 담아 오자."라고 했다.

아칙-쉬룽의 이 말에 옹칸이: "자, 그러면 아들을 여기에 남기겠다. 아들을 잘 돌보아라."라고 하고는 전장터에서 돌아갔다고 말했다.

175. 칭기스칸은, 달랑 네메루에서 할하(강)[110]으로 이동하여 가는 동안 군사를 다시 정비하여 보니, 이천 육백 명이었다. 여기에서 일천 삼백 명을 칭기스칸이 이끌고 할하강의 서쪽으로 이동시켰다. 또 다른 일천삼백 명의 군사들을, 오로오드 망고드와 함께 할하강의 동쪽으로 이동시켰다. 그렇게 이동하는 길에 식량을 얻으려고 사냥하여 호일다르가[111] 상처가 낫지 않았는데, 칭기스칸의 설득하는 말을 듣지 않고 사냥을 가다가 상처가 더 위중하게 되어 죽고 말았다. 그의 뼈를 할하강의 오르 노그의 헬드기(비스듬한) 바위라는 곳에 매장하였다.

176. 할하강의 보이르 호수로 유입되는 접경 지역으로 수레 위의 집에서 가축들과 떠돌아다니는 홍기라드족이 거주하고 있다는 것을 듣고, 칭기스칸

---

109) Монгол(Мөн гол): 몽골(믕-골)의 기원이 어디에서 비롯되었는가 하는 여러 가지 학설을 참고하자.
110) 흔히 '할힌'강으로 알려졌으나, 몽골어 발음으로 '할하'강이다. 중국 동북부의 대흥안령 산맥에서 발원하여 몽골의 동부 지역의 호수로 연결된 강이며 400여km에 이른다. 1939년경, 일본이 만주를 침입할 당시에 러시아 군인과 몽골 군인이 연합으로 격퇴시킨 역사적인 강이다. 당시 소련은 일본군에게 패하면 시베리아의 방위가 위험하다는 사실을 고려하여 게오르기 주코우(Georgy Konstantinovich Zhukov, 1896~1974)를 극동 관할군 사령관으로 임명하여 승리하였다.
111) 171절의 각주를 보라.

이: "이 훙기라드족은 오래전부터 지금까지, 손주의 용모와 딸의 미모로 먹고산다는[112] 그들이 노래를 언급하면 기꺼이 우리 팀에 합류하겠지. 만일 거절하면 공격해 점령하라."라고 조르치다이로 하여금 장수를 삼아 오로오드 사람을 보내니, 훙기라드 사람들은 그에게 병합하였다. 칭기스칸은 합류한 훙기라드 사람들을 전혀 상하게 하지 않았다.

177. 칭기스칸은 훙기라드를 병합시키고는 거기서 이동하여 퉁흘렉 냇가의 동쪽 사람들에게 가서, 아르하이 하사르, 수헤헤 제웅 둘을 사신으로 임명하고 [옹칸에게] 전언하기를: "우리는 퉁흘렉 냇가의 동쪽에 자리 잡았습니다. 여기에 풀이 잘 자랍니다. 가축들이 튼튼하게 되었습니다." 선친 왕에게 이렇게 전하시오: "왕이시여, 왜 노여워서 나를 혼내는 겁니까? (옹칸의) 나쁜 아들들, 나쁜 며느리들이 우리를 평안히 자지 못하게 하고 왜 겁주는 것입니까?

쉬려고 앉은 내 침대를
휘청거리도록 밀어 버리고
뿜어져 나가는 연기를
흩어 날려 보내고
의도하지 않게 가엾은 아들을
왜 두렵게 쫓아내십니까?

---

112) 직역한 표현이다. 몽골 전통 사회에서 혼인 동맹과 외교적 유대 관계를 나타내는 말로 '혼인으로 맺어진 관계에 따라'로 의역할 수 있다. 유목 사회에서 부족 간의 연맹을 맺는 가장 강력한 수단은 혼인 관계였다. 즉, 칭기스칸이 훙기라드족을 무력 없이 설득하기 위해 표현한 말이다. 손자(아츠: Aч), 손녀(쩨에: Зээ), 외손자(쩨에 후: Зээ хүү), 외손녀(쩨에 오힝: Зээ охин), 손자 손녀 통칭(아츠 쩨에: Aч зээ).

나의 선왕이시여

곁에 아부하는 자의

아첨하는 나쁜 말에

왜 빨려 드십니까?

아들인 나에 대해서

곁에 나쁜 이들이

모함하는 말을 하여

이간질하고 있습니다.

선왕이시여, 우리 둘이 뭐라고 했던가요? 조르갈 혼 올란 볼독[113]이라는 곳에서 우리 둘이 뭐라고 했던가요?

독사의 혀

우리 사이를 찔러

헛소문을 내 대니

멀리 헤어지지 않고, 대신

두 얼굴 맞대어

악의 무리를 끊어 냅시다.

라고 말하지 않았던가요? 지금 선친께서 두 얼굴을 맞대어 말하지 않고 왜 공격해 오는가요?

짐승 같은 독사의 이빨

평강 가운에 들어와

평안을 무너뜨리니

---

113) '여섯 양 붉은 언덕'이라는 장소.

직접 만나서 대화로
무슨 이유인지 찾아내십시다.

라고 말하지 않았던가요? 지금 선왕께서는 대화로 만나서 얘기하지 않고, 왜 헤어져야 하는가요? 선왕이시여! 나는 작지만 많은 수에 못지않아요. 나쁘긴 하지만 선에게서 허물어지지는 않아요. [당신의 버팀목이 되어 왔다.] 두 축이 있는 마차의 한 축이 부서지면, 소가 그것을 끌고 갈 수 없어요. 그처럼 당신의 한 축이 내가 아니었던가요? 두 바퀴의 수레가 한 바퀴가 고장 나면 갈 수 없는 법이지요.

그처럼 내가 당신의 한쪽 바퀴가 아니었던가요? 전에 호르차오스 보이록 [114] 선왕의 사십 명의 아들들의 뿌리라며 당신이 왕이 되지 않았는가요? 당신은 왕이 되어, 타이-트므로 왕족과 보하-트므로 두 동생을 죽였죠. 내가 당신의 동생 에르흐-하르에게 죽임을 당할까 봐 무서워 도망쳐서, 나이만의 이난차 빌게왕에게 가서 생명을 보전했어요.

동생들을 죽였다고 당신의 백부 구르왕이 당신과 전투하려고 왔을 때 당신은 백여 명의 사람들을 데리고 겨우 목숨을 보전하여 셀렝게 쪽으로 피신하여, 하라옹-하브칠이라는 곳에 들어갔지요.

(옹칸이) 지치 메르기드의 톡토아에게 오자오르 우징이란 딸을 아부거리로 주고, 하라옹-하브칠에서 나온 다음에 나의 선왕이신 예수헤이께로 (옹칸이) 와서는, '백부 구르 왕으로부터 나라를 되찾아 달라.'라고 부탁하니, 예수헤이 선왕이, 당신의 나라를 구해 주기 위해서 타이족의 호난과 바하징 둘을 지도자 삼아 군사를 정비하고 가서, 고르왕 텔이라는 곳에 있는 구르 왕을 [진멸하여] 이삼십 명과 함께 하쉉(탕고드) 국가에 피신시켜, 당신의 나라

---

114) 150절의 각주를 보라.

를 구해 주었지요.

그때 당신은 톨강의 숲에서 예수헤이 선왕과 동맹을 맺고 옹칸께서 당신을 기뻐하여 말하여 '여기에 도와준 은혜를 자손들에게[잊지 않고]까지 은혜를 갚을 것을 하늘과 땅의 은혜를 알 것이다.'라고 서약하였습니다.

그다음에 [당신의 동생] 에르흐-하르가 나이만의 이난차 빌게왕에게서 군사를 요청하고 당신과 싸우러 왔을 때, 당신은 나라를 버리고 몇 명과 목숨을 건지려고 도망하여, 검은 햐타드의 구르왕이 사르타올 지역의 초이강에 있을 때 가서 거기에서 한 해가 채 되기 전에 또 구르왕과 헤어져, 오이구르 지역과 탕고드 지역으로 배회하여, 다섯 염소의 젖을 짜고, 낙타의 피를 마시며 외눈 소경의 말을 타고 왔었잖아요.

예수헤이 선왕께서, 당신이 이렇게 힘들게 다니는 것을 듣고, 전에 동맹을 맺었던 것을 기억하여, 타하이, 수혜헤 둘을 사신으로 보내 맞이하였고 내가(칭기스칸) 직접 헤를렝강의 부르기강 변에서 맞이하였는데, 구세우르 호수에서 우리가 환대를 하였지요. 당신이(옹칸) 간신히 왔다고 조공을 받아 주었고, 전에 부친과 동맹을 맺은 대로 톨강의 검은 숲에서 우리 둘이(옹칸과 칭기스칸) 부자의 연을 맺지 않았던가요?
그리고 그 겨울에 당신을 우리가 우리 진영으로 들어오게 하여 보살폈지요. 그 겨울을 나고 여름이 지나 가을에 메르기드의 톡토아 베히와 전투하러 가서, 하딕릭 산맥의 모로치 술이라는 곳에서 전투하였고 톡토아 베히를 바르고진 트후밍 쪽으로 쫓아내고, 메르기드 백성을 정복하여, 가축, 게르와 음식, 곡식까지 모든 것을 뺏어 와서 선왕(옹칸)께 드렸습니다.

당신이 굶주릴 때

내가 자비로 먹이고
당신이 고독할 때
내가 감싸고 키웠다.

또 우리가 후추구드의 보이록왕을 올록 탁(산)의 소혹 오스라는 곳에서 알타이를 넘어 쫓아서, 우룽구강에 다다라서, 히쉴바쉬[115] 호수에서 그를 잡아 죽였지요. 거기에서 돌아오는데 나이만의 훅세우 사브락 장군이, 바이다락강의 초원에서 군사를 정비하고, [전투하려고 대기 중이었어요. 우리 둘이서 전투하려고 군사를 정비하고 오니] 이미 오후가 되어서 내일 싸우자고 합의하여 밤을 지내고 선왕이, 머문 곳에 많은 불을 피워 놓고 그 밤에 하르술강을 따라 올라갔습니다.

우리가 다음 날 아침에 보니, 당신이 머문 곳에서 없어져서, '우리를 여기에 남긴 불씨처럼 버렸구나.'라며 우리가 이동하여, 에데르 알타이 들판을 건너서, 사아리라는 곳에 가서 머물렀습니다. 거기에서 당신을 훅세우 사브락 장군이 뒤따라와서 셍굼의 여자아이들과 재물과 백성들을 모두 빼앗아 선왕 당신이 텔레투 암사르라는 곳에 있을 때 다시 전투하여 일부의 백성과 가축을 뺏어 버렸어요. 당신을 따라간 메르기드의 톡토아의 아들 호토와 촐롱 둘이 그때를 틈타서 백성을 데리고 부친과 합류하기 위해 바르고징 트훔 쪽으로 피신하였죠.
그때 당신은: '나이만의 흑세우 사브락에게 재산과 백성들을 빼앗겼다. 내 아들아, 네 명의 근위대를 보내서 도와주라.'라고 부탁하니 나는 당신처럼 나쁜 생각이 없어서, 곧 보오르치, 모홀라이, 보로홀, 촐롱 네 명의 근위대를 군사와 함께 보냈고요. 나의 근위대가 도착하기 전에 올란 호수라는 곳

---

115) 158번 각주 참조.

에 셍굼과 싸우다가 말의 허벅지가 다쳐서 잡히기 직전에 나의 네 명의 근위대가 다가가서 셍굼을 구해 주고 재산과 여자와 아이들을 구해 주었지요. 그때 선왕이 감탄하여 말하기를: '아들 테무진이 네 명의 근위대를 보내어 나의 빼앗긴 나라를 구해 주었다.'라고 말했습니다. 지금 선왕은, 내가 어떤 잘못을 해서 당신의 미움을 받고 있는가요. 이렇게 혼내며 꾸짖은 이유를 훌바리-호리, 이투르겡 두 사신을 임명하여 보내와서 말해 주시오. 이 둘을 보내지 않으면 다른 사람을 보내도 됩니다."라며 보냈다.[116]

178. 옹칸이 이 말을 듣고 말하여:

"아 슬프구나.
좋은 아들로부터 헤어져
좋은 나라를 욕되게 하는구나.
귀한 아들로부터 떨어져
잘못된 행동을 하였구나.

라고 후회하며: "지금 아들(테무진)을 보고 나쁘게 생각하면 이렇게 피를 흘릴지니라."라고 맹세하여, 새끼손가락 끝마디를 칼로 베어 피를 흘려 작은 그릇에 담아 "내 아들에게 주어라."라고 보냈다.

179. 또 칭기스칸이, 동료 자모하로 말을 전하게 하여: "원한 가진 마음으로 선왕과 헤어지게 하는군요. 우리 둘 중에 누가 먼저 일어나는 사람이 선

---

116) 177절 전체는, 칭기스칸이 옹칸에게 하사르와 제웅 두 사신을 보내어 전한 말이다. 1인칭은 칭기스칸, 2인칭은 옹칸을 칭한다. 칭기스칸은 과거 옹칸과의 친분 관계를 상기시키며 현재 옹칸이 거짓말로 속아 자신을 공격하고 있다는 점과 과거 자신의 도움으로 옹칸이 위기에 처했을 당시 도움을 주었던 사건을 상기시키며 오해를 풀려고 사신을 보내어 설득한다.

왕의 그릇(아이락)으로 마시게 되었지요. 항상 내가 먼저 일어나 마셨기에 당신은 날 부러워했고요. 지금 당신은 선왕의 푸른 잔으로 마음껏 마시세요. 당신은 나를 죽일 수 있겠는가요."라고 보냈다. (칭기스칸이 어린 시절에 옹칸의 집에 있었던 것을 기억하기를 바라는 것이다.) 또 칭기스칸이, 알탄 호차르 둘에게 말하게 하여: "너희 둘은 나를 버려 배신할 것인가? 속여서 배신할 것인가? 호차르가, 네가 네궁 왕족의 아들이니 '네가 왕이 되어라.'라고 우리가 말할 때 너는 왕이 되지 않았지. 알탄이 너의 부친 호탈라왕과 우리 모두를 다스릴 때, 너를 알고 있었기 때문에 알탄 너를 왕이 되라고 하니, 너는 받아들이지 않았다.

바르탕 장군의 아들 중에서 나이가 많은 쪽에 속하는 사차, 타이초 둘을 왕이 되게 하려고 애썼다. [그 둘도 받아들이지 않았다.] 너희들 중에 누구도 왕이 되려고 하지 않으니 내가 너희들의 왕으로 군림하여 통치하였다. 당신이 왕이 되었으면 나는

이전에 전쟁이 일어날 때
앞쪽에 기습해 갈 때
높고 푸른 하늘의
자비와 은혜에 들어가서
원수를 무찌르니
미모의 처자들을 붙잡아 왔고
남부럽지 않은 좋은 말들을 포획하고
높은 왕께 바쳐 올렸다.
숲속의 집에서 사냥할 때
가축을 몰아 주었다.
바위의 산양을 사냥할 때

가깝게 몰아 주었다.
동굴의 산양을 사냥할 때
근접하게 가까이 몰아 줄 것이다.
야생 산양을 사냥할 때
바짝 가까이 몰아 줄 것이다.

지금 당신들은 나의 선왕과 진실되게 교류해 가도록 하세요. 당신들은 말을 번복하곤 합니다(그러지 맙시다). 다시는 배신하지 마세요. 당신은 차오트호리[117]의 친족이라고 말하지 말아요. 세 강의 상류 지점에는 다른 누구도 거주하지 못하게 할 겁니다."라고 보냈다.

180. 또 칭기스칸은 옹칸 토오릴에게 전하라며: "네가 동생이라는 이유는 전에 한번 톰비나이, 차르하이 량화 둘이 전쟁터에 나가 옥다라는 종을 잡아 왔다. 종 옥다의 아들 수베헤 또한 종이었다. 수베헤 종의 아들은 흐흐추-히르산이다. 흐흐추-히르산의 아들은 예헤-홍타가르이다. 예헤-홍타가르의 아들은 토오릴 너이고, 누구의 나라를 차지하려는 생각으로 그렇게 아첨하는가? 내 나라의 알탄과 호차르 둘 중, 누구에게든지 알리지 않은 것은 분명하지. 그러니 너를 동생이라고 칭하겠다.

선조의 때에
대를 이은 종 너에게
내가 친히 하는 말은
이것이다.
고조부로부터

---

117) 칭기스에게 알탄 나라의 옹의 찬산이 준 벼슬. 이것에 대해서는 134번을 보라.

종의 운명인 너에게

감추지 않고 해 줄 말은

이것이다."라고 보냈다.

181. 또 칭기스칸이 셍굼 동료에게 말하라고 하여: "나는 아버지의 옷을 입고 태어난 아들이다. 너는 맨몸으로 태어난 아들이다. 선왕께서는 우리 둘을 똑같이 돌보았는데, 셍굼 너는 이를 시기하여 멀어졌고 나를 쫓겨나게 했다. 지금 너는 선왕의 간을 놀라게 하지 말고, 심장을 두근거리게 하지 않고, 아침저녁으로 들어왔다 나갔다 문안하여 마음을 즐겁게 하여, 기분을 회복하게 해 드려라. 너는 이전과 같이 생각하지 말고, 선왕이 살아 있는 동안, 왕이 되려고 부친께 걱정 끼치지 말거라.

셍굼 친구여, 너는 빌게 베히와 토도잉 둘을 사신으로 나에게 보내라."라고 전했다. 또 말하여: "나에게 선왕, 셍굼 동료, 자모하 동료, 알탄, 호차르, 아칙-쉬룽, 하치옹 등 각각 두 명의 사신을 보내라."라고 아르하이 하사르, 수헤헤이 제웅 둘에게 이 말을 명심하도록 하여 보냈다.

이 말을 들은 셍굼이: "방금 전까지 내 부친을 학살자 노인이라고 미워했는데, 지금은 성품 좋은 부친이라고 하는가. 또 나를 톡토아 무당의 사르타올 족의 양 뒤꽁무니나 따라다닌다고 흉보며 다녔는데, 지금은 나를 성품 좋은 동료라는 등 칭찬하다니. 이 말의 뜻을 내가 안다. 싸우자는 얘기구나. 아무런 망설일 이유가 없다. 빌게 베히와 토도잉 둘은, 군마를 살찌우고, 전투 깃발을 올려라."라고 했다.

거기에서 아르하이 하사르가 돌아왔으며 수헤헤이 제웅의 부인과 아들들이, 옹칸의 지경에 있었기에 돌아가자니 심장이 떨려 거기 남았다. 아르하이가 돌아와서 그들의 말을 칭기스칸에게 전했다.

182. 거기에서 칭기스칸이 이동하여 발종 호수로 가서 머물렀다. 거기 머문 다음에 고를로스의 초스차강이 와서 만났고, 고를로스 사람들이 따라왔다. 또한, 옹고드의 알호쉬-디기트호르에서 양 천 마리를 몰고 오는 동안, 에르구네 호수 근처에 사는 주민들이 담비, 다람쥐를 구매해 가는데, 사르타올(튀르키예)[118]의 하상이라는 사람이 하얀 낙타를 타고, 양을 몰고 와서, 발종 호수에서 물을 마시게 할 때, 칭기스칸이 그를 만났다.

183. 칭기스칸은, 발종 호수에 머무는 동안에, 하사르가 자신의 아내와 예구, 예숭헤, 토호, 세 아들을 옹칸에게 남기고, 자기는 몇 명의 동료들과 나가서, 칭기스칸을 찾아, 하라옹 지동의 산맥으로 뒤졌으나 찾을 수 없어서 짐승의 가죽과 힘줄을 먹으며 가는데, 금세 칭기스칸에게로 와서 만났다. 하사르가 오자마자 칭기스칸이 기뻐하며 옹칸에게 다시 사신을 보내려고 회의하여 자오리대의 할리오다르, 오랑하의 차호르항 둘을 임명하여 옹칸 부친께 하사르의 말이라고 전하라고 하니:

"나 하사르는 왕 당신으로부터 헤어져서
왕 당신을 기억하며
찾았으나
도무지 찾을 수 없어서
눈물 흘리며 통곡했지만
아무 응답이 없었다.
어디에 가셨는지도 모르고
별을 보며 밤을 지새웠고

---

118) 사르타올(튀르키예)의 상인 하상과의 만남은 몽골의 서방 세계와의 상업적 교류와 접촉의 중요한 장면이다.

목초를 베개 삼아 밤을 지새웠다.

(집 없이 밤을 지새우고 베개 없이 잤다.)

나(하사르)의 아내와 자녀들은 선왕 곁에 있습니다. 만일 믿을 만한 사람을 보낸다면 내가 선왕에게 가겠습니다."라고 전하라 하고 또 할리오다르, 차오르항 둘에게 전하여: "당신들이 떠나자마자 우리는 이동하여 헤를렝 아르가드 호히에 갈 것입니다. 당신들은 거기로 돌아오도록 하오." 하고 약속하게 하여, 할리오다르, 차로르항 둘을 보내고 조르치대, 아르하잉 둘을 정찰대로 삼고 보낸 다음에, 칭기스칸은 가족 모두가 이동하여 헤를렝의 아르갈 호히에 와서 머물렀다.

184. 할리오다르, 차호르항 둘은 옹칸에게 가서, 하사르의 말이라고 위의 말을 전했다. 그때에 옹칸은 황금 천막을 세워 잔치를 열고 있었다. 할리오다르, 차호르항 둘의 말을 들은 옹칸이: "그렇다면 하사르가 와라. 믿을 만한 사람에게 이투르겡을 보내자."라며 보냈다. 그 이투르겡은, 할리오다르, 차호르항 둘과 함께 약속한 아르갈 호히라는 곳에 와서 많은 것(많은 사람과 가축)을 보고 이투르겡 사신[의심되어]은 다시 도망가 버렸다. 할리오다르의 말이 빠르기 때문에 곧바로 따라갔지만 붙잡지 못하였다. 앞다투어 갈 때 차호르항의 말이 느려서 뒤에서 간신히 화살이 닿을 정도에서, 이투르겡의 안장에 검은 말의 허벅지가 늘어지도록 활로 맞추었다. 그리고 이투르겡을 할리오다르, 차호르항 둘을 붙잡고 칭기스칸에게 붙잡아 왔다. 칭기스칸은 이투르겡에게서 아무것도 묻지 않았다. "하사르에게 데려가라."라고 했다. 하사르에게 데려가니 하사르는, 이투르겡과 한마디도 하지 않고 즉시 처형해 버렸다.

185. 할이오다르, 차호르항 둘이, 칭기스칸에게 말하여: "옹칸이 조심스럽

지 못하게 큰 게르¹¹⁹)를 세워 연회를 하고 있다. 지금 당장에 가서 밤중에 포위하자."라고 하니 (칭기스칸이) 이 말을 허락하여, 조르치대, 아르하이 둘을 정찰대로 먼저 앞서 보내고 다음에는 모두를 밤중에 보내서 제제르산의 제르 절벽 입구에 (옹칸이) 있을 때 포위하였다. 사흘 밤, 사흘 낮 동안 있는데, 사흘 때 낮에 그들이 항복하였다. 살펴보니, 옹칸과 셍굼 둘이 사라졌다. 밤에 도망친 것을 우리가 몰랐다. 이렇게 전투한 것은 주르흐의 하닥 장군이 있었기 때문이었다.

하닥 장군이 들어와서: "그(옹칸) 왕을 왜 잡아 없애려고? 나는 애써서 그의 생명을 살리려고 삼 일 밤낮을 싸웠소. 이제 그를 이미 놓쳐 버렸으니 우리는 항복한 거요. 나를 죽이려면 죽이시오. 칭기스칸께서 자비를 내려 살려 주신다면 힘을 보태겠소."라고 했다.

칭기스칸이 하닥 장군의 말을 받아들여 명령하여: "자신의 왕을 버리지 않고 왕의 생명을 구하기 위해서 싸운 자를 누가 정죄하겠는가? 협력할 수 있는 사람이다."라고 살려 주어, 호일다르가 죽었으니 하닥 장군과 주르히족의 백 명을 호일다르의 아내와 자녀들에게 종을 삼게 하였다. "거기에서 아들을 낳으면 호일다르의 대대손손까지 따라서 힘을 보태어라. 딸을 낳으면 부모는 자신의 뜻대로 시집을 보낼 수 없다. 그들의 아들과 딸들은 호일다르의 아내와 자녀들의 앞뒤로 시중을 들며 살게 하라."라고 명하였다. 호일다르 세쳉은 가장 먼저 입을 열어 (솔직하게) 말하였으니 칭기스칸은 명을 내려: "호일다르가 수고하였으니 그의 자손까지 은혜로 잘 보살펴 주어라."라고 명령하였다.

---

119) 칭기스칸 시대에는 왕이나 귀족들이 사는 게르를 '알탄 테렘(алтан тэрэм)' 또는 '익흐 알탄 오르드(их алтан орд)' 등으로 표현한다.

옹칸의 몰락[120]

186. 헤레이드 백성을 무력화하고, 이쪽저쪽으로 나누어 정복했다. 술드데 이족의 타아히 장군에게 종으로 일백 명의 주르히족을 주었다. 또한 옹칸의 동생 자하-함보의 두 딸 중에서 언니 이바그를 칭기스칸이 차지하고, 동생 소르칵타니를 (칭기스칸의) 아들 톨루이[121]에게 주었다. 이래서 자하-함보에게 소속된 재산과 주민을 착취하지 않았다. 대신에 자하-함보를 마차의 한쪽 축처럼 [나에게 도움이 되도록] 가라고 용서를 베풀었다.

187. 또 칭기스칸은, 옹칸이 살던 알탄 게르(궁전), 사용하던 금그릇 등과 소속 백성들, 옹칸의 옆에 있는 헤레이드의 모든 것을 바다이 히쉴릭 둘에게 주며:

"자신의 운명을 바쳐서
우물을 만들고
화살통을 매어
자자손손 대대로

---

120) 헤레이트(Хэрэйд)의 족장 옹칸(Ван хан)은 본명이 토오릴(Тоорил)이며 몽골 제국 초기 역사에서 중요한 인물이다. 테무진과 동시대 인물이며 칭기스칸의 부인인 예수헤이의 동료이며 테무진과는 후원자이며 적대자이다. 아들은 셍굼이며 테무진과 경쟁 관계가 된다. 옹칸의 동생 자하-함보의 딸이 칭기스칸의 부인이 되며 또 작은딸 소르칵타니는 칭기스칸의 4남 톨루이와 혼인한다.
121) 칭기스칸의 4째 아들이며 소르각타니 베키와의 사이에서 뭉허, 쿠빌라이 등 두 명의 왕을 배출한다.

영원히 강하고 행복하거라.
[너의 둘은]
험악한 전쟁터에 나가서
얻은 노획물 모두를
각자 차지하여 사용하여라.
사냥터에서
잡은 산양 모두를
각자 차지하여 사용하여라."

라며 칭기스칸이 또 명령을 내려: "바다이와 히쉴릭 둘은 내 생명을 살려주었고 도움을 주었으니, 내가 영원한 하늘의 자비를 받아, 헤레이드 국가를 무력화하고, 높은 자리에 올랐구나. 지금과 미래의 자자손손 나의 자리를 이어받은 이들에게, 이 둘이 베푼 공훈을 영원히 기억하게 하라."라고 명령을 내렸다.

헤레이드 국가를 정복하고
누구에게도 부족함 없이
분배해서 나눠 가졌다
만민을 무력하게 하여
그들을 모두 분리하여서
산산이 흩어지게 하였다.
많은 동가이족을 무찔러
더 늦기 전에
모두 무찔러 나눠 차지하였다.
피를 흘리기 좋아하기로
유명한 주르히 족속을

흩어지게 하여 차지하였다.

헤레이드 백성을 무찌른 그 겨울에, 압지아 후드게르라는 곳에서 겨울을 지냈다.

188. 옹칸과 셍굼 둘이서 도망쳐 나와서 디딕 사할의 네훙 오스라는 곳에서 옹칸이 목말라 물가에 다다르니 나이만의 경비 호리수-베치라는 자와 맞닥쳤다. 호리수-베치에게 옹칸이, "나는 옹칸이다."라고 말했지만 그가 알아보지 않고 믿지 않았다. 옹칸을 잡아서 죽여 버렸다.

셍굼은 디딕 사할의 네훙 호수로 가지 않고 돌아서 나와서, 광야에서 물을 찾아다니는데, 몇 마리의 야생마가 파리 날리며 서 있는 것을 보고, 셍굼이 말에서 내려 말의 고삐를 마부 흐흐추에게 건네주어, 야생마에게 살금살금 다가갔다. 셍굼과 마부 흐흐추, 흐흐추의 아내 셋이 같이 다녔다. 그런데 마부 흐흐추가 셍굼의 말을 끌고 거꾸로 거슬러 반대 방향으로 달리니 그의 아내가:

"금옷을 입어도
맛난 것을 먹어도
사랑하는 흐흐추를 사랑하고
돌보며 그리워했거늘
그런데 지금 너는
셍굼왕을 버리고
어디로 떠나는 것인가?"

라며 뒤처지려고 할 때, 흐흐추가: "너는 셍굼의 각시가 되려는 거지?" 하니, 아내가 말하여: "너는 나를 개처럼 부끄러운 줄 모르는 동물로 보느냐?

너는 금식기를 버려라. 적어도 물 마실 그릇은 남기는 법."이라고 하니, 흐흐추가 금잔을 뒤로 던지고 떠나 버렸다. 마부 흐흐추가 칭기스칸에게 돌아가서: "셍굼을 그렇게 광야에 버려두고 왔습니다." 하고 자초지종을 말하니, 칭기스칸이 명하여: "절대로 여자의 목숨은 살려 주어라. 그 마부 흐흐추는 자신의 주 왕을 버리고 왔으니 아직 믿을 수 없는 놈이다."라며 베어 죽였다. [셍굼은, 아쉭 마을을 가로질러, 톱드(티벳) 나라에서 살았지만 그 지역 사람들에게 핍박을 받고 도망쳐 나와서 카쉬가르에 도달했다. 그곳의 영주인 퀠즈가 셍굼을 잡아서 죽이고 아내와 아이들은 칭기스칸에게 데려다주었다는 말이 있다. 라쉬드.[122]]

189. 나이만의 타양왕의 모친 구르베수가: "옹칸은 예전에 큰 왕이었다. 머리를 베어 오라. 만일 그렇다면 우리가 제물 삼아 제사를 드리겠다."라고 호리수-베치에게 사신을 보내, 옹칸의 머리를 베어 오게 하니, 옹칸의 머리가 맞으니, 하얀 깔개에 말고, 음식을 바쳐, 며느리에게 예식을, 악기를 연주하게 하고, 음식을 준비하고, 잔을 드려서 놓았다. 그렇게 제사를 드리는 동안, 그 머리가 웃었다고 타양왕이 화를 내어 박살 나게 밟도록 하였다. 이에 훅세우 사브락이: "죽은 왕의 머리를 베어 와서 부서지도록 버리고 때릴 수가 있는가? 우리의 개가 듣기 싫도록 짖는다." 전에 이난차 빌게왕이 말하기를:

"남자인 내가 늙고
내 아내는 젊었을 때

---

122) Rashid al-Din: 13세기 후반부터 14세기 초까지 활동한 페르시아의 역사가로, 몽골 제국과 관련한 중요한 역사서인 《집사[(集史), (Jāmiʿ al-Tawārīkh/Compendium of Chronicles)]》를 저술하였다. 이 책은 몽골뿐만 아니라 이슬람 세계, 중국, 인도 등의 역사도 폭넓게 다루고 있어 중요한 사료로 평가받는 문서이다.

전능의 하늘의(텡게르; Эрхт тэнгэрийн) 보살핌으로
이 타양이 태어났지.

토를록, 예쁜 몸에
반짝이는 갈색의 내 아들아
'많은 백성을
보살펴 살필 수 있겠는가?'
라고 했건만. 지금은
검은 개가 흉조롭게 짖는구나.

구르베수 왕비가
모든 일을 알게 되었다.
너 왕 타양[123]은
나약한 사람이구나.

사냥밖에 다른 것은 아는 것이 없구나." 하니, 타양왕이: "동쪽에는 소수의 몽골인들이 거만하게 폭동 중입니다. 예전에 명망 높은 옹칸을 여러 가지로 겁을 주어 쫓아내더니 이렇게 금방 죽었습니다. 그래서 그들 모두를 정복하여 왕이 될 생각인가? 하늘이 더욱 빛나도록 하기 위해서 해와 달이 있습니다. 그런데 땅에는 어찌 두 왕이 있을 수 있을까요? (땅에는 무엇을 위해 두 왕이 필요한가.) 이제 그 몇 몽골족들을 정복해 오십시다."라고 했다.

그러자 모친 구르베수는:

---

[123] 타양왕은 12세기 후반의 나이만 부족의 최후의 군주이며 칭기스칸의 경쟁자였다.

"뭘 하는 것인가? 그들 몽골인들은
더럽고 추한 냄새에
검고 추한 옷을 입는데
잡아 와서 뭐 하려고?

멀리 떨어져 있는 게 좋겠다. 단, 아주 좋은 여성들과 며느릿감을 데려와서 손과 발을 씻기면 소와 양의 젖을 짜게 할 수 있겠지."라고 하니 타양왕이: "그들이 어떻든지 (상관없다) 우리는 몽골에 가서 화살통을 뺏어 옵시다."라고 했다.

190. 이런 말들을 듣고 훅세우 사브락 장군이 말하여: "당신의 말은 지나치십니다. 아이쿠, 토를록[124]왕께서 이렇게 해도 됩니까? 그만하십시다." 하고 흑세우 사브락이 많이 설득하였지만 [말을 듣지 않았다.]
토르비타쉬라는 이름의 사신을 옹고드 지역의 알랑호쉬-디기트호리에 보내어 전달한 말은: "이 동쪽의 약간의 몽골 사람들이 반란을 일으켰다. 당신은 우리의 오른팔(동맹군)이 되어 함께합시다. 나는 여기서 협력해서 둘이 그 몇 몽골족의 화살통(무기)을 빼앗겠다."라며 보냈다. 그 말에 알라호쉬-디기트호리가: "나는 너의 오른팔이 될 수 없다."라고 사신을 되돌려 보내며, 유-호낭이라는 이름의 사신을 보내, 칭기스칸에게 전언하기를: "나이만의 타양왕이 나에게 칭기스칸의 무기를 빼앗자고 하며 나에게 오른손(동맹군)이 되라고 했는데 나는 수락하지 않았습니다. 지금 나는 당신에게 조심하시라고 이렇게 된 일을 알려 드립니다. 적군에게 당신의 무기를 뺏기지 마십시오." 하고 보냈다.

---

124) 흑세우 사브락은 어느 특정한 부족의 인물이라기보다는 나이만 부족이나 그와 연합하는 세력의 일원으로 추정된다. 토를록은 정확한 실체는 불분명하지만 나이만 부족 혹은 그 동맹 세력과 관련된 지도자로 추정된다. 일부 연구자들에 의해 필사 과정에서 실수한 다른 인물의 변형일 가능성도 있다고 본다.

그때 칭기스칸은 테메엥 평야라는 곳에서 사냥을 하고 있었는데, 툴힌체우 드라는 곳에서 몰이사냥을 할 때, 알라호쉬-디기트호르가 보낸 사신 유-호낭이 와서 말을 전했다. 이 소식을 듣고 그곳에서 "어쩔꼬." 하며 의논하여, 다수가 말하여: "우리의 말은 삐쩍 말랐어요. 지금은 어쩔 방법이 없어요. [가을에, 말이 살찐 후에 공격합시다. 라쉬드.]"라고 하니 오트치깅 귀족[125]이: "군마가 말랐다고 이유가 되겠는가? 내 말은 살쪘어요. 이 말을 듣고 가만히 있겠소? [이제 이 말을 들었으니 즉시 전투하러 갑시다. 움직이지 않고 가만히 앉아 있다가 타양왕에게 포위되면 이곳은 몽골인들과 타양왕에게 점령을 당했다는 불명예가 남게 될 것이오. 전투 후에 그들이 이겼는지 우리가 이겼는지, 어찌 될지는 오직 영원한 하늘만이 알 것입니다. 라쉬드.]"라고 했다.

벨구테 귀족이 말하여:

"살아 있는 동안
금화살통을 잃어버리면
살아서 무슨 소용이 있는가?
화살을 붙잡고
화살통을 베개 삼고
뼈를 들판에 묻는 것보다
존귀한 죽음이
남자에게 더 있을꼬?
뒤쪽의 나이만 국가는

---

[125] 본 역본에서 '귀족'으로 번역한 노용(ноён)은 상류층, 혈통 있는 사람, 귀족, 영주, 양반 등의 의미이다.

큰 영토에

많은 백성에

풍성한 가축에

장엄을 떨치며

이 말을 하는구나.

그런데 이런 참에

우리가 공격하면

땅과 물을 차지하고

활, 화살을 빼앗는 데

어려움은 없을 것이다.

지금 우리가 공격하면

많은 가축을 모을 틈이 없고

남겨 두고 도망갈 것이 분명한데

왕궁마저 실을 틈이 없고[126]

버리고 갈 것이 분명한데

많은 백성이

숲속으로 숨어 들어가

혼란 속에 빠지리라.

지금 이런 말을 듣게 되었는데

그냥 지나칠 수는 없구나.

만백성은 전투에 참여하자."라고 했다.

---

126) 당시의 왕궁 게르는 이동식이기 때문에 게르를 바퀴가 있는 마차에 싣고 이동하였다.

191. 벨구테이 귀족의 이 말을 칭기스칸이 허락하여, 사냥에서 돌아와 압지아 후드게레에서 이주하여, 할흐강의 오르 습지의 헬트기 바위라는 곳에 가서 집결하고는 군사들을 점검하였다. 칭기스칸은 군인들을 나누어서, 천부장, 백부장, 십부장[지휘관]과 지휘관(чэрби)127)들을 임명했다. 도다이 지휘관, 도골호 지휘관, 으엘렝 지휘관, 톨롱 지휘관, 보차랑 지휘관, 수이헤투 지휘관 이 여섯 명의 지휘관 부관을 거기서 임명하였다.

군사들을 십, 백, 천 단위로 나누기를 마치고, 또한 팔십 명의 헤브툴(야간 경비병), 칠십 명의 토르고드(근위병), 히식틍(교대 관리병: 왕의 근위병을 일컫는 군사의 계급) 등을 별도로 임명하고 여기에 천부장들, 백부장들의 아들과 동생들과 나머지 사람들(민간인들: 18~60세까지의 남성들)의 아들 동생들 중에서 학습 능력이 있는, 강건한 사람들을 구별해서 포함시켰다. 칭기스칸은 거기서 강인한 하사르128)를 사면하고서는: "천 명의 좋은 장수를 선발하라! 전투하는 날에는 나의 앞서서 전투에 나가 싸우고, 평상시에는, 나의 근위병이 되거라!"라고 명하였다. 또 "칠십 명의 근위병을 으엘렝 지휘관이 통솔하라! 호도스 할칭과 협력하여라!"라고 했다.

192. 또한 칭기스칸은 명하여: "호르칭(궁수들), 토르고드(근위병), 히쉭텡(경호병), 보오르치(요리사), 할드가치(문지기), 악타치(마부)들은 매일 히쉬그렉(교대로) 예비부대의 직무를 수행하고, 이 의무를 해가 지기 전에 경비병들에게 전

---

127) 체르비(чэрби)는 단순한 군 지휘관이 아니라 행정, 병력, 전투 명령과 관련된 전투 및 병력 관리 책임을 맡은 고위 관료이다.

128) 원문에는 아르하이 하사르(Архай Хасар)라고 표현되었다. 몽골에서는 인물의 이름 앞에 수식어나 칭호, 별칭을 붙였다.
예: [세쳉 칸(Сэцэн хаан): 슬기로운 칸, 조릭트 바타르(Зоригт баатар): 용감한 전사, 아르하이 하사르(Архай Хасар): 강인한 카사르 등.]

달하여 자기들의 말 곁에 가서 밤을 지새워라. 경비병들은 밤에 교대로 문에 서서 집을 순찰하며 근무하여라! 호르칭(궁수들), 토르고드(근위병)는 우리가 아침 식사를 하자마자 와서 경비병들에게서 임무를 교대하고, 예전과 같이 자리를 지켜라! 사흘 낮, 밤을 근무를 마치고 사흘 밤을 쉬어라! 호르칭(궁수)들은 경비병의 임무를 수행하고는 교대하여라!"라고 명하였다.

그리고 군인들을 천 명씩, 천 명씩 나누기를 한 다음, 지휘관을 임명하고, 팔십 명의 경비, 칠십 명의 근위병과 경호병들을 임명하고, 용맹한 하사르를 특별 장군들의 책임자로 삼아, 할흐강의 오르 습지의 헬트기 바위라는 곳에서 나이만 나라와 전투하려 갔다. [그 시간에 메르기드의 톡토아, 헤레이드 지역의 귀족의 한 명이 도망쳐 온 알링 왕족, 호톡 베히를 다스리는 오이르드 지역, 자지르대 부족의 자모하, 네 타타르[129], 하타힝, 살지오드 지역의 모두를 나이만과 연합하였다. 라쉬드.]

193. 쥐의 해(1204년) 여름의 첫 달, 열엿새 만월 날에 깃발을 들고 출발하여 제브와 쿠빌라이 둘을 헤를렝으로 정탐하러 보냈다. 그 둘이 가서 사아리 평야에 도달하여, 한하르항(항가이-한) 입구에 있던 나이만의 경계병을 만났다. 거기서 서로 싸우다가 나이만의 경계병에게 우리 경계병이 안장을 한 야윈 회색 말을 빼앗겼다. 나이만의 경계병은 그 말을 뺏어서 "몽골의 말들이 삐쩍 말랐구나."라고 했다. 우리 대군이 사아리 평야에 가서 "이제 어떡할꼬?" 하며 의논할 때, 도다이 지휘관이 칭기스칸에게 말하여: "우리 군사가 수적으로 적고 도상에서 지쳐 있습니다. 이러하니 여기서 잠시 머물며 말을 쉬게 하고, 사아리 평야에서 멈춰서 사람마다, 남자마다 밤에 다섯 곳

---

129) 네 타타르는 타타르의 네 명, 혹은 타타르의 네 부족을 의미한다. 몽골어에서는 어떤 사물의 숫자를 표현할 때, 수사 다음에 명사가 온다.

에 불을 피워 불로 사기를 진작시킵시다. 나이만은 숫자가 많습니다. 그러나 그들의 왕은 집에서 나가 본 적이 없는 철부지라고 합니다. 우리는 불로 사기를 올리고 그들이 우리를 관찰하는 동안 우리의 군마가 준비될 것입니다. 군마가 충분히 쉰 다음에 나이만의 경비병을 공격하여 중심 세력까지 쫓아 들어가면 그들이 허둥지둥하는 틈에 침투해 버리시지요?"라고 말하니, 이 말을 받아들인 칭기스칸이 명하여: "그렇다면 불을 지펴라."라며 군인들에게 명하였다.

군인들이 사아리 평야에 흩어져 진을 치고, 사람마다 다섯 팀으로 나눠 불을 피웠다. 나이만의 경비병이, 항하르항의 꼭대기에서 밤에 많은 불을 보고 "몽골인이 적다고 하지 않았던가? 별보다 더 많은 불이 이글거리지 않는가." 하고 (나이만의) 타양왕에게 이전에 잡은 낡은 안장의 회색 말을 끌어왔다. 또 타양왕에게 말하여: "몽골의 군인들이 사아리 평야에 가득 머물고 있습니다. 매일 샘솟는 물처럼 더 많아집니다. 별보다 더 많은 불이 이글거립니다. (낮에 높은 산에 가 있는 걸까요? 밤에 초원에 별처럼 많은 불빛이 이글거립니다.)"라고 했다.

194. 경비병의 이 말을 들은 타양왕은, 항가이의 하치르강 변에 있었다. 타양왕은, 이 말을 받아서 후출룩 왕자에게 말하게 하여 (가서 전하라고): "몽골의 말은 말랐다. 별보다 많은 불이 이글거리고 있다고 한다. 몽골인이 숫자가 많다. 이제 우리는,

저 나쁜 몽골인들과
전투가 시작하면
되돌아가긴 힘들 거다.
얼굴이 찔려 베어져 나가도
눈 한 번 깜박이지 않고

검은 피를 흘릴지라도

뒤돌아 가지 않는

끈기 많은 몽골족과

함부로 싸우면 안 된다.

지금은 몽골의 군마가 말라 있다. 우리는 병사들을 알타이 너머로 이동시켜, 군사를 정비하고 몽골인들을 부추기어, 알타이 을기 지역까지 배회하여 떠밀어 끌어오면 우리의 군마는 살집이 있으니, 배를 졸라매면 견딜 수 있을 거야. 몽골의 군마는 더 살이 말라 지치게 된다. 그때 우리가 덮쳐 버리자."라고 했다.

그 말을 (왕자로부터) 듣고 후출룩[130)]왕이: "타양왕은 여자처럼 겁을 먹고 이런 말을 한다. 몽골인들이 어디에 많다는 건가? 몽골인들의 대부분은 자모하를 따라 여기 우리에게 있다.

임신한 여인이 소변 누는 곳에서

멀리 가지 않고

작은 송아지가 풀 먹는 곳에서

멀리 나가 보지 않은

여자 타양이 겁을 먹고 (심장이 떨려)

이 말을 하는구나."라고

부친 타양왕을

여러 가지로 공격하며 무시하여

사신을 보냈다.

---

130) 후출룩은 타양왕의 아들이며 12세기 말, 나이만 부족의 왕이다.

여자라는 등의 무시하는 이 말을 들은 타양왕은:

"후출룩 아들 네가
힘이 세고 자부심 많다지만
다가올 전투하는 시간에는
남보다 먼저 주저앉고 말 거잖아.
그 많은 분노를
적군에게 내뿜어라.
전쟁이 시작하면
무사히 끝낼 수 없다."라고 했다.

그 말을 듣고, 타양왕의 다음 서열의 귀족인 호리소-베치가: "이난차 빌게 (나이만의 왕. 타양의 부친왕) 선왕은

같은 수준의 원수에게
뒤를 보이지 않았다.
죽도록 싸우는 날에는
후퇴해 본 적이 없다.

지금 너는 왜 내일을 위해 두려워하는가? 네가 이렇게 낙담할 것을 알았더라면 너의 아내 구르베스를 데려와 군사를 지휘하게 할 걸 그랬나? 불쌍한 혹세우 사브락 장군은 늙어서 전쟁에서 은퇴했다. 이는 몽골의 행운이 될 것이고, 우리는 질 것이다. 타양 너는 패배자구나."라며 화살통을 붙들어 잡고 되돌아 달려갔다.

195. 타양왕이 화내면서: "죽을 목숨과 고생할 몸은 모두 마찬가지야. 그렇

다면 싸우자." 하고 하치르강에서 나와, 타미르(강)로 가서 오르홍(강)을 건너서, 나호궁(산)의 동쪽 기슭을 돌아서, 차히르 모고드라는 곳에 도착했는데, 칭기스칸의 경비병을 보고, "(하치르가) 나이만으로 가고 있다."라고 말을 전하니, 이를 듣고 칭기스칸이 명하여: "많은 병력은 많은 피해를 가져오고, 적은 병력은 적은 손해를 가져온다."라고 하며 반대편으로 가서 (앞서 가서) 그들의 경비병을 쫓아내고 군사를 정비할 때:

"협곡을 따라 습격하고
호숫가에 진을 쳐 싸우며
끌로 쪼개듯이 무찔러 이기자."
라고 했다.
그리고는 칭기스칸은 직접 앞서가서, 하사르에게 주력 부대를 맡겼다. 오트치깅 장군으로 하여금, 준비시킨 군마를 통솔하도록 하였다.

나이만, 차히르가 모고드에서 내려와 나호산의 기슭에 머물렀다. 그리고 나이만의 경비병을 우리 경비병이 쫓아내고, 나호산의 앞에 있는 주력 부대에 가니 타양왕이 보고, 나이만과 함께 싸우러 온 자모하에게 물어보니: "저 양 떼에 들어가서 마을까지 쫓아가는 늑대처럼 공격하는 자가 어떤 자들인가?" 하니, 자모하가: "나의 친구 테무진은 네 마리의 개를 인육으로 키워서 쇠사슬로 묶었다. 지금 우리의 경비병을 추격해 온 자들은 그 네 마리 개들일 것이다.[131]

이마가 주철 같고

---

131) 이 네 명은 칭기스칸의 네 명의 기병 영웅으로 불리는 장수이며 Boorchī(Боорч), Mukhulai(Мухулай), Borokhul(Борохул), Chuluun(Чулуун)이다.

독기가 있는 말투

철 같은 심장

송곳 끌 같은 주둥이

미친 네 마리의 개

많은 짐승을 죽이려고

쇠사슬을 끊어 내고

즉시 잡아먹으려고

탐욕스러운 침을 뚝뚝 흘리며 오는데

이슬로 음료 삼아

침으로 양식을 삼고

바람을 타고 이동하여

화살통을 벗 삼아 가니

제우, 쿠빌라이를 앞세우고

젤렘, 수베데이가 뒤따르니

테무진이 살펴 키운

그 네 마리의 개들이

간신히 다가왔구나."라고 했다.

타양왕이: "그렇다면 그 나쁜 짐승에게서 멀어져 있자." 하고 뒤로 물러나서 산으로 올라갔다. 또 그들의 뒤에서 뛰어 쫓아가는 사람들을 보고, 타양왕이, 자모하에게 물어보니:

"일찍 풀어 준 망아지가

어미의 젖을 빨며

응석 부리며 뛰어노는 것처럼

재주 부리며 뛰노는
이 몇 사람을
친애하는 자모하는 아시는가?"
라고 하니, 자모하가:

"무장한 남성을 겁주고
무기들을 빼앗는
검을 든 남성을 무찌르니
많든 적든 다 뺏어 버린
활기찬 우루우드, 망고드들이구나.
용맹한 그들은
싸울 때가 다가오니
기뻐 날뛰는구나."라고 했다.

거기에서 타양왕이: "그러면 그 나쁜 놈들에게서 멀리 떨어져 있자." 하고 또한 물러나서 산으로 올라갔다. "또 그들의 뒤에서 굶주린 새처럼 날름대며 오는 이가 누군가?" 하고 타양왕이 물으니, 자모하가 답하여:

"그 뒤에 오는 이는
테무진의 동료로구나.
테무진 왕 그는
모든 몸에 송곳마저 찌를 곳 없이
촘촘한 갑옷을 입고
바늘 끝으로도 찌를 수 없는
방패 옷을 입었다.
굶주린 새처럼

옹칸의 몰락 161

날름대는구나.
화난 들짐승처럼
앞으로 날아오는구나.

나이만 지역의 당신들은 몽골을 보자마자, 새끼 염소 발의 가죽마저 남기지 않았다[여기저기 나눠 정복한다]고 말하지 않았던가? 지금 너희들은 보거라."라고 했다. 이 말을 듣고 타양왕이 말하여: "아, 그러면 이 산의 등성이까지 오르자."라며 산으로 올라서 한참을 가니 타양왕이, 자모하에게 물어: "또 저 뒤에서 오는 거대한 놈은 누군가?" 하니, 자모하가:

"존경하는 으엘룽 왕비의
인육으로 키운
힘센 하사르라는
사내는 저 사람이 맞다.
세 황소로 힘쓰게 하여도
당할 수 없는 큰 힘을 가져
세 살 난 암송아지를 먹어도
배부르지 않는 식욕
몇 척 거구의 신체에
강한 방패 옷을 입은
잔인하고 거친 하사르
누구든지 모두 잡으러 오는구나!

화살을 가진 사람을
확 잡아 삼키려니
욕심 많은 그 하사르의

목에 걸릴 것이 없구나.

산 자를 통째로
잡아채어 삼키려니
위험한 그 녀석의
입에 걸릴 것이 없구나.
화가 많이 나서
화살을 낚아채어
빠르게 쏘니
산 너머 있는 사람들도
그 화살에 맞아
혼비백산 죽었구나.

크게 화가 나서
공중의 화살을 낚아채어
허공으로 활을 쏘니
산등성이 건너편의 사람들도
그 쏜 화살에
맞아 여러 명이 죽었다.
활시위를 세게 당겨 쏘면
구백 알드(1알드=1.6미터)를 쏘고
활시위를 덜 당기더라도
오백 알드나 날아가는
평범한 사람과는 다른
사람을 잡아먹는 괴물 같은
강한 하사르가

다가오고 있구나."

라고 하니, 타양왕이: "그러면 높은 산에 숨자꾸나. 위로 올라가자."라며 산으로 높이 올라갔다. 또 타양왕이 자모하에게 물어: "그 뒤에 오는 자는 누구인가?" 하니, 자모하가 말하여:

"으엘릉 모친의 작은아들
그가 오트치깅이 맞다.
응석 부리는 철부지이니
일찍 자더라도
대단한 용기를 가진 사람이다.
막내아들이라서
늦게 일어나지만
거만하고 능력 많은 남자
싸우거나 소동스러울 때는
그 자리에 머뭇거리지 않는
장군 같은 오트치깅 그가 온다."

라고 하니, "그렇다면 산 위로 올라가자."라고 타양왕이 말했다.

196. 자모하가, 타양왕에게 이런 말을 하고, 나이만에서 헤어져서, 칭기스칸에게 사람을 보내어 말을 전하여:

"타양왕이 너를 무서워해서
타이가 산에 숨어들었다.
정신을 잃을 정도로 무서워서 그는

산속에 무서워 숨어들었다.
테무진 너는 강하도록 힘써라.
그들이 두려워 도망하고 있다.
이들의 얼굴을 잘 살펴보니
대항할 힘이 없어 보인다.
우리는 동지들과 함께 모두가 나이만에서 헤어졌다."라고 보냈다.

칭기스칸은 저녁이 될 무렵 나호산을 포위하고 밤을 보냈다. 그 밤에 나이만이 피해 도망하려고 나호산 위에서 미끄러져서, 무너진 장작처럼 서로 겹쳐진 채로 뼈가 부러져 죽었다.

그다음 날엔 타양왕을 붙잡았다. [타양왕이 큰 부상을 입고 곧 죽었다. 라쉬드.]
후출룩왕은 따로 떨어져 있었다가 약간의 사람과 도망하여, 타미르강에 이르러 추격해 온 군사들에게 잡혀서 진지를 구축하여 싸웠지만 이길 수 없었고, 더 도망하여[백부인 보이르 왕]에게 갔다. 나이만의 백성들을 알타이의 을기에서 멸망시키고 모든 것을 칭기스칸의 권력 아래에 복속시켰다. [자모하는 서쪽으로 도망했다.] 자모하를 따르던 자다랑, 하타깅, 살지오드, 드르벵, 타이초드, 홍기라드를 비롯한 지역들이 거기서 칭기스칸에게 항복하여 복속되었다.

타양의 모친 구르베수 왕비를 칭기스칸이 데려와서: "너는 몽골인들이 나쁜 냄새 난다고 했지? 너는 지금 왜 왔는가?"라고 하며 그를 칭기스칸이 차지하였다.
타양의 지역에서 한 명이 도망하였다. 하사르가 그를 생포하라고 하니 바트가 쫓아가 생포해 왔다. 보니, 품에 도장 하나가 있는데, 하사르가: "너희

많은 지역과 군인들 모두가 우리를 따를 때, 너는 이것(도장)을 가지고 어디 가려는가?" 하니,

그 사람이: "나는 명한 장소를 죽기까지 지킵니다. 이 도장을 옛 주인에게 가져다드리려고 합니다. 운이 없게 잡혔습니다."

하사르가: "너는 어느 부족의 어떤 지위에 있는 녀석인가?"

그가: "나는 혈통으로는 위구르 지역의 사람입니다. 이름은 타타통가입니다. 내 주인은 이 도장을 나에게 맡겨서, 재산과 식량이 나가고 들어오는 책임을 나에게 명하였습니다." 하사르가 또 물어: "이 도장을 무엇에 쓰려고?" 타타통가가 답하여: "좋은 사람을 골라서 명령서를 보내는 데 사용합니다." 하니, 하사르가 칭찬하여 정직한 사람이라며 테무진에게 알려서, 어떤 문서든지 보내는 데 사용할 그 도장을 이 타타통가에게 명하였다.

하사르가, 타타통가를 스승으로 삼고, 법전, 군사 전략 등 많은 문서 서류를 배워서 금방 익혔다. [메르겡 게겡의 알탄 텁쳐 23장에 있다.]132)

---

132) 몽골 제국은 초기에는 다언어, 다문자 행정 체계의 국가였다. 위구르, 페르시아, 중국 한자 등이다. 위구르 출신의 타타통가가 나이만의 인장(Tamag: seal)을 가지고 있다가 몽골에 생포된 후 인장 문화를 몽골에 전수하였다. 이로써 몽골의 행정, 외교 문서가 체계화되었다. 당시 주로 통용되던 문서는 자를리그(зарлиг: 왕의 명령서), 파이자(파이자: 운송이나 통행, 조세 등 관련 문서), 비치그(бичиг: 서신이나 기록물) 등인데, 역참 제도나 세금 등을 맡은 관료가 실행을 담당하였다. 몽골 제국의 초기 행정 문서, 법률 문서 등에 대해서는 다음의 문서들을 참고하라.

《Монголын төрийн бичиг үсгийн түүх(Б.Ринчен), 몽골 공문서의 역사(베. 린첸)》
《Тамганы үүсэл ба хэрэглээ(Монголын Архивын Ерөнхий газар, судалгаа), 인장의 역사와 사용(몽골 공문서 보관소)》
《Паиза ба ям(Ц.Дамдинсүрэн тайлбар, (파이자와 관청: 몽골 고문서 해설집)》
《Алтан товч(Altan Tobchi)》 23장(알탄 텁쳐).
Thomas T. Allsen, 《Culture and Conquest in Mongol Eurasia(2001)》
David Morgan, 《The Mongols(2nd ed., 2007)》
《Rashid al-Din, Jāmiʻ al-Tawārīkh(집사)》
Juvayni, Ata-Malik, 《The History of the World Conqueror》

197. 그 쥐의 해[133] 가을에 검은 들판(Хар тал)의 끝자락이라는 곳에서 메르기드의 톡토아 베히와 칭기스칸이 싸웠고, 톡토아를 이겨 쫓아내고 사아리 평야라는 곳의 메르기드 지역의 많은 곳을 점령했다. 톡토아는 호토, 촐롱 두 아들과 소수의 사람을 데리고 도망쳤다. [호토, 촐롱의 아내를 칭기스칸이 아들 으게데이에게 주었다.] 메르기드 백성을 점령할 때 오바스 메르기드의 우두머리 다이르-우숭이라는 사람이 [싸울 생각이 없다며] 자신의 딸 홀랑을 칭기스칸에게 보여 주려고 데려왔는데, 도중에 만난 몽골 군인이 막으니 바아리다잉 나야 귀족에게 다이르-우숭이 만나서 말하여: "나는 이 딸을 칭기스칸에게 보여 드리려고 가고 있네." 하니, 나야 귀족이: "당신의 딸을 우리가 함께 가서 보여 드리자. 당신 혼자서 가면 이런 혼란스러울 때를 만나 군인들이 당신을 해치고 당신의 딸의 겁탈할 수 있으니 같이 가자. 너는 나를 사흘간 기다려라."라고 말하여 기다리게 하였다.

거기서 나야 귀족과 다이르-우셍 둘이, 홀랑을 데리고 칭기스칸에게 데려갔다. 홀랑을 나야 귀족이 집에 사흘간 머물게 한 것을 칭기스칸이 듣고 매우 화나서 "너는 이 홀랑을 왜 집에서 기다리게 했는가?" 하고 큰 소리로 물어 처벌하려 하니,
홀랑이: "나에게 나야 귀족이 말하여: '나는 칭기스칸의 신하이다. 우리가 같이 왕에게 알현하러 가자. 도중에 군인들이 겁탈할지 모른다.'라고 설득했습니다. 만일 나야 귀족과 만나 도움을 얻지 못했더라면 우리는 못된 군인들에게 잡혀, 그들의 먹잇감이 되었을지도 모릅니다. 이 나야와 만난 것이 다행입니다. 지금 이 나야 귀족에게 물으시기 전에, 왕이 허락하신다면, 하늘에서 정해 준, 부친과 모친에게서 태어난 나의 몸을 검사해 보십시오."라고 했다.
또 나야 귀족이 말하여:

---

133) 1204년

"천지 만물의 주인
칭기스칸 당신을
사랑하고 존경하는 것 외에는
다른 나쁜 생각이 없습니다.

적으로부터 붙잡힌
얼굴이 이쁘고
걸음이 빠른 말들을
왕 당신의 것이라고
해치지 않고 살폈고
해치지 않고 잘 지켰습니다.

이보다 다른 마음을
정말로 생각했거나
나쁘게 행한 것이 있다면
죽어도 억울함이 없겠습니다."라고 했다.

칭기스칸은, 홀랑의 말에 동의하여, 그날 그 즉시 시험해 보니, 홀랑의 한 말이 사실이었기에 칭기스칸은 홀랑을 받아들였다. 나야 귀족의 말도 사실이었기에 "진실을 말하는 정직한 사람이구나. 큰 역할을 맡기겠다."라고 인정하고 받아들였다.[134]

---

134) 《몽골비사》에 언급된 칭기스칸의 부인들 중에서 다음 세 명이 대표적이다. 브르테(Бертэ)는 장남 주치의 모친이며 차가타이, 으게데이, 톨루이를 낳고 홍기라드 부족 출신이다. 예수이(Есүи)는 타타르족 출신으로 칭기스칸의 생애 마지막까지 함께하였다. 홀랑(Хулан)은 오이라드 혹은 나이만 출신이다.

8장(198~208)

후출루의 퇴각과 자모하의 패배

198. 메르기드 백성을 정벌하고, 톡토아 베히의 장남, 호도의 부인인 토하이, 드르게네 둘 중에서 드르게네[135]를 거기서 으게데이[136]왕에게 주었다. 메르기드의 일부 백성들이 이탈해서, 타이할산에 가서 마을을 구축하였다. 거기서 칭기스칸은 명령을 내려: "소르홍-샤르의 아들 침바이, 즉 최측근을 데리고는 진지를 구축한 메르기드를 포위하라."라고 보냈다.

톡토아가 아들 호토, 촐롱 둘과 함께 소수의 사람이 도망친 것을 칭기스칸이 쫓아가서, 알타이산 남쪽에서 겨울을 지내고, 소의 해(1205)의 봄에 아라이의 언덕을 넘어가니, 나이망의 후출룩왕이, 나라를 잃고 소수의 사람과 피신하는 메르기드의 톡토아와 만나서, 에르치스강의 부흐데르메라는 곳에서 같이 군사를 정비하고 있었다.

칭기스칸이 도착하여 전투를 벌이니 톡토아는 거기서 날카로운 화살에 맞아 죽고 말았다. 아들들은 그의 시신을 거두었고 매장할 여유가 없자 머리를 잘라서 가져갔다. 거기서 나이망, 메르기드 등이 연합하여 공격했는데 당할 수가 없어서 되돌아 피신해서, 에르치스강을 건너다가 대다수의 사람

---

135) 드르게네(Дөргэнэ)는 메르기드(Merkit) 톡토아 베히의 며느리였다가 칭기스칸의 며느리(으게데이의 부인)가 된 여성이다. 1229년 칭기스칸의 셋째 아들인 으게데이가 대칸으로 즉위하면서 제국의 황후가 되었다.

136) 으게데이(Өгэдэй)는 칭기스칸의 셋째 아들이다. 흔히 오고타이, 오고대 등으로 불리우나 이는 번역 과정에서 몽골어의 Ө 발음을 '오'로 표기한 것이다.

이 익사하게 되었다.

나이망, 메르기드의 소수의 사람이 에르치스강을 건너다가 흩어졌다. 나이망의 후출룩왕이, 위구르의 하르록를 공격하여, 사르타올의 지경에서 추이강에 있는 검은 햐타드의 구르왕에게 가서 합류하였다.
메르기드의 톡토아의 아들 호토, 갈, 촐롱 장군들이 메르기드, 한링과 히프차고드를 침략하였다.

거기에서 칭기스칸이 되돌아서, 아라이 언덕을 넘어서, 그의 산속 궁전에 머물렀다. 침바이가 타하이에 숨어 있던 메르기드를 정복했다. 칭기스칸이 명하여 메르기드에서 죽일 자(반항하는 자)들은 죽이고, 나머지는 군인들로 약탈하도록 하였다. 또 전에 따라온 메르기드가, 아오락(뒤 또는 산) 궁전에서 반역을 일으켜서 왕궁에 있었던 병사들이 그들을 죽였다. 거기서 칭기스칸이 명령하여: "그들도 같이 지내게 하라고 했건만 그들이 배신을 했구나."라며 메르기드를 이쪽저쪽으로 남김없이 흩어지게 하였다.

199. 그 소띠(1205) 해에, 칭기스칸이 명령을 내려서 수베데이에게 철 수레를 만들어 주어서, 톡토아의 아들 호토, 갈, 촐롱을 추격하여 보내는데 수베데이에게 명하여:

"나쁜 톡토아의
배신한 아들들이
올가미에 잡힌 야생마처럼
정신을 잃고
상처 입은 사슴처럼
낙심하고 절망하여

다시 화살을 쏘며
피신하였다.

쫓겨난 호토, 출롱 이들은
비상의 날개로
푸른 창공을 날아오르니
용사인 너는
적을 이길 매가 되어
저들을 쫓아 잡아라!

악한 톡토아의 아들들
우둔한 타르박[137]이 되어
모진 구멍에 들어가니
완벽한 장군 수베데이
강철 막대기가 되어
쑤시고 공격하여 이겨 내라!

원수의 메르기드 자녀들
가시 사나운 물고기가 되어
넓은 바다에 들어가면
위대한 수베데이 너는
미끼가 되어
적들을 낚아채어라!

---

137) 설치목 다람쥣과의 포유류로 마멋류(Marmota sibrica, Mongol marmot)를 총칭하는 말로 쓰인다. 몽골 초원 지역에 많이 서식하며 식용과 약용으로 쓰인다. 꾀가 많은 동물이다.

위대한 너는
높은 언덕을 넘어
넓은 강을 건너게 하고
원수 메르기드를 무찌르러
날을 정해 보냈다.
긴 강물을 건너고
먼 곳까지 가야 하는데
타고 갈 말을 아끼며
식량을 절약하여
앞서서 조심하여 출동하라!

군마가 악화되면
후회해도 늦을 것이니
어떤 식량이든 떨어지면
아무리 아껴도 늦은 것이다.
먼 그 도상에
사냥할 사슴은 넉넉하다.

사냥을 하다가
가야 할 먼 길을 잃지 말고
식량에 도움이 되게 하여
충분히 양껏 챙겨라.
맡은 것 외에는
가야 하는 길에서
타고 가는 말들의
안장의 끈이 느슨해져서

말의 재갈이 풀어지니
갈 길을 조심해서 가라.
이 엄한 규칙을
잘 지켜서 간다면
행인 뜻대로 사냥하고 뛰며
제멋대로 서둘지 않는다.

금지된 규정을 어기고
군사들의 구타하거나
아는 사람이
내가 정한 규정을 어긴다면
나에게 보내어라.
모르는 사람이
내가 정한 규정을 어긴다면
당연히 너희가 결정하라.

산과 강이 멀지라도
이 생각을 버리지 말고
넓은 강을 건너더라도
이 생각을 버리지 말며
영원한 하늘의 권능에,
능력을 보태어서
해로운 톡토아의 아들들을
손안에 넣으면,
그들을 데려올 필요 없이
거기서 바로 없애 버려라!"

라고 명하였다.

진짜 용맹스러운 수베데이에게
칭기스칸이 또 말하여:

"너는 지금 가서
악한 메르기드를 멸망시켜라.
내가 어렸을 때
그들이 자꾸자꾸 공격해 와서
보르항 할동에서 우리를
불안에 떨게 하였다.

원수 그 메르기드족이
지금도 다짐하면서
다른 쪽으로 도망하였다.

긴 길의 막바지에 가서
깊은 바닥[138]까지 이르러
'원수를 갚아라!'라고
철 수레를 사용하게 하여
정직하고 믿음직한 수베데이를
소의 해에 보냈다.

보이지 않아도

---

138) '깊은 바닥(Гүний ёроол)'은 몽골인들이 느끼는 죽음의 끝자락을 의미한다.

보이는 듯이 그리워

멀리 가더라도

가까운 듯이 생각하여

우리를 믿고 가면

데드 텡게르(높은 하늘)[139]께서 자비를 베풀어

도울 것이다."라고

수베데이 장군이 출정할 때

또 명하였다.

200. 나이망 메르기드 정복을 마치고, 나이망과 같이 있었던 자모하는 나라를 잃고 다섯 명의 동료들과 방황하며 탕로(타그나)산에 가서 한 산양을 사냥하여 구워 먹고 있을 때, 자모하가 동료들에게 말하여: "누구의 아들이[140] 오늘 산양을 죽여, 이렇게 먹고 있는가?" 하니 그 산양 고기를 먹는 중에 다섯 동료가 자모하를 붙잡아 칭기스칸에게 데려왔다.

자모하가 동료들에게 잡혀 와서 칭기스칸에게 말하기를:

"검은 까마귀가

더러운 오리를

붙잡게 되었고

---

139) '높은 하늘(Дээд тэнгэр: 데드 텡게르)'이라는 의미로 온 우주의 최고의 신을 의미한다고 볼 수 있다.

140) 전쟁에서 패배한 자모하는 아마 극한 스트레스에 빠졌을 것이고, 다섯 명의 동료는 이런 심각성을 느끼지 못했는지 마냥 산양을 먹는 것을 보고 불편한 심기를 '누구의 아들이(어떤 녀석들이)'라고 표현하였고 이를 못마땅하게 여긴 다섯 명은 자모하를 납치하여 칭기스칸에게 데려가고 만다.

평민 종 주제에
왕을 공격하였네.

동료 왕이시여
자비를 베푸셔서
갈색 솔개가
갈색 오리를, 잡았습니다.
종 노예가 주인을 공격하였습니다.
나의 복드[141] 왕이시여
깊이 생각하여 주십시오."라고 했다.

자모하의 그 말을 듣고 칭기스칸은 명하여: "왕에게 공격한 사람을 어찌 그냥 둘꼬? 그런 사람을 누가 동료 삼겠는가? 왕에게 공격한 백성을 자자손손 멸절시켜라."라고 명하였다. 그래서 자모하의 눈앞에서 배신한 사람들을 처형하였다.

칭기스칸이 자모하에게 말하고 명하여:

"지금 우리 둘이서
가깝게 지내자.
너는 지금 곧
한쪽 축이 되어
다른 생각을 하지 말자꾸나.

---

141) 칭기스칸을 '복드 왕'으로 호칭한다. 즉, 활불의 의미이다.

우리 둘이 힘 합쳐서
서로 우정을 가지고
잊은 것을 기억하고
잠든 것을 깨워 가자꾸나.
다른 길로 갔었지만
너는 나의 좋은 친구가 맞구나.
원수처럼 싸우던 때에
너는 심장이 아팠었지.

다른 길로 들어섰을지라도
너는 참 좋은 나의 동료가 맞다.
열정적으로 싸우는 날에도
심장이 아팠었지, 너는.
몇 가지 예를 들자면:
케레이드와 우리가 전투하던 때에
공격하던 시간에도
토오릴왕의 생각을
우리에게 자세하게 전해 주어서
아주 큰 도움이 되었다네.

또 나이망에 대하여
말로 죽기까지 협박하여
말로 겁나도록 두렵게 하여
어떤 상황인지 알려 주어서
도움을 주었지."라고 전했다.

201. 자모하가 말하여:

"지나온 이전 시간들
철없던 어린 시절에도
호르호낙 조보링 들판에서
둘이 아주 가깝게
왕이신 당신과 같이
사랑하는 친구가 되어
소화 안 되는 식사를 하며(전에 피를 나눠 마셨던 일)
한 이불을 덮으며
같은 생각으로 지냈었지.

상관없는 사람에게 수치를 당하고
나쁜 말에 휩쓸릴 때
가까운 사람에게 공격을 당할 때
공격하는 말에 휩쓸리게 되어
나는 동료 왕으로부터 헤어졌었지요.
검은 얼굴의 피부가
벗겨진 듯이
왕이신 당신의 뜨거운 얼굴을
보기도 주저할 정도로 고통스러웠습니다.
잊어버리지 않고
말한 앞의 말을 기억하여
붉은 얼굴의 피부가 벗겨진 것 같은
넓은 마음을 가진 친구의
지혜로운 얼굴을 본 듯하여

부끄럽게 여겨집니다.

왕이신 동료가 나를
사랑하여 자비를 베푸시며
같이 지내자고 하시니

같이 지내야 할 시간에
나는 같이 지내지 못했고
테무진 당신은 여러 나라를 안정되게 하여
이방 나라를 다스리어
모두를 정복한 왕이 되어
세상을 다시 정비할 때
쓸데없는 나로 무엇을 하겠습니까?

어두운 밤에 꿈이 되어
밝은 날에 죄인이 되어
나는 동료이신 왕을 괴롭힐 것입니다.
나는 왕의 옷깃의 실오라기같이
쇄골(뼈)의 가시같이 될 겁니다.

시기심 많은 여성의 말로
동료에게서 헤어져
나는 지쳤습니다.
이 나이 되도록
친애하는 우리의 동료여,
우리의 소중한 이름이 영화롭고

해 뜨는 곳에서부터 해 지는 곳까지
온 나라에 유명해졌습니다.

재치 있는 장군 당신에게
지혜의 모친이 운명처럼 주셨지요.
권위 있는 장군 동료에게
학자인 동생들이 태어났죠.

칠십삼 마리의 말이 있고
무장한 용사 동료가 있는
바다 같은 칭기스 당신에게
나는 정복당했습니다.
나의 부모에게서
고아가 되어
믿을 만한 동료가 없고
어울릴 동생도 없고
쓸데없이 말이 많은
이야기꾼 아내를 둔
이런 이유로 인해서
하늘 아버지가 정해 준
테무진 당신에게 나는 지고 말았구려.

나의 동료가 베풀어 준
나의 생명을 즉시 죽게 하면
나의 거룩한 심장이 쉬게 되고
평안하게 될 것이요.

동료인 자네가 베풀어 준
흘려야 할 피를 흘리지 않고
죽도록 자비를 나에게 베풀기를
죽어 묻히는 나의 뼈를
번창하는 이 세상에서
영원히 존재하도록
믿음직스러운 동료의 자손에게
자비를 베풀기를 원합니다.
이런 복을 내려 주시구려.

다른 태생의 나는
높은 태생의 동료의
수호 능력에 짓눌렸다.
내가 한 말을 잊지 않고
늘 항상 기억하며 살기를!

지금 나를 죽이시오!"라고 말하니, 이 말을 듣고 칭기스칸이 말하여:

"나의 동료 자모하여,
멀리 떨어져 지냈지만
질투심을 갖지 않고
죽어 버린다는 말은
아직 하지 않았구나.

고칠 수 있었지만
고치려고 애쓰지 않았다.

점을 쳐 보면

죽을 시간이 되지 않은 듯이

고귀한 백성을

괜히 죽일 수는 없는 것이다.

사람의 목숨을 앗아 갈 때에는

신중한 이유가 있어야 한다.

이것에 대해서 이유를 말하면, 전에 조치 다르말라, 타이차르 둘이 말들을 서로 도둑질할 때, 자모하 너는 나쁜 성격, 속임수를 써서, 달랑 발조드라는 곳에서 싸워서, 나를 제레의 골짜기에서 서둘러 죽이려고 한 것을 기억하는가? 지금이라도 친하게 지내자고 했는데 받아들이지 않는구나. 너의 생명을 아끼기는 하지만 어쩔 수 없게 되었구나. 지금 너의 말대로 피가 나지 않게 죽여서, 너의 시신을 외부에 버리지 않고, 예를 갖추어 장례하겠다."라고 명하였다. 거기에 자모하를 죽여 매장하였다.[142]

202. 그렇게 주변 국가를 평정하고, 호랑이(범)의 해(1206년)에 오논강의 상류에 모여, 아홉 다리를 가진 하얀 깃발을 휘날리며 테무진에게 '칭기스칸(바다의 왕)' 칭호를 주었다.[143] 모홀라이에게는 고 옹[144]이라는 칭호를 주었다.

---

142) 자모하(Зaмуxa, Jamukha)는 테무진의 어린 시절 동무이다. 여러 부족을 연합하여 칭기스칸과 대립 관계에 있기도 하였다. 그의 죽음으로 몽골의 옛 귀족 체제가 붕괴되면서 칭기스칸 체제가 정착되는 전환점이 된다.

143) 칭기스칸의 뜻에 대해서는 다양한 학설이 있다. 두어 가지 견해를 보면 이렇다. 칭기스를 '텡기스(tengis)', 즉, 큰 바다라고 보아서 바다의 왕(칸: Khaan), 혹은 호수나 바다를 의미하는 튀르크어인 tangiz에서 온 것으로 추정하기도 했다. 'Chin'이 '단단하다'는 뜻에서 유래됐다고 보기도 한다.

144) '고 옹(гоо ван)'은 중국어에서 유래된 계급으로 '한 나라의 최고 지도자'라고 학자들이 해석한다(Rashid ad-Din, 1250~1318의 해석). 본 역자는 이 표현은 한자의 영향을 받은 단어이며, 國王/Guowang이라고 본다.

나이망의 후출룩왕을 축출하도록 제베를 출동시켰다. 몽골 민족의 국가를 통일하고 칭기스칸이 명령을 내려:

"나라를 건국하였으니 먼저 공훈을 세운 장군들을 민족의 영웅으로 삼고, 낙담하지 않고 헌신해 온 나의 사랑하는 동료들을 천부장으로 삼으며, 임명의 말을 하노라."라고 명하였다.

천부장들을 임명한 것은: 1) 멘릭 부친, 2) 보오르치, 3) 모훌라이 국왕, 4) 호르치, 5) 일루가이, 6) 조르치다이, 7) 호낭, 8) 쿠빌라이, 9) 젤메(젤름), 10) 투게, 11) 데게이, 12) 톨롱, 13) 웅구르, 14) 출게데이, 15) 보로훌, 16) 수기호톡, 17) 후추, 18) 흐흐추, 19) 호르가송, 20) 우숭, 21) 훌리다르, 22) 쉴루테이, 23) 지다이, 24) 타하이, 25) 차강 과, 26) 알락, 27) 소르항-샤라, 28) 볼로공, 29) 하라차르, 30) 흐흐초스, 31) 수이헤투, 32) 나야, 33) 존소, 34) 후추구르, 35) 발라, 36) 오로나르태, 37) 다이르, 38) 무게, 39) 보지르, 40) 뭉구우르, 41) 돌로오다이, 42) 브겡, 43) 호도스, 44) 마랄, 45) 지브게, 46) 유루항. 47) 흐흐, 48) 제브, 49) 오도태, 50) 발라-체르비, 51) 헤테, 52) 수베에데이, 53) 믕흐, 54) 할자, 55) 호르차호스, 56) 게우기, 57) 바다이, 58) 히쉴릭, 59) 헤테이, 60) 차오르하이, 61) 홍기랑, 62) 토공트므르, 63) 메게투, 64) 하다앙, 65) 모로하, 66) 도리-브흐, 67) 이도하다이, 68) 쉬라홀, 69) 다옹, 70) 다마치, 71) 하오랑, 72) 알치, 73) 톱사하, 74) 통호다이, 75) 토보하, 76) 아지나이, 77) 투이드헤르, 78) 사초오르, 79) 지데르, 80) 올라르 후르겡, 81) 힝기아다이, 82) 보하-후르겡, 83) 호릴, 84) 아쉭 후르겡, 85) 하다이 후르겡, 86) 치고 후르겡, 87), 88) 알치 후르겡, 삼천호를, 89), 90) 보토 후르겡, 이천호를, 91), 92), 93), 94), 95) 옹고드의 알호쉬딕에게 호리 후르겡, 오천 옹고드, 숲 (오잉) 백성들 외에, 몽골의 천부장들을 칭기스칸이 임명하니 천부장이 구십

오명이 되었다.[145]

203. 또 칭기스칸이 사위들과 함께 이 구만 오천 명의 귀족을 임명하며 그들에게 명하기를: "협력하는 동지들에게 또 다른 계급을 주겠다. 보오르치, 모홀라이를 선두로 다른 귀족을 데려와라."라고 그 안에 있던 쉬기호톡에게 "그들을 데려와라." 하니 쉬기호톡이:

"보오르치, 모홀라이가 무장한 우리보다 더 힘쓰고 더 애썼습니까?
임명식에서 그들보다 내가 부족하게 돕거나 덜 힘쓴 것이 있습니까?[146]
내가 갓난아기 때부터, 높은 문지방을 기대어 왔고, 지금 덥수룩한 수염 난 노인이 되도록, 다른 생각을 해 보지 않았고, 당신의 자비 안에 있어 왔습니다.
내가 철없던 시절부터, 당신의 존귀한 문지방을 기대어 왔으며, 입가에는 수염이 나고 성인이 되도록 큰 어려움 없이, 힘써 노력하여 왔습니다.
발밑에 눕히고, 이불에 감싸서, 아들같이, (칭기스칸이 쉬기호톡을) 가르쳐 주었어요.
곁에 눕히고, 옷을 입혀 주며, 동생처럼, 보살펴 주었습니다.

지금 나에게 무슨 상급을 줄 건가요?"라고 하자, 칭기스칸이 쉬기호톡에게: "너는 나의 여섯 번째 동생이지 않은가? 입양된 동생인 너에게 다른 동생들과 같이 재산의 몫을 주겠다. 또 네가 기여한 공로를 기억하며, 아홉 가지 죄에서 사면해 주겠다."라고 명하였다. "영원한 하늘의 자비로 국가를

---

145) 95명의 천호의 대표, 즉 천부장을 임명한 것이다. 일부는 겹치거나 겸직이 있을 수도 있다는 것을 감안하고 읽어야 할 것이다.
146) 쉬기호톡이 어려서부터 칭기스칸을 보필하며 살아왔다는 것을 시로 표현했다.

정비하는 동안 너는, 볼 눈과 들을 귀가 되어라. 우리의 모친과 동생들, 아들들에게 유목민들 중에서 정복할 것을 주고, 정주민 중에서 해당된 백성들을 나눠 주겠다.

(앞으로) 너의 명한 말을 아무도 바꿀 수 없다."라고 명하였다. 또 쉬기호톡을 "전국에서 도둑질을 삼가하고, 거짓을 금하며, 죽을 것을 죽게 하고, 처벌할 것을 처벌하라."라고 전국의 최고 심판자가 되게 하였다. 또 "모든 나라의 재산을 나누고, 사건을 해결하고, 그것들을 푸른 법전에 써서 기록하라. 나와 의논하여, 쉬기호톡의 정한 것을, 하얀 종이에 푸른 글씨로 쓴 법전을, 족보까지도 영원히 아무도 바꿀 수 없다."
쉬기호톡이: "나와 같은 입양된 동생이, 어찌 왕의 동생과 똑같이 재산을 나눌 수 있습니까? 왕이 베푸시면 집이 있는 옛 마을의 백성들을 가지겠습니다."라고 말하니 "네가 스스로 이 일을 결정하고 알아서 하라."라고 했다. 쉬기호톡이 직접 왕으로부터 계급을 부여받기를 마치고, 보오르치, 모홀라이를 선두로 귀족들을 불렀다.

204. 거기서 칭기스칸은, 부친 멘릭에게 명하여: "태어날 때부터 함께 태어났고, 자랄 때도 같이 자란 복된 당신의, 도움이 되어 온 것이 여기까지 이르렀습니다. 그중에서 특별히 말한다면, 부친 옹칸, 동료 셍굼 둘이 나를 속여서 불렀는데, 가는 길에 멘릭 부친의 집에 머무르니, 당신이 나를 설득하지 않았다면 나는 검은 물에 빠져, 뜨거운 불에 타서 죽었을 것입니다. 당신의 그 도움을 기억하고, 이 귀한 자리에 앉았으니 해마다 아무 일 없이, 매월 지체됨 없이 상을 수여하고, 영원히 축하하고 기념이 될 것입니다."라고 명하였다.

205. 또 칭기스칸이 보오르치에게: "내가 어렸을 때, 여덟 필의 말을 잃고

사흘 뒤 찾아가는 길에 너와 만났었지. 너는 헤매며 가던 나를 도우려고 집에 가서 부친에게 말하지 않고 마유주(아이락)가 든 그릇을 들판에 놓아두고, 나의 작은 말을 더 좋은 말로 바꾸어 타게 하고, 너는 빠른 말을 타서, 말들을 놔둔 채로 서둘러 나와 같이 사흘간 도둑을 쫓아갔었지. 우리 둘은, 내 말을 훔친 도둑이 있는 곳에 가서, 군집해 지은 게르들의 외곽에 있던 말을 밖으로 쫓아내어 데려왔었거든. 너는 나호 바양의 외동아들인데, 뭘 알고 나와 교제하였는가? 너는 진짜로 좋은 마음으로 교제하였다. 그다음에 너를 생각하며 가서, 나는 벨구테이를 보내 친구 하자고 하니, 너는 등이 구부러진 꼽추 말을 타고 거적 비옷을 뒤집어쓰고 왔다.

세 메르기드가 우리를 공격하여, 보르항 할동을 세 번 포위할 때 너는 우리와 함께 포위되었었다. 그다음에, 달랑 네무르게에서 타타르와 밤새도록 전투할 때, 낮과 밤 동안 계속 비가 내렸다. 그 밤에 나를 잠재우려고 덮을 것을 나에게 덮어 주어, 내 위에 비를 맞지 않게 하려고 밤새 서 있을 때, 너는 한쪽 발을 딱 한 번 바꿔 섰다. 진정한 용사의 풍모가 이렇지. 그 외에 네가 애쓴 것을 다 말할 수 있겠는가? 보오르치 모홀라이 둘은, 나의 옳은 행위를 칭찬하여, 나의 잘못된 행위를 멈추게 하여 이 큰 지위에 오게 하였다. 지금 모든 것 위에 앉혀서(계급을 올려서) 아홉 번 사고(잘못해도)가 나도 말하지 않겠다. 보오르치는 서부 알타이 지역의 만 호의 사람들을 파악하고 다스려라."라고 명하였다.

206. 또 모홀라이에게 칭기스칸이 명하여: "호탈라왕이 춤추던 호르호낙-조보르의 평원에 있는 우거진 나무 밑에 머물 때 모홀라이가 하늘의 계시의 말을 기록하여 말했으니 거기서 내가 궁 과(모홀라이 부친)를 기억하며, 모홀라이와 약속하였다. 이제는 내가 그의 덕택에 큰 자리에 올랐으니 모홀라이를 대대손손까지 나라의 '국왕(지위)'이 되게 하겠다."라며 '국왕'이라

고 명하였다. "모홀라이 국왕은 동쪽의 하라온-지돈 인근의 백성을 다스려라."라고 명하였다.

207. 칭기스칸이 호르치에게 말하여:
"아주 어린 시절부터
지금까지
좋은 친구가 되어
비에는 함께 젖고
추위에는 함께 떨고
힘을 합쳤다.
너는 오래전에
호르치 네가 점을 쳐서
예언하여 말한 것이
적중하여
하늘의 자비의 능력으로
그대로 되면
서른 명의 아내를 얻고 싶다고
자네가 부탁하지 않았는가.

지금 네가 한 말이 맞았으니 정복한 나라에서 너는 좋은 아내, 좋은 여자를 골라 가져라."라고 명하였다.
또 "삼천 바르족 지역에 타하이와 아쉭 둘이 같이 아다르기의 치노스, 톨리스, 텔렝구드 지역을 병합하여 우리 백성으로 삼고, 호르치가 다스려 에르치스강을 따라 숲에 사는 사람들까지 정복하고, 또 숲에 사는 사람들을 다스려라."라고 명하였다.
"호르치의 동의 없이 숲의 백성을 이리저리 옮길 수 없다. 호르치의 말을 어기는 자들은 처벌하라."라고 명하였다.

208. 또 칭기스칸은 조르치대에게 말하여: "자네가 세운 공적을 하나 기억해서 말한다면, 헤레이드와 하르할장 엘레드에서 전투할 때에 동료 호일다르를 앞세워 전투한다고 하였지만, 정말 임무를 완성한 것은 네가 맞다. 조르치대 네가 침입해 들어가서 주르힝, 두베겡, 동가이드, 호리쉬레뭉의 천 명의 경비병과 정예군 모두를 무찌르고 주력 부대와 맞서서, 셍굼의 뺨을 활로 쏘아, 영원한 하늘에 승리의 문을 열었다. 셍굼을 공격해 버리지 않았더라면 우리는 어찌 되었는지 모른다. 조르치대 네가 이룬 공로는 아주 크다.

그곳을 떠나 할하강으로 옮길 때, 나는 조르치대 너를 높은 산등성이처럼 수호자로 삼아 기억하며 살았다. 거기에서 우리는 발종 호수에 잠시 머물렀다. 이를테면, 발종 호수에서 조르치대를 정탐꾼으로 삼아 헤레이드에 보냈다. 하늘과 땅의 자비로 우리는 헤레이드 백성을 정복하게 되었다. 헤레이드 나라의 중심을 흩어지게 점령했기 때문에 연이어 나이망과 메르기드도 사기가 무너져 싸울 수 없게 되었다. 메르기드, 나이망들이 멸망하여 흩어질 때, 헤레이드의 자하-함보가 두 딸을 따라가기 위해 측근들을 같이 남겼다. 그런데 그가 배신하여 떠나니 조르치대가 쫓아, 벌써 도망쳤던 자하-함보를 꾀로 잡아 처단하였다. 자네가(조르치다이) 자하-함보의 나라를 정복했다. 조르치대다 세운 공훈이 이것이다.

싸우는 날
생명을 아끼지 않고
도와주어서
싸우는 날에

자리를 떠나지 않고
용맹스럽게 싸우니."

칭기스칸이, 이바가 베히 왕비를 조르치대에게 주는데 이바가에게 말하여:

"너의 성품이 모나지 않고
거룩한 외모가 아주 만족스럽고
[너의 발에서도 냄새가 나지 않고, 너의 땀도 냄새가 나지 않고, A.TO.]
품은 따스하게 하고
발을 따뜻하게 덮어 준
나의 아내 당신을
나라의 큰일들에
명백하게 힘쓴 조르치대에게
상으로 베푸노라.

공격을 당하는 시간에
방패가 되어
나누어진 나라를
모아 주었고
무장하여 전투할 때
방패가 되어
분단된 나라를
통일시켜 주었다.

조르치대의 공을 갚고, 공로를 기리기 위해 이바가를 아내로 준다. 지금부터는 나의 혈육에서 왕의 보좌에 오른 자들은, 이런 공훈을 세운 것에 보답한 것을 기억하여, 내 말을 변함없이 대대손손까지 이바가의 보좌(명예)를 중단되지 않도록 하라."라고 명하였다. 또 칭기스칸은 이바가에게 말하여: "너의 부친 자하-함보는 너에게 혼수로 아쉭-트므로, 알치그 두 명의 요리사와 함께 이백 명의 사람을 주었다. 지금 너는 오로오드 백성에게 가서 기념으로 나에게 혼수로 온 사람들 중에서 아쉭-트므로 요리사와 일백 명의 사람을 함께 데려가라."라고 하여 받았다. 또한 칭기스칸이 조르치대에게 말하여: "이바가 왕비를 너에게 주겠다. 너는 사천 명의 오로오드족을 알아서 다스려라."라고 명하였다.

9장(209~229)

경호대를 조직하다

209. 또 칭기스칸은, 쿠빌라이에게 명하여: "너는 강한 자의 목을 부러뜨리고, 씨름 선수들의 엉덩이를 땅바닥에 넘어뜨려라. 지금 쿠빌라이, 젤름, 제우, 수베데이 너희 네 명은 충견처럼 신뢰하는 동료이다. 너희들을 어디든지 보내면, 가라는 곳에 가서, 바윗덩이를 부수고, 공격하라는 곳에 공격하고, 바위를 쪼개 부셔, 백석 바위를 가루로 만들고, 깊은 곳의 나라들을 흩어 놓아, 격파하여라.

쿠빌라이, 젤렘, 제우, 수베데이 네 충견을 지정한 곳으로 보내고, 보오르치, 모홀라이, 보로혹, 촐롱 네 명의 기병 영웅은 내 곁에 두고, 전투가 발생하는 날에는 제일 앞에, 오로오드와 망고드의 군인들을 조르치다이, 호일다르 둘로 인솔하여 나가게 하니 금방 나의 마음이 놓이게 되었다."라고 했다.

"쿠빌라이, 너는 군인들의 모든 행동을 통솔하라."라고 명하였다. "또 비두궁은 순종하지 않으므로 내가 벌하여, 천부장이 되게 하지 않았다. 너는 그를 잘 지도하여라. 그가 너로 인해 변화되면 일천 명을 다스리게 하라. 비두궁이 어떻게 되는지 우리 지켜 보자."라고 했다.

210. 또 칭기스칸은 게니그데이 호낭에게:

"보오르치, 모홀라이 휘하의 귀족들아, 도다이 도골호 휘하의 관료들아, 이 호낭은,

어두운 밤

공격하는 늑대가 되어

밝은 날에

떠도는 까마귀가 되어

떠날 때 남지 않고

남을 때 떠나지 않고

항상 내 곁에서 따라

저 원수들에게

분노의 모습으로

상관하지 않고

원수들 앞에서

보호막이 되어

변함없이 함께하였다.

호낭, 흐흐초스 둘이 의논하여, 모든 일을 진행하여라."라고 명하였다. "내 자식들의 맏이는 주치이다. 호낭은 게니게스 부족들을 다스리고, 내 아들 주치의 아래서 만부장이 되어라."라고 명하였다. "호낭과 흐흐초스, 데게이, 우숭 노인 이 네 명은, 본 것을 감추지 않고, 옳은 말만 하며, 아는 것을 속이지 않고, 들은 말을 전달해 준다."

211. 또 칭기스칸은 젤렘에게: "자르치오대 노인은 코담배를 가지고, 작은 아이를 데리고, 보르항 할동에서 내려와서 오논강의 델룽 볼독에서 내가 태어나는 시간에 밍크 포대기를 주었다. 그 이후에도 문지방의 종, 가정의 재산이 되어, 이런저런 일을 도왔다. 밍크 포대기에 싸여 태어난 복된 내 동료여, 같이 태어난 동지가 되어 자란 사랑하는 나의 친구 젤렘, 너를 아홉 번 사고를 내더라도 비난하거나 벌하지 않겠다."라고 명하였다.

212. 또 칭기스칸은 톨론에게 말하여: "선대와는 다르게 별도로 천부장으로 다스려 왔지. 나라를 집결시켜 통치할 때 너는 자기의 부친의 한쪽 날개가 되어 힘써 왔기에 체르비(관료의 계급)라는 계급을 받았다. 지금 네가 찾아온 사람들을 천 명이 되게 하여, 토로항과 의논하여 다스리도록 하라."라고 명하였다.

213. 또 칭기스칸은 웅구르 보오르츠(궁중 요리사)에게: "멩기투 히양의 아들 웅구르 네가, 세 지역의 토호라오드, 다섯 지역의 타로고드, 찬쉬오드, 바야다들을 통솔하여 한 도시를 만들어서,

안개 속에서 방랑하지 않고
전쟁이 멈추지 않고
젖을 때는 같이 젖고
추울 때는 같이 추운 채 다녔다, 너는.

너는 지금 어떤 상을 받고 싶은가?" 하니 웅구르가: "상을 고르시라면, 모든 바야드(부자) 형제들이, 산산이 흩어지고 있습니다. 왕께서 상을 주신다면, 바야드 형제들을 모아서 다스리렵니다." 하니, "그래, 바야드 형제들을 모아서 천 명을 너는 통솔하라!"라고 명하였다.

또 칭기스칸이 명하기를: "보로홀 웅구르 너희 둘은, 요리사와 봉사자가 되어 동쪽, 서쪽의 사람들에게 적절한 음식을 나눠 주고, 동쪽 사람들에게 집집마다 나눠 주고, 서쪽 사람들에게 이치대로 주며 식량을 나눠 주면 내 목이 안 막혀 열리고, 마음이 평안하겠다. 웅구르 보로혹 둘이 말을 타고 가서 많은 사람에게 식량으로 많은 고기를, 서쪽, 동쪽 사람들에게 음식을 마련해 주고는 너희 둘이, 톨론과 같이 모여 앉아서 음식을 나눠 주어라."라

고 가르쳐 주었다.

214. 또 칭기스칸은, 보로홀에게 말하기를: "나의 모친은, 쉬기호톡, 보로혹, 후추, 흐흐추 네 명을 도망친 백성들의 이동한 곳에서

시골에서 발견해서
발꿈치에서 자장가를 부르며
양육하고
너의 목을 붙잡아 당기며
사람같이 되게 하여
쇄골을 당겨
남자답게 키워서

아이들을 우리의 동료가 되게 길러 주었다. 나의 모친의 키워 주신 은혜를 너희가 아주 보답하려고 노력했다. 보로홀은 나에게 동료가 되어

빠르게 먼 길을 떠나서
비가 오는 밤에도
음식이 떨어지지 않고
굶주리고 지내게 한 적이 없다.
급한 전쟁에서
어떤 고난이 닥쳐도
음식이 떨어지지 않도록
식량이 떨어지지 않도록 했다.
나의 조상을 해친
원수 같은 타타르를 무찌르고

원한은 깊어지고

훼방은 더 많아져

그 타타르 백성들을

수레의 축과 견주어서

그보다 높은 키의 사람을

뽑아 없앨 때

타타르족의 하르길 샤르가, 혼자 도망하다가 배고픔으로 어쩔 수 없이 되돌아와서, 우리 모친(칭기스칸의 모친)의 집에 들어와 '먹을 것을 좀 주세요.' 하니, '먹을 것을 구한다면 거기 앉으시오.'라고 오른쪽 침대의 앞쪽에 앉게 했다. 그때, 다섯 살 된 아들 톨루이가 밖에서 들어왔다가 뒤로 달려 나가자마자, 하르길 샤르가 일어나서 뛰어나가서, 톨루이를 옆구리에 끼워 감고 동시에, 칼을 빼 들려고 할 때 '내 아들이 죽겠구나.' 하고 (칭기스칸의) 모친이 외치는 소리를, 집 왼편에 앉아 있던 알타니가 듣고 달려 나와, 하르길 샤르의 뒤에서 달려 한 손으로 머리채를 붙잡고, 반대 손으로는 칼을 빼 들려던 손을 잡아 낚아채 칼을 떨어뜨렸다.

그때, 집 뒤에서 검은 소를 잡으려던 지다이와 젤렘 둘이 알타니의 소리를 듣고 도끼를 붙잡고, 붉은 피가 묻은 채 뛰어와, 타타르의 하르길 샤르를 그곳에서 도끼로 내려쳐, 칼로 찔러 죽였다.

알타니와 지다이, 젤름 셋이 아들의 생명을 살려 준 공로를 가지고 다툴 때, 지다이 젤름 둘이 말하여: '우리가 즉시 달려와 그를 죽이지 않았다면 홀어미 알타니가 무엇을 할 수 있었을까? 아들의 목숨을 해쳤을 것이다. 아들의 생명을 구한 공훈은 우리 것이다.' 하니, 알타니가: '내 소리를 듣지 않았다면 너희가 어찌 올 수 있었을까? 내가 달려 붙잡아 그의 배냇머리채를 잡지 않았더라면, 칼을 잡은 손을 쳐 칼을 떨어뜨리지 않았더라면 지다이와 젤름 둘이 오는 동안, 아들의 생명을 이미 해쳐 버렸지 않았을까?'라고 했다. 그렇게 말하면, 가장 큰 공로는 알타니의 것이다.

보로홀의 아내는 남편 보로홀에게 바퀴의 한 축[147]이 되어 도와준 것에 더하여, 톨루이의 생명도 구해 준 것이다.

또 헤레이드와 하르할장 평야에서 싸울 때 으그데이 목동맥 쪽에, 화살을 맞으니 보르홀이 그 위에 내려서 쏟아지는 피를 입으로 빨고 밤을 새웠는데, 다음 날에는 으게데이가 말을 탈 수 없으니 앞에 나란히 태워, 응고된 피를 따뜻한 입술로 빨며, 입 주변이 붉어지도록, 고마운 남자는 (보르홀) 으게데이의 생명을 무사히 데려왔다. 나의 모친이 고생하며 키워 준 은혜를, 두 아들의 목숨을 구해 줌으로써 보답하였다. 보르홀은 나와 함께하며, 내가 주장하는 말에는 적극 동의함으로써, 앞서서 추진해 나갔다. 보르홀이 아홉 번 사고를 일으켜도 벌하지 말거라."라고 명하였다.

215. 또 "혈육인 딸을 상으로 주겠다."라고 했다.

216. 또 칭기스칸은 우숭 노인에게: "우숭, 호낭, 흐흐초스, 데게, 이 네 명이 보고 들은 것을 숨기지 않고 계속 말해 주었다. 몽골의 국법에 국가 자문관[148]으로 포상하는 풍습이 있다. 어르신들을 자문으로 삼는 풍습이 있

---

147) '한쪽 바퀴(өрөөсөн арал: 바퀴의 한 축)', 몽골 유목 문화에서 매우 중요한 상징으로, 수레가 한쪽 바퀴 없이는 움직일 수 없다는 뜻이며, 배우자가 인생의 동반자, 절반의 존재라는 표현이다.

148) 본문에는 베히 노용(Бэхи ноён)으로 표시되었다. 국가의 원로 관직을 의미한다.

으니 바링 어르신의 혈육인 우숭 노인을 자문관으로 삼는다. 자문관으로 임명되어 하얀 옷을 입고, 하얀 말을 타고, 위 좌석에 앉고, 연월의 시한을 결정하는 역할을 맡으시라."라고 명하였다.

217. 또한, 칭기스칸이: "호일다르 동료가 죽기 살기로 전투할 때, 앞서서 생명을 내걸고 싸운 공훈이 있으니 그의 아들 손주까지도, 고아들에게 줄 자비와 도움을 주도록 하거라."라고 했다.

218. 또 칭기스칸이 차강 과의 아들, 나링-토오릴에게: "너의 부친인 차강 과는 용감하게 전투하여 달랑 발조드의 전투에서 자모하에게 피살되었다. 지금 부친의 공훈을 생각하여, 고아들이 받을 지원을 받아라."라고 하니, 토오일이: "나의 형제 네구스들이 여러 지역으로 흩어졌습니다. 왕께서 긍휼을 베푸시면, 나의 형제 네구스들을 모으려고 합니다."라고 하니, 칭기스칸이 명하여: "그러하다면 형제 씨족(네구스)들을 모아서, 네가 대대로 그들을 통치하여라."라고 명하였다.

219. 또 칭기스칸이 소르홍-샤르에게: "내가 아주 보잘것없었을 당시, 타이족의 타르고대 히릴톡이, 내 형제들과 합하여 나를 시기할 때, 소르홍-샤르의 아들 출롱, 침바이 등이, 나를 형제들에게서 시기를 당했다며 숨기고, 딸 하당이 보살피게 하여 풀어 보내 주지 않았던가. 너의 그 도움을 내가 어두운 밤에는 꿈에서도 생각하며, 밝은 낮에는 마음에 잊지 않고 다녔다. 나중에 타이초드가 나에게 아주 늦게 나왔지. 지금 너에게 상을 주려고 한다. 어떤 상을 원하는가?" 하니, 소르항-샤르와 그의 아들 출롱, 침바이가 말하여: "우리는 메르기드 지역의 셀렝게 지역을 통치하며 거주하기를 원합니다. 그런데 어떤 상을 주실지는 왕께서 알아서 주십시오!"라고 하였다. 그러자 칭기스칸은: "그 지역을 다스리고 메르기드의 지역 셀렝게로 대대

손손까지 땅을 소유하며, 활을 차고, 결혼 잔치를 하여, 술잔을 채우며 지내거라. 아홉 번 사고를 일으켜도 처벌받지 않게 될 거다!"라고 명하였다.

또 칭기스칸은 촐롱과 침바이 둘에게 상을 주며: "전에 촐롱, 침바이 너희 둘이 말했던 것을 어찌 잊겠는가? 촐롱, 침바이 너희 둘은 원하는 것을 말하거나 부족한 것을 요청하려면 간접적으로 하지 말라. 직접 나를 만나서 너희 입으로 생각을 말하여, 부족한 것을 요청하라."라고 명하였다.

또 "소르홍-샤르, 바다이, 히실릭 너희 세 관료(장인. 면세특권자)는, 많은 적을 쳐부수고, 노획물을 얻으면, 얻은 것을 다 가져라! 사냥을 하든지, 산양을 잡으면, 사냥한 것을 다 가지거라!"라고 명하였다. "소르항-샤르는 타이족의 투데게 집안의 사람이다. 바다이와 히쉴릭 둘은 체렝의 마부였다. 지금은 내 부관 호르치(활 쏘는 부대원)가 되어, 잔치에는 술잔을 들고, 관료의 권리를 누리며 행복하게 살아라!"라고 명하였다.[149]

220. 또 칭기스칸이 나야에게 말하여: "쉬레트 노인이 알랑과 나야 두 아들과 함께 타르고대 히릴톡을 잡아 오는 길에 호트갈 지역에 이르러서 나야가 말하니: '우리 왕을 어찌 계속 붙잡고 가겠는가?'라고 마음이 불편해서 타르고대를 풀어 주고 쉬레트 노인, 아들 알랑과 나야들과 함께 칭기스칸에게 와서 나야가 말하니:

'우리는 타르고대 히릴톡왕을 손수 붙잡고 오다가 역시 참을 수 없어서 풀어 주고는 칭기스칸에게 힘을 보태러 왔습니다. 만일 왕을 잡아 왔다면 왕

---

149) 하층민 출신도 공을 세우면 칭기스칸의 최측근이 될 수 있는 칭기스칸 체제의 개방성과 충성, 보상의 원칙을 잘 보여 준다.

을 붙잡아 온 백성을 어찌 믿을 수 있겠어요.'라고 했다.

왕에게 해를 끼칠 수 없었으니 그들이 모시던 왕을 아끼는 그 예의를 아는 사람들이라는 말을 받아들이고, 한 가지 일을 시켜 보겠다. 보오르치는 서쪽 지역의 만호들을 다스리는 사람이 되고, 모홀라이는 국왕이 되어 동쪽 지역의 만호들을 다스리게 하고 이제 나야는 중앙 지역의 만호들을 다스리는 관료가 되어라."라고 명하였다.

221. 또 제우, 수베데이 둘은 본인들이 잡아 데려온 백성들로 하여금 천호가 되게 하여 다스리라고 했다.

222. 또 양치기 데게이는 소속 없는 사람들을 여기저기서 모아 주어서 천부장이 되게 하였다.

223. 또 목수인 후추구르에게는 줄 백성이 부족하니 다른 귀족의 사람들에게서 데려와 모은 백성들을 자다라의 몰할호 측과 합쳐서, 후추구르와 몰할호 두 명으로 천 명 부락의 사람들을 다스리라고 했다.

224. 나라를 세울 때 공로자들을 만부장, 천부장, 백부장, 십부장으로 임명하고, 지위를 줄 사람들에게 지위를 주고, 명령을 내릴 사람에게는 명령을 내리고, 칭기스칸이 명하여:

"전에는 내가 팔십 명의 경비병이 있었고, 칠십 명의 경호원이 있었다. 지금은 영원한 하늘의 자비로, 하늘과 땅의 은혜로 힘이 크게 더하여져, 모든 나라를 통일하여, 한 통솔 아래 들어왔으니 지금 나에게 일천 경호원을 선발해 주거라. 경비병, 궁수, 경호 병사와 함께 모두 만 명을 채워라!"라고 명하였다. 또 칭기스칸은 경호원을 선발하여 임명하는 것에 대하여 천부장들에게 명하여: "나의 경호원들을 임명할 때, 일만, 일천, 일백 부장의 아들들과 민간인들 중에서 내 곁에서 봉사할 지혜가 있고 건강한 사람으로 선발하도록 하여라.

나의 부관이 될 때는:

천부장의 아들들은, 열 명의 군사와 동생 한 명을 데리고 오라.
백부장의 아들들은 동료 다섯 명과 동생 한 명을 데리고 오라.
십부장의 아들도 민간인의 아들들, 동료 세 명과 동생 한 명을 데리고 오라.
이렇게 그들은 그곳에서 탈 말을 준비해서 오거라.

나의 부관으로 올 천부장의 아들과 열 명의 동료는, 사용할 것들을 천 명의 사람들에게서 받아 오라. 부친이 준 물건과 자기가 얻은 말, 물건이 있겠지만, 소유물 중에서 우리가 가르쳐 준 대로 준비해서 가져오라.
백부장의 아들은 동료 다섯 명과 함께,
십부장도 민간인의 아들, 세 동료와 마찬가지로 소유물 중에서 사용할 말과 물건을 가져오라!"라고 명하였다.

"천부장, 백부장, 십부장 등이 우리의 이 명령을 듣고 어길 시에는 엄하게 벌하겠다.

우리의 부관으로 들어오면 적당한 사람이 회피해서 우리의 곁에 다니는 것을 어려워하여 다른 사람을 들여오면 그를 벌하고, 먼 곳으로 쫓아 버려라."라고 명하였다.

"우리 곁에 가까이 다니며 배우려고 한다면 우리의 온 백성을 금하지 말거라."라고 했다.

225. 칭기스칸의 명령대로 천부장, 백부장, 십부장들의 자녀들을 구분하여 보내고, 이전에 있었던 팔십 명의 경비를 팔백 명으로 묶었다. 팔백 명에 더하여 천 명이 되도록 하라고 명했다. 경비병에 들어갈 사람들을 말리거나 금하지 말라고 명했다.

경비병들을 이흐-네우링이 다스리고, 천부장이 되도록 명했다. 또한 사백 궁수를 임명하고, 궁수를 젤렘의 아들 요슨테가 맡고, 투게의 아들 부헤데와 의논하여 통솔하라고 했다. "근위대와 경비병들을 네 교대로 근무하게 하고, 요슨테가 한 교대의 궁수들을 통솔하며, 부헤데가 다른 교대 팀의 궁수들을 통솔하고, 호르츠-호닥이 세 번째 근무자 궁수들을 통솔하며, 라블라흐가 네 번째 근무자 궁수들을 통솔해 가라. 활과 화살을 찬 궁수 경호병사들을 이렇게 통솔하도록 하여라. 궁수들을 천 명이 되게 하고 요승테가 통솔하도록 하라!"라고 명하였다.

226. "전에 으엘렝 관료가 다스리던 경비병들에게 추가하여 천 명[150]이 되게 하고, 보오르치의 자녀 으엘렝 관료로 다스리게 하자.
다시 일천 명의 경비를 모홀라이의 자녀 보호로 통솔하게 하라.
일로가이의 자녀 알치다이로 일천 경비병을 다스리게 하라.
일천 경비병을 도다이 관료로 다스리게 하고, 일천 경비를 도골호 관료가 다스린다.
일천 관료를 조르치대의 아들 차나이가 다스린다.

---

150) 천(1,000)명이라는 숫자이기도 하지만, 천 명의 부대라는 조직의 단위를 의미한다. 이 단위의 지휘관을 천부장이라 하였다(예:천부장, 백부장, 십부장).

일천 관료를 알츠의 아들 아호대가 다스린다.

일천 용사를 골라서 아르하이 하사르로 다스리게 하여 평일에 교대할 경비병으로 하고, 전투하는 날에는 가장 앞장서서 용맹하게 보내라!"라고 명하였다.

여러 천부장 중에서 선발하여 온 사람들을 팔천 경비병으로 삼고, 이천 경비병은, 궁수들과 함께 모두 일만 근위대를 이루었다.

칭기스칸이 명하여: "우리의 부관 일만 경비병을 무장하여 주력 부대가 되게 하라!"라고 명하였다.

227. 또 칭기스칸이 명하여 낮의 근무자(교대자)의 경비병을 네 교대로 하여, 근무자의 대표를 임명하고:

"보하가 한 근무 친위대를 맡고, 정비하라. 알치다이가 한 친위대들을 맡고 정비하라. 도다이 관료가 한 친위대들을 맡아 정비하라. 도골호 관료가 한 친위대들을 맡고 정비하라. 이 네 근무 교대자 친위대를 인솔할 책임자를 임명하고 또 근무 교대자들의 책임자들이, 해당 친위대들을 정비하여 교대 순서에 들어가게 하여 삼 일 후에 교대하라.

경비병은 교대 시간에 빠지면 그 빠진 사람을 세 번 태장으로 때린다. 그가 다시 근무 교대 시간에 빠지면 태장으로 일곱 번 때린다. 또 그 사람이 몸은 건강하지만 근무 교대 책임자의 허가 없이 세 번째 근무 시간에 빠지면 삼십칠 번 태장으로 때려서, 우리의 임무를 수행하는 데 어렵게 한 자라고 보고, 멀리 쫓아 버려라!"라고 명하였다. "교대자의 책임자들은 다른 세 교대 근무자들에게 이 사실을 알려라. 알려주지 않으면 교대자의 책임자들에게 책임을 묻겠다. 명령을 들었는데도, 어기거나 명령으로 정한 교대에서 빠진다면 경비병을 처벌한다."라고 명하였다. "근무 교대자의 인솔자가 단지 인솔자라는 이유로, 같이 경비해야 하는 경비병을 나의 허락 없이는 처벌하면 안 된다. 범죄를 저지른 사람을 고발하라. 죽여야(처형) 한다면 우리가 죽이겠다. 때려야 한다면 우리가 때리겠다. 인솔자(상관)들은 인솔자라는 이유만으로 같은 권리가 있는 경비들을 본인의 손과 발로 때린다면 태장에는 태장으로 주먹에는 주먹으로 처벌하겠다."라고 했다.

228. 또 칭기스칸이 명하여: "외부의 천부장보다 나의 친위대인 평민들이 더 귀하며, 외부의 백부장, 십부장보다 나의 친위대 병사들이 더 귀하니 외부의 천부장이 나의 친위대와 비교하여 다투면 천부장을 처벌하라!"라고 명하였다.

229. 또한 칭기스칸이 명하기를 친위대의 간부들에게 명하였으니: "궁수들과 경비병들을 (교대 근무에) 들어오게 하여, 낮 경호원들은 여기저기 잘 살피고 해가 지기 전에 경비(보초 서는 교대를 넘겨주고)에서 벗어나 진영 밖에서 밤을 지내라.
우리를 밤 경비병들이 지킬 것이다. 궁수들은 활과 화살을, 요리사들은 그릇을 경비병들에게 맡기고 나가서 밤을 지내라. 외부에서 밤을 지낸 궁수, 경비병, 요리사들은 우리가 조반을 먹을 때까지 줄 있는 곳에서 대기하다가 경비에게 알려서, 우리가 조반을 먹은 후에 안으로 들어와, 궁수들은 활과 화살을 챙기고, 경비병들은 자리를 지키며, 요리사는 그릇을 받고 근무를 시작하라."

교대 근무자들은 이 정해진 근무 규정을 엄수하라고 명하였다.
"해가 진 다음에는 궁전의 앞뒤로 지나가는 사람을 보초들이 붙잡고 밤이 지난 다음 아침에 심문하라. 경비는 교대병이 오면 암호를 넘겨주고는 근무가 마무리된다. 근무를 넘겨준 병사는 밖으로 나가라. 경비는 밤에 궁전 주위에 머물며 입구를 살피고, 침입하려는 자는 어깨를 후려치며 머리를 때려 절단하여 버려라. 밤에 급한 소식을 전하는 사람이 오면 먼저 경비병에게 알리고 집 뒤의 경비병과 함께 머물고, 전할 말을 밖에서 하게 하라. 경비병의 자리에는 아무도 앉지 못한다. 경비병의 허가 없이는 아무도 출입할 수 없다. 경비병의 근처에는 아무도 갈 수 없다. 경비병의 사이로 지나갈 수 없다. 경비병의 숫자도 물을 수 없다. 경비병의 근처에 지나가는 사람은 체포해라. 경비병의 숫자를 묻는 사람은 그날 탄 안장과 재갈 찬 말과 입은 옷을 경비병이 빼앗으라."라고 명했다. "엘지게데이는 믿을 만한 사람이지만 경비병의 곁으로 저녁 늦게 다니다가 잡힌 것이 아니었던가?"

10장(230~246)

위구르와 삼림 부족을 정복하다

230. 칭기스칸이 말하여:

"구름 낀 밤
문 달린 내 집을
계속 지키어
이 내 몸을
평안히 잠들게 하고
이 귀한 자리에 오르게 한
오랫동안 정든 경비병이여!

별이 빛나는 밤에
나의 궁전에
그 근처에 누워
나의 터전(өлгий)을 보호해 준
보잘것없는 이 몸의 버팀목이 되어
이 높은 자리에 오르게 한
복된(Өлзийт буянт) 나의 경비병(хэвтүүл)이여!

비가 내리는 날
쌀쌀한 때에
나의 게르에서

보살펴 주고
뜨거운 생명을
보호하여 준
나를 왕위에 오르게 한
나의 사랑하는 경비병들이여!

앞선 적군들 앞에서
증오의 원수의 손아귀에서
밤낮 구분 없이
나의 가족을 지켜 주고
눈 깜짝하지 않고
나의 모든 몸을 보살펴 준,
나의 신뢰해 온 경비병이여!

멀리 있는 화살통의
빠른 소리로부터
늦지 않게 달려오는
나의 좋은 경비병이여!

겨냥한 활의
시위가 놓이는 소리로부터
머뭇거리지 않고 다가오는
나의 우수하고 좋은 경비병이여!

아주 오래된
복된 나의 경비병을

원로 경비병(Өвгөн хэвтүүл)이라고 하겠다.

믿을 만한 으엘렝 경비병의
은혜로운 칠십 경비병을
큰 경비병(Их торгууд)이라고 하겠다.

아르하이 하사르의 소속의
친절한 최고의 장수들을
선임 장수들(Ахмад баатруд)이라 한다.

요승테, 보헤데 소속의 축복된 옛 궁수들을
여릉히 호르칭(Ерөнхий хорчин: 총괄 궁수 호위병)이라고 한다."라고 명하였다.

231. "95개의 천호 조직(구만 오천 명)에서 나의 몸의 부관이 되어 선발된 만 명의 근위대는, 나의 보좌를 이을 아들들과 대대손손까지 나의 집에서 기념으로 생각하고, 어떤 재앙에도 빠지지 않게 잘 돌보거라. 이렇게 일만 경비병을 어찌 내가 나의 소중한 친위대(эрхэмсэг хишигтэн)라고 총애하지 않을 수 있겠는가?"

232. 또 칭기스칸은: "궁전의 관료(чэрби)들의 딸들, 집안사람들, 낙타와 소를 치는 사람들을 경비병(хэвтүүл)이 책임지고, 궁전의 수레를 파악하고 있어라. 깃발, 북, 말등자, 창들을 경비병이 관할하라. 그릇들도 그 경비병이 관리한다. 우리의 식료품을 경비병이 관리하고, 제물용 고기와 식품을 경비병이 관리한다. 식품이 부족하게 되면 맡은 경비병에게 요청한다."라고 했다.

"궁수(Хорчин)들이 식료품을 나눠 줄 때, 맡은 경비병의 허가 없이 나눠 줄 수 없다. 음식을 나눌 때에는 먼저 경비병부터 주어라."라고 했다.

"궁전에 출입하는 것을 경비가 책임지고 관리한다. 집 근처의 문에 경비의 문지기를 둔다. 경비병 중에 두 명이 안으로 들어와서, 큰 그릇에 든 아이락(마유주)을 배분하여라. 경비병들이 지역을 순찰하여 궁전을 설치하라."라고 했다.

"우리가 새를 사냥할 때, 경비병은 우리와 같이 새를 사냥하라. 집 수레[151] 근처에서 몇몇을 시간별로 남겨 두거라."라고 했다.

233. 또 칭기스칸이: "우리가 전장에 나가지 않는다면 경비병도 우리에게서 떨어져 전장에 나가지 않는다."라고 했다. "이 명령을 인지하면서도 시기하여 어기고, 경비병을 전장에 나가게 한 군인의 간부를 처벌하겠다."라고 명하였다. "경비병을 전장에 나가지 않게 한 이유를 너희가 묻는다면, 경비병은, 나의 소중한 생명을 보호한다. 새, 산양을 사냥할 때 같이 고생한다. 이동하는 동안 궁전을 지키고, 운송 수레를 보호한다. 나의 몸을 지키는 게 쉬운 줄 아는가? 게르 수레, 큰 궁전을 이동하고 지키는 것이 쉬운 줄 아느냐? 이런 여러 부서의 일이 있으니 그들을 우리의 전투 현장으로 보내지 않는 이유이다."라고 했다.

234. 또 명하여: "쉬기호톡이 소송을 재판하는 일을 할 때, 경비병도 함께 참석하여 의견을 듣고 참여하라. 경비병이 활, 화살통, 방패, 화살을 보관하고 나눠 주는 일을 관장하라. 군마를 가져와서 운반할 짐을 싣고 가라."라고 했다. "경비병은 관료들과 함께 물건들을 나누거라." "궁수들과 경비들이 지역을 선정하여 옮길 때, 요승태, 부헤데들의 궁수와 알치대, 으엘렝 아호대들의 경비병들이, 궁전의 오른편에 서서 가거라."라고 명했다. "보

---

151) 집 수레, 몽골의 이동식 게르가 규모가 클 경우 수레에 싣고 이동했다.

하, 도다이 관료, 차나이들의 궁수들은 왕실의 동쪽에서 이동하라."라고 했다. "아르하이의 용사들은 왕실의 앞쪽에서 가라."라고 했다. "경비병은 왕실 수레를 보호하며 왕실 곁, 동쪽에서 이동하라."라고 했다. "모든 경비병, 궁수들과 왕국 곁에서 이동하는 왕실 게르의 자녀들과 말몰이꾼, 양치기, 낙타, 소 치는 사람들은 왕실의 뒤에서 가고, 도다이 관료가 통솔하라."라고 명했다. "도다이 관료(чэрби)는 왕실 전체를 따라가며 쓰레기를 수거하고, 말똥을 줍고 따라가라."라고 명령했다.

235. 쿠빌라이 관료[152]를 하를락[153]에게 보냈다. 하를락의 아르슬랑[154]왕은, 쿠빌라이를 맞이하였고, 쿠빌라이 관료가 아르슬랑왕을 데려와서, 칭기스칸을 만나게 하였다.
칭기스칸은 아르슬랑이 저항하지 않고 따랐다며 칭찬과 상을 주며, 딸을 주겠다고 하였다. [칭기스칸은 하를락들의 아르슬랑에게 알하 베히를 주며 당부하기를:

남편이 뛰는 동안에는 발이 되고
비틀거릴 때에는 버팀목이 되며
미끄러울 때에는 편자[제철(蹄鐵, Horseshoe)]가 되고,
도움과 배려하는 것을

---

152) 노용(ноён)이라는 단어는 귀족, 관료, 지휘관, 지도자, 어르신 등의 의미를 지닌 존칭어이다.
153) 하를락(Харлаг/Харлугууд)은 중앙아시아의 튀르크계 유목 민족으로, 역사적으로 '카를루크(Karluk)'로 알려져 있다. 이들은 8세기 중반부터 13세기 초까지 중앙아시아에서 중요한 역할을 했으며, 특히 카라한 왕조(Kara-Khanid Khanate)의 형성에 핵심적인 기여를 했다. 현대의 우즈베키스탄, 타지키스탄, 키르기스스탄, 카자흐스탄 일부에 해당하는 지역에 존재하던 서쪽 튀르크계 부족이다.
154) 투룩어(튀르키예)를 사용하는 하를락 국가의 아르슬랑왕으로 '아르슬랑'은 '사자'라는 뜻이다.

사랑하는 나의 알하, 너는 명심하라.

이 몸이 연약할지라도
존귀한 이름은 영원하니
밝은 정신보다 더욱
좋은 남편은 없다.
둔하고 화내는 것보다 더
나쁜 원수는 없다.

귀한 믿음이 많더라도
뜨거운 생명을 모든 것보다 사랑하고
참고 견디면 무엇에든 도움이 된다.
거룩하게 살아가면 영원히 도움이 된다고
배우지 않았느냐. A.то.[155)]

236. 수베데이 장군이, 철 수레를 탄 군인을 데리고 가다가 메르기드의 톡토아의 호토, 촐롱 등의 아들들을 추격하여 공격하고, 추이강에서 격퇴하고 왔다.

237. 제브, 나이망의 후출룩왕을 추격하여 사릭궁이라는 곳에서 격퇴시켰다.

238. 위구르의 이두드[156)]왕이 칭기스칸에게 아드히락과 다르바이 두 사신

---

155) А.то.는 《몽골 비사》의 주석이나 교정본에서 사용되는 약어로, 《Алтан товч: Altan Tovch》라는 몽골 역사서의 제목을 줄여 표기한 것으로 보인다.
156) 위구르 국가의 왕에 대한 칭호. 제.롭상도르지, 《몽골비사 주해》, 2019, 울란바타르, 479쪽.

을 보내 말을 전하기를: "구름이 걷히고 빛나는 태양이 뚜렷하듯이, 얼음이 녹고 맑은 강이 흐르듯이, 칭기스칸께서 허락하신다면, 왕의 금빛 허리띠를 잡고, 왕의 거룩한 옷의 보푸라기를 잡고[157] 왕의 다섯째 아들이 되어 힘을 보태겠습니다."라고 말하며 보냈다.

그 말을 들은 칭기스칸은 답신을 보내어: "딸을 주겠다. 다섯째 아들이 되거라. 금, 은, 진주, 자개, 자수 놓은 비단, 비단 제품들을 가져오라."라고 보냈는데, 이두두가 허락을 받아서 기뻐하며 금, 은, 진주, 자개, 비단, 그리고 자수 놓은 비단 등의 물건들을 가지고 와서 칭기스칸과 만났다.

칭기스칸은 이두두를 명하여 딸 알랄통 베히를 주었다. [위구르의 이두두에게 알랄통 베히를 넘겨줄 때 칭기스칸이: "부인에게는 세 명의 남자가 있느니라. 처음 남자는 조국, 그다음은 명예, 세 번째는 남편이다. 조국을 강하게 하고 따르면 명예는 이미 얻은 것이고, 명예를 든든히 하면 남편은 떠나지 않는다."라고 명하였다.]

239. 토끼의 해(1207년), 주치가 측근[158]들을 데리고, 숲에 거주하는 백성들을 점령하러 갈 때 보하가 앞서서 갔다. 오리라드(숲 백성)의 호도가-베히가, 일만 명의 오이라드 군인을 데리고 부하로 들어왔다. 호도가-베히가 와서 주치에게 길을 안내하여, 일만 명의 오이르드 지역으로 가서, 쉭쉬드(쉬쉬기드강)에 다다랐다. 주치, 오이르드, 보리야드, 바르가 오르소드, 합하나스, 항하스, 토바 등의 지역을 (부하로) 들어오게 하여, 헤르기스 백성들의 지역에

---

157) 왕의 거룩한 옷의 보푸라기를 잡고(ариун дээлийн чинь үртэснээс олж): 천 조각을 잡는다. 천 조각은 딸 아이를 귀여워할 때 쓰는 말이므로, 딸을 달라는 말로 해석하기도 한다.
158) 한국어로 '측근'으로 번역한 몽골어 원어는 바롱가르(오른손)이다.

도착하니, 헤르기스의 관료인 에디, 이날, 알디에르, 을레벡-티킹들이 들어왔고 흰 매, 흰 말, 검은 담비를 가지고 와서 주치와 만났다.

쉬비르, 헤스딩, 바야드, 토하스, 텡릭, 트을스, 타스 등 바야기드에 이르기까지 숲 지역의 군인들을 포획하고 헤르기스의 만부장, 천부장과 숲 백성의 귀족을 붙잡아 왔으며 칭기스칸에게 하얀 매들과 하얀 말, 검은 담비들을 선물하며 만났다.

오이르드의 호도가-베히를 먼저 맞이하여, 오이르드 백성을 따라오게 하였다고 칭찬하며, 그의 아들 이날치에게 딸 체체헹을 주었다. 이날치의 형 트렐치에게는 주치의 딸 올로이항을 주었다. 딸 알라가-베히를 옹고드에게 주었다. 칭기스칸이 주치에게 명하여: "나의 아들들 중에 맏이인 네가 집에서 맨 먼저 나가서 모범을 보이고, 간 곳에서 사람이나 말을 허비하거나 괴롭게 하지 않았고, 운 좋은 숲의 백성을 유입시켰구나. 이 백성들을 너에게 준다."라고 명하였다.

240. 또 보로홀 귀족을 호리 툼드(호리 보리야드) 백성을 정벌하도록 보냈다. 호리 툼드 백성의 귀족인 다이도홀 소호르가 죽은 다음에 그의 부인 보토호이 타르강이 호리 툼드를 통솔하고 있었다. 보로홀 귀족이, 거기에 가서 세 사람을 데리고 군인들의 선발대가 밤낮을 구분하지 못하는 숲속의 길로 가는 동안 호리 툼드의 경비들이 그들의 뒤에서 나타나 길을 막고 보로홀 귀족을 잡아 죽였다.
보로홀이 호리 툼드에게 피살당한 것을 듣고 칭기스칸은 아주 분노하여 직접 출동하려고 하니 보오르치, 모홀라이 둘이 칭기스칸을 설득하며 말렸다.

증손자인 드르베드의 드르베이-독싱에게 명하여: "군인을 강력하게 통솔하여 영원한 하늘에게 기도하고, 호리 툼드 백성을 정복해 출동하라."라고 명하였다.

드르베이가 군사를 이끌고 먼저 군인들이 지나가고, 경비병들이 지키는 샛길로 약간의 군인을 보내고, 헛소문을 내어 속이고 직접 많은 군인을 데리고 올란 보하(붉은 소)라는 길에서 앞쪽으로 진격했다.

군인들 중 누군가가 낙심하면 처벌하기 위해 사람마다 열 개의 회초리를 소유하게 하고, 남자들마다 도끼, 손도끼, 톱과 끌로 무장시켜서 붉은 소가 간 길을 따라 앞으로 가서 가는 길에 맞닥뜨린 나무를 베어 내고, 톱질을 하고 길을 닦아, 산 위에 올라가서, 잔치를 베풀고 있는 툼드 백성을 저녁에 기습하였다.

241. 예전에 호르치 귀족과 호도가-베히 둘이 호리 툼드에서 잡혀서 보토호이 타르강이 있는 곳에 있었다. 호르치가 잡힌 이유는: 호리 툼드에서 삼십 명의 미녀를 골라 오라는 명령이 있었고 호리치 귀족이 호리툼드에서 여성들을 잡으러 가니, 전에 따르던 호리 툼드 백성이 다시 적이 되어 호르치 귀족을 붙잡았다.

호르치가 호리 툼드에서 붙잡힌 것을 듣고는 칭기스칸이 숲 백성들의 상황을 아는 사람이라고 호도가-베히를 보내니, 호도가-베히도 붙잡히고 말았다. 호리 툼드를 정복하기를 마치고, 보로훌의 시신과 유골을 위해 백 명의 호리 툼드 백성을 그의 가족에 주었다.
호르치에게는 삼십 명의 여성을 주었다. 보도호이 타르강 왕비를 호도가-베히에게 주었다.

242. 칭기스칸이 명하여, 모친과 자녀, 동생들에게 백성들을 나눠 주었는데: "나라를 모을 때 고생하신 나의 모친이다. 나의 자녀들의 맏이는 주치이다. 나의 동생들의 막내 오트치깅(오트공: 불의 왕, 골롬트의 주인)이다."라고 모친과 오트치깅 둘에게 일만 백성(만 가구)을 주니 모친은 부족하다고 아무런 말을 하지 않았다.

주치에게 구천 명의 백성을 주었다. 차가대에게 팔천 명의 백성을 주었다. 으게데이에게 오천 명의 백성을 주었다. 톨루이에게는 오천 명의 백성을 주었다. 하사르에게는 사천 명의 백성을 주었다. 알치다이에게는 이천 명의 백성을 주었다. 벡구데이에게는 일천오백 명의 백성을 주었다.

숙부 다리다이는 헤레이드와 동맹을 맺은 것으로 눈에 안 보이도록(죽이자) 하자고 하니 보오르치와 모홀라이, 쉬기호톡 셋이 말하여: "자기 아궁이를 없애듯이, 자기 집을 부수게 되는 것이 아닌가요? 당신의 좋은 선친의 집에서 한 분 남은 숙부가 아닙니까? 그를 어찌 없앨 수 있겠어요? 그가 깨닫지 못한 것을 용서합시다. 좋은 그대의 부친의 고향에서 아궁이에서 연기가 나오게 합시다.159)"라고 뜨거운 마음으로 설득하여, 코에서 연기 나오도록 (열정적으로) 말하니 "자, 그러자."라고 좋은 선친을 생각해서, 보오르치, 모홀라이, 쉬기호톡 셋의 말을 따라 평안해졌다.

243. "나는 모친과 오트치깅 둘에게 만 명의 백성을 주고, 후추, 흐흐추, 종소, 아르가송 네 관료를 주었다.
주치에게는 호낭, 뭉헤우르, 헤테 셋을 주었다.

---

159) 부친의 고향에서 살게 하라. 아궁이에서 연기가 나온다는 것은 불씨가 꺼지지 않고 집 안에 누가 산다는 의미. 즉, 숙부에 대하여 관대한 용서로 가문의 화를 남기지 말자는 이야기다.

차가다이에게는 하라차르, 뭉흐, 이도하대 셋을 주었다."

또 칭기스칸이: "차가다이는 굉장히 과격하고 난폭하니 흐흐-초스는, 아침과 낮에 곁에 있어서 생각한 것을 말하고 조언하라."라고 명하였다.

으게데이에게는 일로가이와 데게이 둘을 주었다.

톨루이에게는 지다이와 발라 둘을 주었다.

하사르에게는 지베게를 주었다.

알치다이에게는 차오르하이를 주었다.

244. 홍호탄의 멘릭 부친에게 아들은 일곱 명이다. 일곱 명의 아들 중 흐흐추 뎁 텡게르는 무당(하늘 무당[160])이었다. 그 홍호트의 일곱 아들은, 하사르를 붙잡아 폭행을 가했다. 하사르가 일곱 홍호트에게 맞았다는 것을 칭기스칸에게 말하니 칭기스칸은 마침 다른 일로 화나 있었던 때라 더욱 노여워서 하사르에게 말하기를: "짐승에게도 당하지 않는 사람이라고 하지 않았던가? 어쩌다가 당했는가?" 하니, 하사르가 눈물을 흘리며 일어나서 나갔다. 하사르가 서운해서 사흘간 오지 않았다.

그때 뎁 텡게르는 칭기스칸에게 말하여: "영원한 하늘의 수호신[161]이 한 번은 테무진이 국가의 권력을 잡는다. 한 번은 하사르가 국가의 권력을 잡는다고 예언하였다. 하사르에게서 조심하지 않으면 어떤 일이 생길지 모른다."라고 하니, 칭기스칸은 그 밤에 떠나서, 하사르를 잡으러 가니, 후추와

---

160) 하늘(텡게르)은 무당에게 있어서 절대자에 대한 상징이다. 문자 그대로는 '하늘'이지만 신적 신비를 나타내는 용어로 사용되어 무당에게는 '신'의 의미로 사용된다.

161) 영원한 하늘의 수호신: 영원한 하늘의 수호자(Мөнх тэнгэрийн сахиулс), 칭기스칸에게는 신뢰를 가져오는 신명으로 등장한다. 이후로 몽골인들에게 '멍흐: 영원한', '텡게르: 하늘'이라는 신적 용어가 자리 잡기 시작했다.

흐흐추[162] 둘이, "하사르를 잡으러 갔습니다." 하고 모친 으엘룽에게 알렸다. 으엘룽은 수레에 하얀 낙타를 매고 밤새 가서, 해가 뜨는 무렵에 도착하니, 칭기스칸은 하사르의 소매를 묶고, 모자와 허리띠를 빼앗고 추궁하고 있었다.

칭기스칸이 모친을 보고는 두려워 도망쳤다. 으엘룽은 화가 나서 수레에서 내리자마자, 하사르의 소매 끈을 직접 풀고는 모자와 허리띠는 하사르에게 주고 화를 억제하며 주저앉아서 가슴을 내놓고, 두 무릎 위에 올려놓고: "이것을 보고 있느냐? 네가 빨던 젖이 여기 있다. 갈비뼈를 들이받아 깨무는 자들, 탯줄을 억지로 자르는 자들! 하사르 어떻게 할래! 테무진은 이 한쪽 젖을 다 빨았단다. 하치웅과 오트치깅 둘이서 한 젖을 빨고도 부족하지 않았다. 하사르는 두 젖이 마르도록 빨아서, 내 가슴을 넓게 하였고 평안하게 해 주었다.

그걸 보자면 테무진은 마음으로 영리하였고
하사르는 힘이 강하였으니
전투할 때 도망자들을
화살의 힘으로
모아 붙잡아 왔다.

뒤처져 도망한 자들을
쏜 화살의 힘으로
다시 되잡아 온다.

---

162) 무당 흐흐추가 아닌, 베수드의 목영지에서 데려다 키운 사람이다.

이제 적들을 다 무찔렀다고 하사르를 질투하는가?"라고 했다.

칭기스칸이 모친의 화를 가라앉히고는 말하여: "어머님을 화나게 했으니 제가 몹시 무섭고, 엄청 부끄럽습니다. 이제는 진정하옵소서!"라고 말했다. 그리고 모친에게 말하지 않고 몰래 하사르의 일부 백성을 붙잡아 와서 하사르에게 일천사백 백성만을 남겼다. 이것을 으엘룽이 알고 마음이 근심스러워 빨리 늙어 버렸다. 하사르에게 준 잘라이르의 지베게는 거기에서 쫓겨나서 바르고징 나라로 피신하였다.

245. 그다음에 아홉 개의 언어의 나라가, 뎁 텡게르에게 모이는데, 칭기스칸의 기마 부대에서도 많은 사람이 뎁 텡게르에게 가서 통솔을 받았다.
또 오트치깅 관료인 테무게에 속한 백성도, 뎁 텡게르에게 갔다.
오트치깅 관료가 떠난 백성을 데려오려고 소호르라는 이름의 사신을 보냈는데, 뎁 텡게르는 사신 소호르에게: "오트치깅과 당신 둘이서 많은 사신을 보내게 되었군." 하며 사신 소호르를 때리고, 안장을 짊어지고 걸어서 돌아가도록 하였다.

사신 소호르가 맞고서 걸어온 다음 날에 오트치깅 관료가 직접 뎁 텡게르에게 가서 말하여: "사신 소호르를 보냈더니 때리고는 걸어서 돌려보냈지. 지금 내 백성을 데리러 왔다."라고 하니, 일곱 명의 홍호통이 오트치깅 관료를 여기저기에서 막아 대며 "소호르 사신을 이렇게 자주 보내는 것이 옳은가?" 하고 붙잡아 때리려고 하니, 오트치깅 관료가 무서워하며: "사신을 보낸 것이 잘못이다."라고 했다. 홍호통의 일곱 아들이: "잘못을 알았다면 무릎 꿇고 용서를 빌어라!"라고 오트치깅을 뎁 텡게르 뒤에서 밀어 꿇게 하였다.

그래서 오트치깅 관료는 백성을 데리고 오지 못하니 다음 날 아침에 칭기스칸이 일어나지 않고, 침실에 있을 때 들어와서 울며 무릎을 꿇고 말하여: "아홉 나라의 백성이 뎁 텡게르에게 모이고 있는데 뎁 텡게르로부터 내 백성을 데려오려고 사신 소호르를 보냈습니다. 소호르 사신이 매를 맞고 안장을 메고 걸어서 왔길래 내가 직접 갔는데, 일곱 홍호통이 나를 에워싸서 다그치며 나에게 잘못을 인정하고 자백하도록 했습니다. 뎁 텡게르의 뒤에서 무릎을 꿇게 하였습니다." 하며 울었다. 칭기스칸이 말하기 전에, 브르테 우징이 침실에서 주저앉아 이불 끝으로 어깨를 덮어쓴 채 오트치깅이 우는 것을 보고 눈물을 흘리며: "그 홍호통들은 정말 힘든 인간들이군요? 전에는 하사르를 포위하여 때렸었지요. 이제는 또 이 오트치깅을 왜 뒤에서 무릎을 꿇게 하였지요? 이게 무슨 짓이죠? [당신이 아직 살아 있을진대.] 숲의 소나무처럼 정말 좋은 많은 동생을 이리도 괴롭히고 있구나.

훗날에 그들이
구름 같은 당신의 몸을
사라지게 해 버린다면
강한 당신의 대국을
어린 당신의 자녀들로 통치할 수 있을까요?

마지막 순간에
당신의 영광의 몸을
그림자 되어 사라진다면
당신의 연합 대국을
멸망시키려 하지 않겠는가요.

높은 산의 소나무처럼

당신의 훌륭한 동생들을
원수 같은 그들은
성장할 틈이 없이
아직 어린 당신의 몇 자녀들에게
왕성한 이 나라를 맡기려 하지 않을 겁니다.
참으로 난감한 홍호통들이지요?

동생들이 이렇게 억압당하는 것을 보고서도 그냥 지나칠 것인가요, 당신은?" 하고 브르테 우징이 통곡하였다.
브르테 우징의 이 말을 듣고 칭기스칸이 오트치깅에게 말하여: "뎁 텡게르가 지금 온다. 원수를 어떻게 갚을 것인지 네가 알아서 해라."라고 했다. 그래서 오트치깅이 일어나서 눈물을 닦고 나가며 세 명의 씨름꾼을 준비하고 섰다.

오래지 않아서 부친 멘릭이 일곱 아들을 데리고 와서 모두 집에 들어가서는, 뎁 텡게르는 아이락 담는 통의 우측에 앉았다. 오트치깅이, 뎁 텡게르의 델을 잡고 "어제 네 이놈이 나를 모욕했지? 어디 우리 힘을 겨주어 볼까?" 하고 문 쪽으로 끌어당겼다.

뎁 텡게르는 오트치깅에 맞서서, 그의 옷깃을 붙잡았다. 그 두 명이 싸우는데 뎁 텡게르의 모자가 난로 위에 떨어졌다. 멘릭은 떨어진 모자를 잡고 입 맞추며 품에 넣었다. 칭기스칸이: "밖에 나가서 씨름을 해 보거라."라고 했다.

오트치깅은, 뎁 텡게르를 일으켜 문지방 위로 끌고 나갈 때 먼저 준비한 세 씨름꾼이 대들어, 뎁 텡게르를 잡아당겨 허리를 부러뜨려 오른쪽의 조립한 수레의 끝으로 던져 버렸다. 오트치긴이 들어와서 말하여: "뎁 텡게르가 나에게 잘못했다고 빌게 했다. 이제 힘을 겨뤄 보자 하니, 거부하여 거짓으로 드러누웠다."라고 하니,

멘릭이 이유를 알고 눈물을 흘리며 말하여:

"드넓은 이 세상이
아직 작은 언덕 정도일 때
우린 서로 알게 되었지.
큰 강이
시냇가 정도일 때
우린 서로 만났었지."

라고 하니 홍호통의 여섯 아들이 문을 막고 아궁이를 돌며 소매를 걷고 달려들어 공격하니, 칭기스칸이 놀라며, "당장 나가! 나가자!"라며 집에서 나가니, 주위에 있었던 궁수와 경비병들이 와서 둘러싸서 지켰다.
뎁 텡게르가 조립한 수레의 끝에서 허리가 부러진 채 버려진 것을 칭기스칸이 보고 뒤쪽 집에서 한 갈색 작은 게르를 옮겨서 뎁 텡게르 위에 짓고, "운송할 것을 준비하라! 옮기자!"라며 거기에서 옮겼다.

246. 뎁 텡게르를 둔 게르의 천장을 덮고 입구를 막아 사람으로 지키게 하였으나, 사흘 되던 새벽에 집 천장이 열리며 뎁 텡게르의 몸이 없어졌다. 잘 살펴보니 정말로 그의 시신이 사라져 버렸다.

칭기스칸은: "뎁 텡게르가 나의 동생들에게 손과 발을 댔고, 내 동생들 사이에서 터무니없는 헛소문을 냈으니, 하늘의 뜻에 맞지 않아서, 그의 생명

과 육체 둘을 하늘이 가져간 것이다."라고 했다.

칭기스칸은 멘릭을 거기에서 징계하여 말하기를: "너는 아들들의 성질을 훈육하지 않았으므로 그들이 우리에게 대항하여 뎁 텡게르의 머리를 잃어 버렸다. 너희들이 이런 성질을 드러내는 것을 알았더라면 너희들을 이미 자모하, 알탕, 호차르들과 마찬가지로 처벌하였을 것이다."라고 멘릭을 꾸짖어 "아침에 한 말을 낮에 번복하고, 낮에 한 말을 아침에 번복하면 부끄럽지 않은가. 먼저 한 말을 굳건히 지켜야 좋은 것이 아닌가." 하고 또 명하여 "성질을 죽이고 살았으면 멘릭의 혈육과 누가 대항하겠는가."라고 했다. 뎁 텡게르가 없어진 이후 홍호통의 아들들이 온순해졌다.

11장(247~264)

금(金), 서하(西夏), 호라즘 정벌
중국, 탕고드, 사르타올, 바그다드와 러시아를 정복하다

247. 그다음으로, 칭기스칸은 양(羊)의 해(1211)에 중국을 정복하러 떠났다. 포조오(만리장성 인근에 있는 지금의 하르 발가스[163])를 점령하고 (집회장 문의 서쪽 방향에 위치한) 우네겡 언덕[164]을 넘고 슌데포[165]를 점령하였으며 제브와 호이하낙 장군 둘을 지도자로 삼고 보냈다. 차브차알[166]에 가서 차브차알 언덕의 관문에 이르러서 제브가 말하기를: "적군을 유인하여 관문으로부터 나오게 한 후 싸우자."라고 군인들을 후퇴시켰다.

제브의 군사들이 후퇴하는 것을 보고 중국 군사들이 "추격하라." 하고 산을 둘러싼 채, 평야 가득 추격하여, 슌-데-포의 정상에 다다르자마자 제브는 뒤돌아서 공격하여 따라온 적군들의 병사들을 격퇴시켰다.

---

163) 무주(撫州), 만리장성 인근에 있는 지금의 하르발가스. 몽골의 옛 수도인 하라호름에서 동쪽으로 40km 지점의 오르홍 평원에 있다. 하르 발가스는 몽골어로 '검은 성터'라는 뜻의 위구르(744년~848년) 제국의 성터이다.

164) 졸랄트 할가, 몽골과 중국의 국경의 상가 지역에서 서쪽에 있는 지역.

165) 선덕부(宣德府), 현대 중국 내몽골 자치구 우란차부(乌兰察布) 또는 허베이성(河北省) 북서부로 추정된다.

166) 거용관(居庸關), Jūyongguān, 주용관 관문으로 중국 베이징시 창핑구에 있다. 북경에서 북쪽으로 약 50km 지점에 있으며 만리장성의 주요 관문 중의 하나로 고대부터 군사적, 교통적 요충지로 활용되었다. 특히 13세기 몽골의 정복 전쟁 당시, 이 고개를 넘어 중국 내륙으로 진격하는 중요한 통로였다.

칭기스칸은 주력 부대를 데리고 연이어 와서는 중국을 쫓아내서 하르햐다드[167], 주르치드[168], 주잉[169]의 정예군을 제압하고, 차브차알까지 중국 군인들을 모조리 진멸시켰다. 차브차알의 관문을 제브가 정복하고 산을 넘었다. 칭기스칸은 샤르텍에 머물렀다. 존도[170]를 점령하고 다른 많은 도시와 성을 점령하러 군사를 보냈다. 제브를 둥-창[171]을 정복하러 보냈다. 제브가 둥-창시에 가서 바로 점령하지 못하고 후퇴하여 여섯 날 거리를 이동하다가 갑자기 돌아, 끌고 가는 마병을 밤새도록 가게 하여, 둥-창이 주의를 기울이지 않았을 때에 공격하여 점령했다.

248. 제브는 둥-창시를 정복하고 돌아와서는 칭기스칸과 합류하였다. 존도를 포위하여 싸울 때 금나라의 고위 관료인 왕깅 찬산이 금나라 왕에게 말을 전하여: "하늘과 땅이 정한 시간에 큰 기초를 옮길 때가 되었네요? 몽골인은 아주 강하게 되어, 와서는 우리의 용맹한 하르햐다드, 주르치드, 주잉의 명성 있는 군사들을 파멸시켰습니다. 또한 아주 믿었던 차브차알 관문을 점령하여 차지하였습니다. 지금 우리는 또 군사를 동원하여 출동시킬 수는 있지만 우리 병사들이 몽골인들에게 다시 패배하게 된다면 자신들의 고향으로 돌아가서는 흩어져서 다시는 뭉칠 수 없을뿐더러 우리를 믿지 않고 배신하여 적대 행위를 하게 될 것입니다.

(왕깅 찬산이 금나라 왕에게) **왕께서[172]** 허락하신다면, 몽골의 왕에게 이 정도로 화

---

167) 하르햐다드, Хархятад, 히탄(거란)이라는 몽골어를 사용하는 지역.
168) 몽골에서 여진을 가리키던 말인 주르첸(Jürchen)이다.
169) 타타르족의 일부로 보인다.
170) 중도(中都), 금나라의 수도, 지금의 베이징 지역.
171) 동창성(東昌城), 금나라의 동쪽 수도, 지금의 랴오양.
172) 시기적으로 이 시기의 금나라 왕은, 선종(宣宗, 1213~1223)으로 볼 수 있다.

친을 맺으시지요. 화친을 맺고 돌아가면 그들이 돌아간 다음에, 다른 의견을 내서 조언을 드리겠습니다. 몽골 군사와 말이 이곳의 더위를 참기 어려워합니다. (몽골의) 왕에게는 여자를 줍시다. 군사와 장군들에게는 금과 은, 재물을 줍시다. 이 방안을 그들이 받아들일지 안 받아들일지는 알 수는 없지만요?" 하고 말하니,

금나라 왕이 왕긴 찬산의 이 말을 받아들이고, 이대로 하자며 화친을 맺고 칭기스칸에게 공주를 보내고 금, 은 재물을 존도로부터 내어 와서는 군인들에게 마음껏 주고 칭기스칸에게 특별히 왕긴 찬산을 사신으로 보냈다. 그들이 화친 조약을 맺자고 한 것을 칭기스칸이 받아들이고 여러 도시를 점령하러 보낸 군사들을 철수시켰다. 왕긴 찬산은, 모조오-보조오[173]라는 이름의 산등성이까지 칭기스칸을 배웅하였다. 재물들을 우리 몽골 군사들에게 주고 마음껏 싣고 아주 가느다란 비단을 싣고 떠났다.

249. 거기에서 칭기스칸은 하쉰[174] 백성에게 향했다. 도착하니, 하쉰 나라의 왕(주)이[175] 귀순하여, "당신의 오른팔이 되어 힘을 합치겠습니다." 하고 차가라는 이름의 딸을 칭기스칸에게 데려와 바쳤다. 또 왕이 말하여: "우리는 칭기스칸의 명성을 듣고 무서워 떨었습니다. 지금 위엄 있는 당신의 몸이 왕림하시니 두렵고 떨리옵니다. 무서워 떠는 우리 탕고드 나라가 당신의 오른편이 되어 힘을 보태겠습니다."라고 했다.

"힘을 내려 해도 우리는

---

173) 중국 지역의 지명.
174) 중국의 합신(合申) 지역. 당고드[또는 탕구드, 티벳계 민족으로 시아(서하, 西夏)의 왕], 몽골 안에서 하쉰왕으로 유명하다.
175) 원문에는 하쉰의 왕을 신(보르항: Бурхан)이며 주(에젠: ээн)으로 표기한 것이 흥미롭다. 불교 국가의 최고 통치자에 대한 특별한 호칭으로 볼 수 있다.

머물던 곳에

항상 머물고

흙(작은)으로 만든 도시에서

눌어붙은 채 사는

사람들이기에

빠른 이동이나 급한 이동은 할 수 없으며

매서운 전쟁터에서

즉시 출동할 여력이 없다.[176]

칭기스칸께서 받아 허락하시면,

탕고드의 모든 이가

높은 식물에서 키운 낙타들을

재물로 드리는 데 바치겠습니다.

우리 손으로 직접 짠

돗자리 옷감들을

선물로 바치겠습니다.

수단과 능력에 익숙한

사냥꾼 매의

어떤 좋은 것도 드리겠습니다."

라고 말했다. 그가 한 말대로 탕고드 백성들에게서 낙타를 징발하여 셀 수 없을 정도의 많은 낙타를 조공으로 가져와 바쳤다.

250. 칭기스칸은 이번 여정에서 중국의 금나라 왕을 귀순시키고 많은 노획

---

176) 정주민이어서 이동식 전쟁에는 서툴다는 의미이다.

물을 취득하고 허싱(탕고드) 나라의 왕을 점령하였으며, 많은 낙타를 차지하였다. 그렇게 칭기스칸은 그 양(羊)의 해[177]에 출동하여 중국 백성의 아호태[178]라는 이름의 금나라 왕을 정벌하였으며 탕고드 백성의 일라호왕(Илаху Бурхан)[179]을 정복한 후 귀환하여 사이르 평야로 돌아왔다.

251. 또 그다음에는 제우 광(또는 송나라의 제우왕[180])에게 화친을 맺으러 보낸 조브항을 선두로 갔던 많은 사신을 중국의 금나라 왕이 죽임으로써 칭기스칸은 개의 해(1214년)에 중국과 전쟁을 일으키게 되었다. "우리와 화친을 맺은 제우 광에게 보낸 사진을 왜 죽였는가?" 하고 전쟁에 나가서 칭기스칸은 둥광 관문[181]을 향하고 제브를 차브차알 쪽으로 출정하게 하였다. 칭기스칸이 둥광 관문을 정복하러 갔다는 것을 금나라 왕이 알고, 일레와 하다, 흐베게투르 셋으로 군을 통솔하게 하고, 또 병력을 추가하여, 올란-데겔렝을 선두로 보내어서, 둥광 관문을 포위하여, 언덕을 못 넘게 하라며 일레, 하다, 흐베게투르, 세 명의 병사를 급하게 보내었다.

칭기스칸은 둥광 관문에 도착하니 중국 군사들이 산을 포위하여, 평야에 가득하였다. 칭기스칸은 일레, 하다, 흐베게투르 셋과 싸워, 일레와 하다 둘을 격퇴시켰다. 톨루이와 그의 사위인 치고 둘에서 옆쪽에서 공격하니

---

177) 1211년.
178) 시기적으로 금나라의 초대 왕인 아골타(阿骨打, 1115년~1123년 재위)로 보인다.
179) 역시 왕에 대한 칭호를 보르항(신: Бурхан)으로 표현하고 있다.
180) 송(宋, 960년~1279년)나라이며 후에 몽골(쿠빌라이)에 의하여 멸망당했다.
181) Tongguan은 지금의 산시성 Weinan과 Tongguan County의 북쪽에 위치하고 있으며 북쪽으로 황하와 남쪽으로 산 중턱에 있다. 고대 중국에서 가장 유명한 관문 중 하나이다.

올란-데겔렝[182])을 격퇴시키고 일레와 하다 둘을 부대의 측면에서 공격하여 중국 군사들을 산산조각이 되도록 격퇴시켰다. 중국 군사들이 다 죽어 간다는 것을 금나라 왕이 알고는, 존도 도시에서 나와 도망하여 난징[183])시에 가서 지냈다. 남은 군사들은 굶어 죽게 되었고 내부에서 혼란이 일어나는 등, 인육마저 먹게 되었다. 칭기스칸은 톨루이와 사위 치고, 두 명이 잘 싸우고 왔다고 크게 칭찬하였다.

252. 칭기스칸은 헤-시-부[184])에 머물고 다음은 존도의 샤르 평야에서 지냈다. 제부는 차브찰 관문의 입구를 공격하고, 거기에서 군사를 이동시켜 칭기스칸에게 와서 합류하였다.

금나라의 왕은 존도에서 벗어날 때 존도시에 하다라는 이름의 귀족을 루쇼오[185])라는 장관으로 임명하여 남겼다. 칭기스칸이 존도시의 금은 재물들을 계산하려고 웅구르 요리사, 아르하이 하사르, 쉬기호톡 셋을 보냈다. 이 셋이 도착할 때 하다 관료가 맞이하여 금과 무늬가 있는 재물을 가지고 도시에서 나와서 만났다. 하다에게 쉬기호톡이 말하여, "전에 이 존도시와 존도의 재산들은 금나라 왕의 것이었는데, 이제 존도는, 칭기스칸의 것이다. 칭기스칸의 재산을 너는 왜 몰래 훔쳐 와서 주는가? 이것을 내가 안 받겠다."라고 쉬기호톡이 거절했다.

---

182) '붉은 옷'의 몽골 고어 표기이다. 당시 금나라의 무리인지, 해당 지역에 산재한 부족인지는 분명하지 않으나 '붉은 옷을 입은 무리들'이라는 의미로 볼 수 있다.
183) 금나라의 남쪽 수도이며 변량시, 지금의 허난 지역의 카이 핀(개봉: 開封)으로 보인다.
184) 河西務(허시우진: Héxīwù Zhèn)은 중국 톈진시 우칭구 북부에 위치한 진이다. 원나라 시대에 지방 세무 기관이 있었던 곳이다.
185) 유수(留守), 중국 당, 송시대에 옛 도읍지나 점령 지역을 관리하기 위해 두는 관직.

웅구르 요리사, 아르하이 하사르 둘은 받았다. 이 셋이 존도의 물건을 계산하고 왔다.

칭기스칸은 거기서 웅구르, 아르하이, 쉬기호톡 셋에게 "하다가 무엇을 주었는가?"라고 물으니 쉬기호톡은: "금과 무늬가 있는 재물을 가져다주었습니다.

저는 이렇게 말했습니다: '전에는 이 존도시는, 금나라 왕의 것이었다. 지금은 칭기스칸의 것이다. 하다 네가 칭기스칸의 재물을 몰래 훔치다니 어쩌려고?' 하며 나는 안 받았습니다. 웅게르 아르하이 둘은 준 것을 받았습니다."라고 했다. 그래서 칭기스칸은 웅게르와 아르하이 둘을 크게 책망하며 처벌하였다. 쉬기호톡에게는 "너는 큰 도리를 지켰구나."라며 아주 큰 상을 내려 "너는 내가 볼 눈과 들을 귀가 되거라."라고 명하였다.

253. 알탕왕은 난징(남쪽 수도)[186]에 가서 직접 화친을 맺자고 빌고, 텡게르(하늘)라는 이름의 아들을 백 명의 친구들과 같이 칭기스칸에게 "친위대가 되어라!" 하고 보냈다.

칭기스칸은 그들의 화친 요청을 받아들이고 "돌아가자." 하고 직접 차브

---

186) 금나라의 남쪽 수도이며 당시 지명은 변(汴)이었다. 당 멸망 이후 5대 10국 시대의 5대와 이를 통일한 북송은 변을 수도로 삼았다. 북송 시기 공식 명칭은 동경 개봉부였고 변은 변경(汴京), 변량(汴梁) 등의 명칭이 되어 민간에서 자주 쓰였다. 그 후 정강의 변 이후 금나라 시대에는 금의 4경 중 하나로 남경 개봉부가 되었다. 1127년 금의 공격으로 함락, 황제가 포로로 잡혀가는 정강의 변이 일어나 금의 영역이 되기도 했지만, 당시만 해도 금의 수도 중도(中都, 247절의 '존도' 각주 참조)에 이은 큰 도시였다. 남송과 몽골이 침략하여 위기를 맞자 선종이 수도로 삼기도 했지만 결국 애종 때 몽골군의 포위로 인한 아사, 전염병 유행 등으로 아주 많은 사망자가 발생했고, 금나라가 무너지며 후에 몽골 제국에 의해 함락되었다. 지금의 허난(河南) 지역의 카이 핀(개봉: 開封)으로 보인다(251절 '난징' 각주 참조).

찰 관문을 지나 돌아가려고 하사르에게 좌군을 명하여 "바닷길로 가서, 베이킹이라는 북쪽 수도(다닝[187] 도시)에 머물며 그 도시를 점령하고 그다음은 주르치드의 포하노를 지나는데 만일 포하노(지금의 내몽골 동쪽 지역)가 공격해 온다면 전투하라! 투항하면 그 외곽의 도시들을 지나서 올라-나오강을 건너, 타오링강을 따라 올라가고, 향가의 언덕을 넘어 대궁전으로 합류하라."라고 하며 하사르와 조르치대, 알치, 톨롱 경비병과 세 명의 관료를 보냈다.

하사르는 베이징 도시를 점령하고 주르치드의 포하노를 다시 점령하고 가는 길에 있는 도시들을 점령하고, 타오르강을 따라 언덕을 넘어 칭기스의 대궁전에 돌아왔다.

254. 그다음에 칭기스칸은 사르타올[188] 백성에게 보낸 오호나를 비롯하여 백 명의 사신이 살해당한 것에, 칭기스칸이 말하여: "금사슬(좋은 사신들)을 사르타올 백성들에 의해 끊기는 것이 타당한가? 오호나 등 백 명의 사신의 원수를 갚고, 훼방을 걷어치우고, 사르타올(중앙아시아의 투르크족) 나라와 싸우자." 하고 출발할 때, 예수이 왕비가 칭기스칸에게 말하니: "왕은,

높은 언덕을 넘어서서
넓은 강물을 건너서
긴 여정을 출발할 때

---

187) 대녕(大寧): 중국 산시성 린펀에 있는 현으로, 중국식 발음은 '다닝'이다. 베이킹은 오늘의 북경(베이징)이 아닌 원대의 대령로(大寧路)라고 부르는 곳이며 지금의 내몽골 인근 중국 지역이다. 린펀(중국어: 临汾, 병음: Línfén)은 중국 산시성의 남부에 위치한 행정 구역이다. 린펀은 펀허의 기슭에 위치해 있고 춘추 전국 시대에는 평양(平阳)으로 불렸다.
188) 사르타올은 호라즘 제국을 말한다. 지금은 투르크메니스탄과 우즈베키스탄 지역을 흐르는 아무다리야강과 사르다리야강 사이의 옥토 지역이다.

나라의 국민을 다스리기를
먼저 앞서서 생각합니다.
태어난 자는 죽는다는 만물의 이치를
지혜롭게 잊지 마십시오.
산 같은 당신의 몸이
무너진다면
당신의 대몽골은
어느 누가 다스릴까요?

당신의 기둥 같은 몸이
무너져 내린다면
당신의 큰 깃발은
누가 흔들 것인가요?

당신의 네 아들 중에
누가 계승자가 될 것인가요?

왕자 형제들과
수많은 일반 백성들
우리 모든 왕비들
답하시든 안 하시든
왕의 명령을 알게 하소서."

라고 말하니, 칭기스칸이 명하여: "왕비일지라도 예수이의 말은 확실하게 옳다! 왕자 형제들과 보오르치, 모홀라이 너희들 중에 누구도 이 말을 하지 않았다. 나는 조상들의 뒤에서 가지 않을 듯이 잊어버리고 있었다.[189] 죽음은 나를 비켜 갈 것처럼 죽음을 생각하지 않고 살아왔다."라며, "왕자들의 맏이는 주치가 맞다. 뭐라고 하든지, 할 말 있으면 너는 말하라!"라고 했다. 주치가 말하기 전에 차가다이가 말하여: "주치에게 말하라고 하고 주치를 무엇에 임명하려고 하는가요? 이 메르기드의 남겨진 놈[190]에게 우리가 통치를 받으라는 말인가요?"라고 하니, 주치가 일어나서 차가다이의 멱살을 잡고 말하여: "부친 왕께서 나를 외면하지 않으시는데 왜 네가 나를 따돌리려 하는가? 너는 나보다 무슨 능력이 더 많은가? 너는 단지 사납고 화만 잘 내지 않는가. 활 시합을 해서 너에게 패배하면, 내 엄지를 절단해 버리겠다! 싸워서 너에게 지면 넘어진 그곳에서 일어나지 않겠다! 왕의 명령을 명심하라!"라고 했다.

주치와 차가다이 둘은 서로 멱살을 잡고 주치의 손을 보오르치가 당기고, 차가다이의 손을 모홀라이가 당길 때, 칭기스칸은 침묵하여 앉아 있었다.

흐흐초스가 왼편에 앉아 있다가 말하니: "차가다이, 넌 왜 서두르는가? 그대의 부친 왕께서 왕자들 중에서 그대를 가장 신뢰하지 않는가.

너희들이 태어나기도 전에
별이 뜬 하늘이 돌고
많은 나라가 전쟁하니
침상에 누울 시간이 없도록
전쟁이 많이 일어나는구나.

---

189) 죽을 것이라는 것을 잊어 왔다.
190) 브르테 왕비가 메르기드에 납치되었을 때 임신해 왔기 때문에 그렇게 말한 것.

세상이 변하고
모든 나라가 쇠락하니
이불에 누울 시간이 없도록
참상이 계속되는구나.

고뇌할 시간도 없이
함께 애써 왔구나.
물러날 곳이 없도록
앞으로만 전진하여 왔구나.

평안히 누릴 시간도 없이
전투적으로 살아왔구나.
왕비이신 좋은 모친을
뜨거운 간담을 서늘하게 하고
사랑의 심장을 낙담하게 하니
기름 같은 마음을 굳게 하고
우유 같은 심정을 응고하게 하니
떠드는 모함을
차가다이, 네가 하고 말았구나.

따스한 간이 같은 (한 혈육인)
브르테 왕비의 자식이 아니던가.
뜨거운 간이 같은
같이 자란 자녀지간이 아니던가.

심장에 사랑이 가득한 모친의

지극한 정성을 잊어버리고
무례한 말로 낙담하게 하니
후회하더라도 이미 늦었느니

모태로 잉태한 모친의
과분한 은혜를 잊어버리고
거친 말로 마음 상하게 하면
결코 기쁘게 해 드릴 수 없다.

나의 부친 왕이시여,
온 나라를 세울 때
검은 머리를 아끼지 않고
뜨거운 피를 마다하지 않고
한 눈 깜빡이지 않고
옷의 소매를 베개 삼아
밖의 옷자락을 깔고
침으로 목을 축이며
잇몸으로 음식을 먹고
이마의 땀이 흐르도록
온 힘을 다해 애쓸 때
발바닥에 땀이 흐르도록
나라를 모아 세울 때
사랑하는 왕비이신 모친께서는
온갖 고난을 같이 겪으셨지요.

명석한 나의 모친,

바느질한 델을 걷어 젖히고
짧은 옷단을 걷어 올려
자녀를 키우려고
온 힘을 다하여
삼키는 음식의 영양분을
정해진 아이에게 주고
마실 것의 첫술을
우선 너희들에게 주어
자라는 아이를 키워 내어
모친은 배고프며 지내 왔다.

너의 쇄골을 당겨서
남자답게 키워 낸
위대한 은혜를 잊지 말거라
너의 목을 당겨서
사람답게 만들고
존경하는 은혜를 기억하거라.

너의 지저분한 것을 닦아 내고
너의 뼈마디를 펴서
남자답게 키워 낸
안장의 등자에 올려 주고
사랑받는 아들 너희들의
존귀한 덕망을 보려고
모친은 지금 생각하고 있다.
햇빛같이 빛나는 지혜와

나뭇잎 같은 펴진 마음에
좋은 왕비 모친의
마음을 상하게 하지 말자."라고 했다.

255. 거기에서 칭기스칸이 말하여: "주치에 대해 어떻게 그리 말할 수 있는가? 나의 아들들의 장남 주치가 아닌가? 앞으로 그렇게 말하지 말아라." 하고 명하였다. 이 말에 차가다이가 비꼬며 말하여: "주치의 능력을 업신여긴 것이 아닙니다.

입으로 실수한 것을
치울 수 없고
말로 죽인 것을
주워 담을 수 없다.

아버지의 자녀들 중에서 장남은
주치와 나 둘입니다.

왕이신 부친에게
합하여 힘을 드립니다.
움츠려 도망간 자들을
잡아 처형합시다.
헤어져 도망친 자들을
산산조각 나도록 처형합시다.
으게데이는 자비로우니
상속할 수 있습니다.

왕이신 부친의 곁에

가까이 있게 하여

아주 큰 모자(왕관)를

들고 있게 하라."라고 했다.

이 말에 칭기스칸이: "주치는 하고 싶은 말을 해 보아라!"라고 했다. 주치가: "차가다이가 말한 대로 차가다이와 내가 둘이서 힘을 보태 드리겠습니다. 으게데이를 임명하십시다!"라고 했다. 칭기스칸이 명하여: "합칠 필요가 있는가? 이 세상은 넓고 물은 많다. 다른 나라를 점령하고 각각 나누자. 각자의 땅을 넓혀 가거라. 그러나 주치, 차가다이 너희 둘은 말한 대로, 백성의 웃음거리, 동물의 놀림감이 되지 말고, 사이좋게 지내거라. 오래전에 알탕, 호차르 둘이 이같이 말로 약속을 하였는데, 한 말대로 지키지 않고, 성질대로 하다가 어떻게 되었는지를 너희들이 아마 알고 있을 것이다. 지금 알탕과 호차르 둘의 지역을 너희들에게 나눠 준다. 그들을 보고, 교훈을 삼고 살아가거라!"라고 말하고, "으게데이가 할 말이 있으면 말해 봐라!"라고 했다.

으게데이는: "부친 왕께서 허락하여, 말하라고 하시면 내가 무엇이라 말씀드릴 수 있겠습니까? 할 수 없겠다고 어떻게 말씀드릴 수 있겠습니까! 최선을 다하겠습니다. 단지, 다음 세대의 나의 아이들이, 풀에 감싸도 소가 전혀 먹지 않고, 비계에 감싸도 개가 전혀 쳐다도 보지 않은 아이가 태어나, 큰 사슴을 겨눠도 쥐도 못 맞출 겁니다.[191] 내가 이것 외에 무엇을 말할 수

---

191) 미래의 자손은 누구도 그를 사람으로 상대하지 않는(풀을 즐겨 먹는 소마저, 비계를 즐겨 먹는 개마저 무관심한) 무능한 자손이 나올 것이라는 의미.

있겠습니까?"라고 했다.

이 말을 듣고 칭기스칸이 명하여: "으게데이가 이 말을 한다면 됐다. 또 톨루이는 뭐라고 할 말이 있는가?"
톨루이가 말하여: "나는 부친 왕께서 정하신 형님 곁에서 잊은 것을 생각나게 하며, 잠든 것을 깨우고, 의견을 내면 찬성하고, 탈 말의 채찍이 되어, 먼 여정에 함께하고, 가까운 전쟁에도 참여하여 도와드리겠습니다."라고 하니,

칭기스칸이 허락하여 명하기를: "하사르의 지위를 그의 자녀들 중 한 명이 상속자가 되게 하라. 알치다이의 지위를 그의 자녀들 중 한 명이 상속자가 되게 하라! 오트치킹의 지위를 그의 자녀들의 한 명이 상속자가 되어라! 벨구데이의 지위를 그의 자녀들 중 한 명이 상속자가 되라![192]
그와 같이 나의 지위를 나의 자녀들의 한 명이 상속하라! 나의 명령을 어길 수 없고 거역할 수 없다. 변개하거나 빠뜨림 없이 준수하거라!

으게데이의 자녀가 풀에 감싸도 소가 먹지 않고, 비계에 말려도 개가 거들떠보지도 않는 아이가 태어나면 나의 자손 중에서 한 아들이라도 잘 태어나지 않겠는가?"라고 명하였다.

---

192) 칭기스칸의 상속자로 네 형제에 대하여 언급한다.
    1. 하사르(Xacap)는 친동생이며 바로 아래 동생이다. 2. 알치다이(Aлчидай)는 칭기스칸의 이복형제로 예수헤이 첩의 자식이다. 3. 오트치긴(Отчигин)은 칭기스칸의 막내 이복형제이며 예수헤이의 막내 아내의 소생이다. 4. 벨구테이(Бэлгутэй)는 칭기스칸의 배다른 형으로 예수헤이 첩의 아들이다.

256. 칭기스칸(서쪽)이 전투에 출정하고, 탕고드(서하) 나라의 왕에서 사신을 보내 말을 전하여: "너는 나의 측근이 되겠다고 하지 않았던가? 사라올 나라와 외교 관계가 끊기고[193] 내가 복수하러 갔다. 동맹이 되어 같이 출정하자!"라고 전하니, 왕이 말을 하기도 전에 아샤 함보가 말하여: "힘이 안 되면 어떻게 왕이 되지?"라고 지원군은 주지도 않고 거친 험담만 많이 하며 사신을 돌려보냈다. 거기에 칭기스칸이 말하여: "아샤 함보에게 어떻게 이런 말을 들을 수 있는가? 먼저 그들에게 가서 (그들과) 싸우는 게 맞지 않겠는가? 그런데 다른 사람을 향해 가고 있으니 이번에는 그만두자. 영원한 하늘(뭉흐 텡게르)의 자비로 황금 고삐를 꽉 쥐고 있다면[194] 그 시간이 확실이 올 것이다!"라고 했다.

257. 토끼의 해(1219), 칭기스칸이 왕비 중에서 훌랑 왕비를 데리고, 동생들 중에서 오트치깅 귀족을 궁전에 남겨 두고 아라잉 언덕을 넘어 사르타올[195] 나라와 전쟁을 치르러 출동하였다.

제브를 선봉장으로 보냈다. 제브의 다음으로 수베데이를 보냈다. 수베데이 다음에 토고차르를 보냈다.

이 셋을 보내며 명하여: "술탄왕의 영역의 외부로 돌아가서 우리가 도착했을 때, 같이 합하자!"라고 했다. 제브가 가서 왕 멘릭의 옛 마을을 전혀 어지럽히지 않고 외부로 돌아갔다.

그 뒤에서 수베데이가 또 그처럼 어지럽히지 않고 돌아갔다. 그다음에 토고차르가 들어갈 때 왕 멘릭의 외곽 지역을 공격하며, 농부들을 붙잡았다. 왕 멘릭이 도시가 멸망당했다고 도망하여, 잘랄딩(Jalal ad-Din)-술탄과 합하

---

193) 금고삐(алтан аргамжаа)가 끊긴 것은 외교 관계가 끊겼다는 의미이다.
194) 왕좌를 지키고 있으면
195) 사르타올은 중앙아시아 이슬람 지역(지금의 이란, 우즈베키스탄, 아프카니스탄 일대)이다.

여, 칭기스칸에 대항하였다.

칭기스칸의 앞쪽에는 쉬기호톡이 인솔하여 갔다.

잘랄딩-술탄과 왕 멘릭 두 군사들이, 쉬기호톡과 전투하며, 칭기스칸 있는 곳까지 쫓아올 때 제브, 수베데이, 토고차르 셋이, 잘랄다이-술탄, 멘릭왕 둘의 뒤에서 추격해 왔고, 그들을 격퇴시켜 죽이고, 보하르[196], 세미스갸브[197], 오트라르[198]시의 어느 곳에도 들어가지 않고, 쫓아가서 쉰(인드)강[199]에 이르니 사르타올의 군사들이 쉰강에 뛰어 들어가 대다수가 익사하였다.

잘랄딩-술탄왕과 멘릭, 둘은 목숨을 보존하기 위해 쉰강을 따라 올라가 피했다. 칭기스칸은 쉰강으로 가서 바트헤셍[200]을 지나가 에흐 시냇가, 궁 시냇가에 도착하여 바로앙 평야[201]에 머물렀다. 잘랄딩-술탄, 왕 멜릭 둘을 쫓

---

196) Bukhara, 우즈베키스탄 중부에 위치한 도시이자 부하라(Bukhara)주의 주도.
197) 사마르칸트로 보는 경우도 있으나 추가 조사가 필요하다.
198) Utrar, 카자흐스탄 남부에 위치한 유적지이며, 카자흐스탄 최고(最古)의 도시 중 하나로, 트란스옥시아나의 정주 문명과 스텝의 유목 문명 간의 경계에 입지한다.
199) 《몽골비사》 원본에는 '쉰(인도)', 즉 '인도', '인도의 강'이라고 표기되었다. 인더스강이라는 이름은 산스크리트어 신두(sindhu)에서 나왔는데 이 자체가 '강'이라는 의미이다. 이 신두라는 이름이 페르시아, 고대 그리스를 거쳐 유럽으로 전해지면서 나라 이름 India의 유래가 되었고, 한자 문화권에도 전해져서 인도라는 이름으로 정착했다. 티베트 고원에서 발원하여 파키스탄의 중앙을 관통하는 거대한 강이며 인더스 문명의 발상지이며 인도의 정체성이 담긴 강이다.
200) 바다흐샨(Badakhshan)주는 아프가니스탄 북동부에 위치한 주이다. 주도는 파이자바드이다. 바다흐샨(중국어: 巴達克山)은 현재의 아프가니스탄 북동부와 타지키스탄 남동부에 위치한 지역이다.
201) 바로앙(Parwan Province) 평야, 아프가니스탄의 수도 카불의 북쪽에 있는 지역이다. 1221년에는 호라즘 왕조가 몽골 제국의 침략에 맞서 파르완에서 승전하였던 파르완 전투가 있었다(《몽골비사》 258). 몽골 제국이 무너진 이후 해당 지역은 티무르 제국의 영토였다가 이후 무굴 제국의 근거지가 되었다.

기 위해 잘라이르의 발락을 보냈다.

칭기스칸은 제브와 수베데이 둘을 아주 칭찬하며 말하여: "제브야, 너의 이름은 조르가다이였다. 타이족에서 와서 제브라는 이름이 된 것이다."라며 토고차르는 왕 멜릭의 외곽 도시를 자기 마음대로 멸망시키고 왕 멜릭을 적이 되게 하였다. 본때를 보여 주려고 다음에 그를 죽일까도 생각했지만, 죽이지 않고 아주 심하게 질책하여 군사 통솔권을 빼앗아 버렸다.

258. 그 바로앙 평야에서 칭기스칸 자신은 돌아가고, 주치, 차가다이, 으게데이 세 아들은 우측 부대를 통솔하여 아모강[202]을 건너서 으르그네치[203](고르가나치[204])성까지 가라고 보냈다.

톨루이는 이로[205] 지역과 이세부르[206] 도시를 선두로 하여 여러 도시를 정복하라고 보냈다.

칭기스칸 자신은 오트라르시에 머물렀다. 주치, 차가다이, 으게데이 세 아들이 가서 되물은 것은: "군사들은 준비되었습니다. 으르그네치 도시에 도착하였습니다. 우리는 누구의 말을 따라갈까요?"라고 물어보니, 칭기스칸이 명하여: "으게데이의 말을 따라가라."라고 보냈다.

259. 거기에서 칭기스칸은 오트라르시에 머물다가 다시 이동하여 세미스

---

202) 아무 다리야강(Amu Darya), 파미르고원에서 발원해, 투르크메니스탄과 우즈베키스탄의 국경 지대의 북서쪽에서 흐르는 강이다.
203) Urganch, 우즈베키스탄의 호레즘주에 있는 도시 이름.
204) Kunya-Urgench, 원래 실크로드 시대부터 내려온 전통적인 우르겐치가 있던 곳은 지금의 위치인 우즈베키스탄이 아닌 현재 투르크메니스탄 영토에 위치한 코네우르겐치였다.
205) 아프가니스탄의 한 지역이며 Herat로 추정된다.
206) Neeshapoor, 이란의 동부 호라산주의 도시. 마슈하드 근처에 위치해 있다. 페르시아어로는 '샤푸르의 신(Nee: New)도시'라는 뜻이다. Neeshapoor 등으로도 표기된다.

갸브시에 이르렀다. 세미스갸브 도시에서 이동하여 보하르시에 도착하였다. 거기에서 칭기스칸은 발라 귀족을 기다리며, 알탄강의 산맥에 있는 술탄왕의 별장에서 지내고, 톨루이에게 사신을 보내서 말을 전달하여: "여름의 더운 계절이 되었다. 군인들을 잠시 쉬게 하라. 너는 우리에게 와서 같이 머물라!"라고 보냈다. 톨루이가, 이루, 이세부르시를 점령하고 시스텐207)시를 멸하였으며, 추흐체렝시를 멸할 때, 사신이 도착하였다. 톨루이가 추흐체렌시를 멸하고 돌아와서 칭기스칸과 합류하였다.

260. 주치, 차가다이, 으게데이 세 아들은 으르그네치시에 들어와서 셋이서 여러 도시와 백성을 나눠 가지고 칭기스칸에게는 몫을 바치지 않았다. 세 아들이 돌아오니 칭기스칸은 주치, 차가다이, 으게데이 세 아들에게 화를 내며, 사흘간 만나지 않았다.

그래서 보오르치, 모홀라이, 쉬기호톡 셋이 말하여: "반항하던 사르타올 나라의 술탄을 격퇴시키고 도시와 백성을 차지하였습니다. 분단된 으르그네치시를 나눠 가진 아들들은 모두 칭기스칸에게 속한 것입니다. 하늘과 땅의 힘을 모아, 사르타올 백성을 이렇게 격퇴시킨 것에 우리 모두 마병들이 기뻐하며 자랑스럽게 여기고 있습니다. 왕께서는 무엇 때문에 이렇게 화를 내십니까? 아들들은 이미 잘못을 알고 두려워하고 있습니다. 미래의 교훈으로 삼아 주시길 원합니다! 아들들이 낙담하지 않도록 해 주십시오. 왕이 받아 주시고, 아들들을 만나시지요?"라고 물으니, 칭기스칸이 진정하여 주치, 차가다이, 으게데이 세 아들과 만나서 꾸짖으며, 노인의 말을 귀하게

---

207) 시스탄(Sistan) 혹은 세이스탄(Seistan). 이란 동남부와 아프가니스탄 서남부, 발루치스탄 북부를 포함하는 지역이다. 대부분 황무지와 사막으로 구성된 척박한 지역이지만, 훌룸 호수와 헬만드강이 흘러 농업지대가 간간이 있다.

여기며, 옛말을 규범으로 삼으라고, 있던 곳에 계속 있는 것이 힘들도록, 이마의 땀조차 닦기 힘들도록 꾸지람할 때, 홍하이, 혼타하르, 초르마강 이 세 궁수들이 칭기스칸에게 말하여: "금방 사냥하러 가는 젊은 매 같은, 젊은이의 용기를 낙심하도록 어찌 이리 꾸짖을 수 있습니까? 아들들이 무서워 혼란해지지 않기를 바랍니다. 떠오르는 태양부터 지는 태양이 있는 곳까지 적군 원수들이 많습니다. 우리의 사나운 개들을(무는 개들을) 짖으며 보내면, 원수의 나라를 우리가 정벌하고, 하늘과 땅의 보호하는 힘을 얻어, 금, 은, 재물 등 모든 것을 당신(칭기스칸)에게 갖다 바치겠습니다. 어느 나라로 보낼까 하면, 바그다드 국가(바그다드는 인도와 이란에서 동쪽으로 티그리스강 유역 인근에 있는 큰 도시)의 할리프 술탄이라고 있습니다. 그곳을 점령하러 출동합니다!"라고 아뢰니, 이 말을 심사숙고하더니, 칭기스칸의 노여움이 풀리며 허락하고 홍하이, 혼타하르, 초르마강 세 궁수를 임명하여, 아다르기의 홍하이, 돌롱기르의 혼타하르, 둘을 "내 곁에 머물러라!" 하고 우드게그의 초르마간을 바그다드 나라의 할리프 술탄에 원정을 보냈다.

261. 또한 인도 사람들과 바그다드 둘 사이에 있는 아로-마로와 마드사아르[208] 나라의 압토시를 점령하러 드르베드의 드르베이 독싱을 원정 보냈다.

262. 또 수베데이 장군을 북쪽의 한링, 힙차크[209], 바지기드[210], 오로스[211],

---

208) 마잔다란(Mazandaran), 수도 테헤란에서 동북쪽으로 100km, 주도인 사리에서 서쪽으로 50km 떨어져 있다.
209) 킵차크.
210) 바시키르, 러시아의 남서 우랄 지역의 튀르키예계 소수 민족.
211) 러시아.

마자르[212], 아소, 사소, 체르케스[213], 케쉬미르[214], 볼라르 또는 볼가르, 랄라 등 열한 지역의 나라들까지 이질(볼가), 야이크강(우랄강)을 건너게 하여, 키와멘(키와멘 또는 키예브), 헤르멘 도시들까지 원정하게 하였다.[215]

263. 또 사르타올[216] 국가를 점령한 뒤에 칭기스칸의 명령으로 도시, 도시마다 지휘책임자를 두고 으르그네치시에서 호롬쉬[217] 성씨를 가진 사르타올 얄라바치, 마스호드라는 이름의 아버지와 아들 둘이 와서, 도시의 풍습에 대하여 칭기스칸과 대화하였다.

그들은, 도시마다의 풍습에 대하여 잘 알기 때문에 아들 호롬쉬와 마스호드를 몽골의 지휘관들과 함께 보하르, 세미스갸브, 으르그네치, 오당, 히스가르, 오리양, 고산다릴을 비롯한 도시들을 통치하게 하고 부친 호롬쉬 얄라바치를 데려와, 중국의 종도(베이징)시를 다스리게 하였다.
얄라바치, 마스호드 둘은 도시나 정주민들의 풍습을 잘 알기 때문에 중국 나라를 통치하는 몽골 지휘 책임자들의 곁에 사르타올 사람들을 자문으로 임명하였다.

264. 칭기스칸은, 사르타올 국가에 칠 년간 가서 거기 잘라이르 발라 귀족

---

212) 마자르, 헝가리인들의 원류.
213) 체르케스, 러시아 남부 거주인들.
214) 카슈미르, 남아시아 북쪽 지역의 이름이다. 히말라야산맥의 서쪽 끝부분의 남쪽에 있는 계곡을 말한다.
215) 일부 지명은 고대의 지명일 수 있는데, 정확한 지명이나 위치를 확인하기가 수월하지 않은 곳도 있다.
216) 호라즘 제국. 254절 각주.
217) 호라즘 민족.

을 기다리는 동안에 발라 귀족은 쉰강[218]을 건너, 잘랄딩 술탄, 멜릭왕 둘을 인도 지역까지 추격하니 잘랄딩 술탄, 멜릭왕 둘은 이미 사라졌기에 인도의 외곽 주민들을 약탈하여 많은 낙타와 염소를 가지고 돌아왔다. 거기에서 칭기스칸은 돌아가는 길에 이르치스강[219]에서 여름을 지내고, 일곱째 해인 닭의 해(1225)의 가을에 톨강의 숲에 궁전을 세우고 머물렀다.

---

218) 인도의 인더스강. 257절 각주.
219) 이르티시강(러시아어: Иртыш), 중앙아시아와 서시베리아 평원을 관통해 흐르는 강. 알타이산맥에서 발원하여 카자흐스탄을 지나 시베리아 서부에서 오브강에 합류한다. 길이는 4,248km에 이른다.

12장(265~282)

칭기스칸의 사망과 으게데이가 왕에 오르다

265. 그 겨울에 겨울을 지낸 후, 탕고드[220] 나라로 가자고 군사를 새롭게 편성하고 정비하여, 개의 해(1226) 가을에 칭기스칸은 탕고드 나라와 전투하러 출정하였다. 왕비 중에서 예수이 왕비를 데리고 갔다. 가는 도중에 겨울이 되어, 아르보하에서 많은 야생마를 사냥하는데 칭기스칸은 얼룩 갈색 말을 타고 갔다. 많은 야생말이 달려들 때 얼룩 갈색 말이 놀라 달아나서 칭기스칸을 떨어뜨리니 칭기스칸은 몸이 몹시 아파서 초오르하라는 곳에 머물게 되었다. 그 밤을 지나 아침에 예수이 왕비가 말하여: "아들들아, 관료들에게 전하라! 왕의 몸이 밤 동안 열이 많이 났다."라고 했다.

아들들과 관료들이 의논하여서 홍호통의 톨론 관료가 말하여: "탕고드 백성은, 있었던 곳에 집을 짓고 사는데, 흙 도시에 머물러 사는데, 사는 고향, 지은 집을 버리고 어디 간단 말입니까? 우리가 돌아가서 칸의 몸이 회복된 다음에 다시 정벌하기로 합시다!" 하니,

아들과 관료들이 이구동성으로 그 말을 받아들여서, 칭기스칸에게 말하니, 칭기스칸은: "탕고드 백성이 우리가 심장이 떨려 퇴각했다고 하겠군. 우리가 사신을 보내서, 그 사신이 올 때까지 여기 초오르하에서 몸을 회복하고 있다가 탕고드의 하는 말을 듣고 돌아가도 될 것이다." 하고 사신을 임명

---

220) 앞의 250절에서 이미 정복하였으나 다시 반기를 든 나라이다. 256절에도 잠시 정복을 보류한 상황이 언급된다.

하여 전할 말[221]을 전하기를: "전에 탕고드는 오른팔 같은 측근이 되어 돕겠다고 왕이 말했었다. 당신의 그 말대로 우리가 사르타올 국가를 정벌하려고 출정할 때 당신에게 알렸는데 왕, 당신은 말한 대로 하지 않았다. 군사도 주지 않았다. 그런데 많은 험담으로 공격하였다. 그때 우리는 다른 나라로 갔기 때문에 다음에 이유를 찾자며 사르타올로 향하여 영원한 하늘의 자비로 사르타올 백성을 정벌하여, 지금은 왕인 당신과 그 이유를 따져 보려고 왔습니다." 하고 사신에게 말을 전하라고 보내니,

왕(탕고드)이 답하여: "나는 험한 나쁜 말을 한 적이 없습니다."라고 했다.
아샤 함보가: "공격하는 말을 내가 했습니다. 이제 몽골인들 당신들이 싸움을 배웠다면 싸워 보자!"라고 하며, "내가 알라샤 지역에 수레 게르가 세워진 집(큰 집)이 있고, 낙타에 짐을 싣고 가는 사람들도 있다. 알라샤로 이동해서 나에게 와라! 거기서 싸우자! 금, 은, 재물이 많이 필요하면 야르가이(닌-샤[222]), 에르지우(샤-량[223]) 도시로 와라!"라고 보냈다.

이 말을 칭기스칸에게 전하니, 칭기스칸은 몸에 아주 열이 난 채로 말하여: "그렇다면, 그들이 이런 많은 말을 한다면 우리가 어떻게 후퇴할 수 있겠는가? 죽어도 그 말을 그냥 지나칠 수 없다. 영원한 하늘이시여, 이걸 알아 주소서!"라고 칭기스칸은 알라샤를 향해 떠나니 아샤 함보와 전투하고 알라샤를 포위하여 아샤 함보를 붙잡아 그의 게르 벽이 세워진 집(큰 집)과 낙타

---

221) 본문에 첨부된 말: 공문서는 대부분이 시(Poem)이니 암송하기도 쉬워 '노래'라고 하였다.
222) 寧夏(Níngxià), 닝샤는 산시성, 간쑤성, 내몽골 자치구와 접하고 북부는 내몽골 자치구, 남부는 간쑤성과 접한다. 동부의 일부는 산시성(섬서성)과 접하고 있다. 행정 중심은 인촨(银川)이다.
223) 西涼, Western Liang, Xī Liáng. 행정 중심은 敦煌市(Dunhuang)이다.

에 짐을 싣고 가는 사람들을 재가 되도록 진멸해 버렸다. "탕고드의 불순종한 이들을 처형하고 항복한 사람들은 우리 군인들이 재량껏 노획물을 차지하라!"라고 명하였다.

266. 칭기스칸은 차스트산[224]에서 여름을 지낸 후, 군인들을 보내어 아샤 함보를 따라 산으로 도망가서 숨어든 수레 집과 낙타에 짐을 싣고 사는 탕고드를 정복해 버렸다. 거기에서 보오르치와 모롤라이 둘에게 "탕고드 백성들을 가능한 대로 차지해 가지도록 하라!"라고 허락하는 명령을 내렸는데: "보오르치와 모롤라이 둘에게는 중국 백성에게서 가지는 것을 허락하지 않았다. 중국 백성의 거주민[225]들을 너희 둘이 공평히 나눠 가져라! 그들 중의 좋은 사내 녀석들로 새를 잡게 하여 데려가라! 좋은 여자들로는 부인의 옷단을 수선하게 하라! 중국 백성의 금왕의 신뢰하는 자들은 몽골의 조상들을 죽인 하르 중국의 거주민이었기 때문이다. 지금 나의 신뢰하는 동료들은 보오르치와 모홀라이 너희 둘이다!"라고 말하였다.

267. 칭기스칸은, 차스트산에서 이동하여, 야르가이[226]시에 머물렀다가, 야르가이시에서 다시 이동하여, 투렘기(링조우[227])시를 점령할 때, 그곳의 왕은,

---

224) 차스트(Tsast)산은 대문자로 쓴 것을 볼 때, 고유명사일 수도 있고, 의미로 볼 때는 눈(tsas) 쌓인(-t) 산일 수도 있다. 여름이기에 시원한 곳에서 쉬었다면, '정상에만 눈이 있는 산'으로 보는 것이 바람직하다.
225) 주잉(жуйн): 거주민들.
226) 265절의 '야르가이' 각주 참조.
227) 링저우(靈州)는 중국 북서부의 고대 도시이다. 오늘날 중국 닝샤 후이족 자치구(宁夏回族自治区)의 링우(灵武, Lingwu) 일대에 해당한다. 몽골어로는 투렘기(Түрэмгий)라고 부른다. 1226년 11월 겨울, 서하를 멸절시키기 위한 제4차 몽골 전쟁이 치열했다.

칭기스칸과 만나러 왔다. 거기에서 왕은 칭기스칸을 만나서 황금 불상[228]을 비롯하여 금, 은잔 등 그릇 아홉의 아홉[229]개, 자녀 아홉의 아홉 명, 말 낙타 아홉의 아홉 필, 그 외 재물들 아홉의 아홉 개를 선물하며 만났는데, 왕을 문밖에서 접견하였다.

그렇게 만날 때 칭기스칸은 기분이 나빠졌다.[230] 그다음에 사흘 되던 날에 칭기스칸이 명하여, "일라호왕에게 '쇼드락(정직)[231]'이라는 이름을 주고, '일라호왕 정직'을 불러와서 칭기스칸은 일라호를 톨롱 관료에게 넘겨주어 죽이게 하라!"라고 명하였다. 톨롱 관료가, 일라호를 직접 죽였다는 것을 고하니, 칭기스칸이 명하여: "탕고드 나라에 무슨 일이 있었는지 알아보려고 오는 길에 아르보하에 야생마를 사냥하고 다친 몸을 치료하려고[232] 나의 생명과 몸을 사랑해서 제안한 톨롱 자네가 맞지. 우리는 원수의 독한 말에 상처를 받고 가다가 영원한 하늘의 자비를 받은 덕택으로 원수를 손아귀에 넣고 원수를 갚았다. 일라호가 가져온 이동식 궁전, 잔, 그릇 등등을 톨롱 네가 가져라!"라고 명하였다.

---

228) 자연신과 샤머니즘을 숭배하던 몽골인들이 외래 종교를 접한 순서는 경교(景敎, Nestorian), 이슬람교, 도교와 불교, 천주교의 순으로 알려져 있다. 몽골 제국 내에는 다양한 종교가 존재했지만, 티베트 불교가 몽골 제국의 국교가 되었다. 몽골 불교가 최초로 언급된 몽골 문헌은 《몽골비사》이다. 《몽골비사》 267절에는 투렘기의 왕, 서하(西夏)의 군주인 이현(李睍)이 칭기스칸에게 항복의 표시로 바친 공물 중 수메스(sümes)가 포함되어 있다고 기록되어 있다. 수메스는 《몽골비사》의 방역(傍譯)에 '불(佛)'로 표기되어 있는데, 이는 당시 위기에 처한 서하가 자신들이 가장 귀하게 여겼던 대표 불상이라고 보인다. 수메스라는 단어는 이후 몽골인들이 정식으로 불교를 수용한 후 사원을 뜻하는 '숨(süme)'으로 전변되었다.

229) 몽골인들은 9라는 숫자를 최고로 여기니, 9×9는 더욱 최상급으로 여긴 것이다.

230) 이 문장의 원어는 '속이 안 좋아졌다: дотор муухай болов'인데, 몽골인들의 일반적인 대화를 보더라도 '속: дотор'이 기분일 수도 있고, 몸속 건강 상황일 수도 있다.

231) 일라호왕이 전에 약속을 어긴 적이 있는데, '정직'이라는 이름을 줌으로써 본보기로 처벌하겠다는 것을 의미한다.

232) 265절의 낙마 사건을 말한다.

268. 탕고드 나라를 정복한 후, 일라호 바르홍에게 '정직(шудагра)'이라는 이름을 주고는 그를 처단하고, 탕고드 백성들을 자손까지도 씨도 남기지 않고 멸절시켰으며, 음식과 술을 마시며 즐기고 난 후, "모홀 모쉬길(흔적도 없이 전부 말끔히 처단했다)."이라고 선언하고 끝내라고 명하였다.[233]

탕고드 나라는 말로는 분명하게 확언을 했지만, 그 약속을 지키지 않았기 때문에 칭기스칸은 다시 전쟁을 벌였다. 그 결과로 탕고드 나라를 멸망시켰고, 돼지 해(1227년) 7월 12일에 투렘기성(Түрэмгий балгасанд)에서 칭기스칸은 세상을 떠났다.[234] 죽기 전에, 칭기스칸은 예수이 황후에게 상당한 수의 탕고드 사람들을 주었다.

왕의 존귀한 시신을 수레에 싣고 돌아올 때 스니딩 길루게테 장군이 찬양하며 송시를 지어서:

"최고의 왕, 국가의 주인이시여, 매의 날개가 되어 가시는군요.
덜커덩거리는 수레의 짐이 되어 떠나시는군요.
지저귀는 새의 날개가 되어 떠나시는군요.
가지런한 수레의 짐처럼 떠나시는군요."라고 찬양하였다.

스니딩 길루게테 장군이:

"고인 물웅덩이에 수레가 바퀴의 축까지 빠져
말 다섯 마리가 당기기 힘들듯이

---

233) 제.롭상도르지의 해설, 141쪽.
234) 사망하였다. 몽골어로는 하늘로 갔다(тэнгэрт халив)고 표현하였다.

나라가 힘들 때

푸른 하늘의 운명으로 태어난
군마 같은 성왕 주[235]여!
당신은 모든 나라를 뒤로하시고 떠나십니까?
당신께서 평정한 나라는
완벽한 운명의 왕비와 자녀들
태어난 조국 강토가
테무진왕 당신을 기다리나이다.

거룩하게 건국된 나라
당신이 거느리는 많은 백성
사랑하는 왕비와 자녀들
당신의 금빛 궁전은
아주 먼 곳에 있습니다.

당신이 인도하여 낸 나라
당신이 얻은 왕비와 자녀
당신의 혈족인 몽골인들
당신의 많은 백성
당신의 태어난 고향(델룬 볼독)
저기 먼 곳에 있습니다.

들판의 종마의 갈기로 만든

---

[235] 최고의 칭호를 붙인다(Хүлэг богд эзэн).

바람에 휘날리는 당신의 깃발
당신의 북과 나팔의 신호
할 말을 잃은 모든 나라
당신의 헤를렝의 시골 섬
거기입니다, 왕이시여!

태어나기 전에 만난
당신의 총명한 왕비 브르테 우징은
당신의 덕스러운 고향 땅
당신의 보오르치 모홀라이 벗
당신의 모든 나라
거기입니다, 왕이시여!

예사롭지 않게 만난
당신의 홀랑 왕비는
당신의 화음 맞는 노래
당신의 많은 백성들은
당신의 성스러운 존귀한 강산
왕이시여! 거기입니다.

하로나산이 따뜻하다고 하여
이방 탕고드가 많다고 하여
왕비인 여자들이 아름답다고 하여
몽골을 잊으셨나요?
사랑하는 왕이시여!

뜨거운 생명을 잃더라도
보석 같은 당신의 시신을
보존하여 모셔 갑니다, 왕이시여!
왕비 브르테 우징에게 보여 드립니다.
몽골 모든 곳에 전하겠습니다."라고 하니
왕께서는 자비롭게 허락하였다.

수레가 덜커덩거리며 이동하고
몽골 전체가 기쁘게 되었다.
왕이 본가에 도착하였다.
가장 영원을 그곳에 장례하고

왕은 신하들의 선두가 되어
전국 백성들의 신이 되었고
여덟 개의 하얀 게르가 되었다.
이 대국에 선포하여
입은 옷, 궁전 게르, 신은 양말을 그곳에 장례하였다.

실제 시신의 일부를 보르항 할동에 장례하였고,
일부는 알타이왕의 뒤에,
헨티왕의 품에 '이흐 으특[236]'이라는 곳에 장례하였다.

---

236) 헨티산맥의 한 기슭에 있는 곳으로만 추정할 수 있다.

269. 쥐의 해(1228년)에 차가다이, 바트를 비롯하여 서부 지역[237]을 차지한 아들들, 오트치긴 귀족, 제우, 예수헤이를 비롯한 동부지역을 차지한 아들들, 톨루이를 비롯한 중앙을 차지한 아들딸들, 그의 귀족들, 천 명의 귀족(천부장들) 모두를 헤를렌의 시골 섬(지금의 바양-올란)에서 회의를 열어, 칭기스칸의 유언한 명령대로 으게데이를 왕으로 임명하였다.

형 차가다이가 동생 으게데이를 왕으로 추대하고, 부친 칭기스칸의 고귀한 생명을 지키던 경비(хэвтүүл), 궁수(хорчин), 천 명의 근위대(торгууд), 선친 왕께서 가깝게 지낸 수많은 근위병(хишигтэн)을, 차가다이와 톨루이 둘은, 으게데이왕에게 주었다. 가운데 나라[238]도 마찬가지로 으게데이왕에게 주었다.

270. 으게데이가 왕으로 즉위하자 참모가 될 일만의 경비대가, 중앙 지역을 직접 통솔하기 전에, 우선 차가다이 형과 의논하여, 부친 칭기스칸이 마무리 짓지 못한 바그다드 나라의 할리프 술탄으로 떠난 초르마강 궁수를 따라 오고토르와 믕흐트 둘을 보냈다.

또한 전에 수베데이 장군을 한링, 힙차크, 바기지드, 오로스, 아소, 사소, 마자르 케쉬미르, 체르케스, 볼가르, 케르트 나라들[239]까지 이질[240], 야이크

---

237) 몽골에서 오른쪽, 왼쪽의 방향을 이야기할 때는 보통 지구의 남반구를 향하여 말한다. 즉, 몽골에서의 오른쪽은 서쪽이며 왼쪽은 동쪽이다. 우편을 차지했다면 서쪽 영지를 차지한 영주들이고 좌편은 동쪽 영주들을 말한다.
238) 좌, 우를 떼어 낸 후 남은 중앙 영주.
239) 262절과 반복되는 지명이며, 일부는 연구 조사가 필요한 지명이다.
240) '이질'은 타타르어(Идел)이며, 러시아의 볼가강(러시아어: Bóлга)이다. 유럽에서 가장 긴 강이며 러시아의 중요한 교통로이고 그 길이는 3,690km이다.

강[241]들을 건너게 해서, 메케트멩, 헤르멩, 케이베를 비롯한 도시들을 점령하러 보내니 해당 나라들의 저항하는 힘이 아주 크다는 소식을 듣고 수베데이를 뒤따라서 바트, 부리, 믕흐를 비롯한 왕의 혈족의 장성한 사람들을 바트가 인솔하여 "출정하여라!"라고 명하였다. "중앙 지역에서 출정하는 군사들은 구육이 통솔하라!"라고 명하였다.

"이 여정에서 백성들을 통치한 왕자들은 자기들의 자녀들 중에서 큰아이들을 보내라!
국가 통치에 참여하지 않은 왕자들, 만부장, 천부장, 백부장, 십부장들은 누구든지, 마찬가지로 자신의 자녀들 중에서 장자들을 보내라! 왕의 딸들과 사위들 또한 그와 같이 자녀들의 장자를 보내거라!"라고 명하였고 또 으게데이왕이 말하기를: "자녀들 중에서 장자를 보내는 방안을 형 차가다이가 의견을 낸 것이다. 차가다이가 (의견을) 전해 오기를: '수베데이를 따라 아들들의 장자들을 보낸다면 군인들이 더 늘어날 것이다. 군인들이 많아지면 보이는 위세도 커진다. 저기에는 적군의 숫자가 많고 외국 군인도 많다. 그 외부 경계의 나라들은 (점령하기) 어렵다. 분노하면 자신의 몸을 자해하여 죽을 사람들도 있다. 날 선 칼을 보유하고 있다고 한다.'라고 의견을 보내왔다. 형 차가다이가 조심스럽게 한 이 말대로 자녀들 중에서 장자를 뽑아서 보내자!"라고 여기저기에 명령을 전달하여 바트, 부리, 구육, 믕흐 장군을 전장으로 출동시키게 된 경위가 이러하다고 했다.

271. 또한 으게데이왕은 차가다이 형에게 의견을 보내어: "나는 부친 칭기스칸의 예비된 보좌에 앉았다. 무슨 능력으로 왕이 되었는가 하고 묻지 않

---

[241] 우랄강의 1775년 이전의 옛 이름은 야익(Yaik)이었다. 러시아와 카자흐스탄 영토를 거쳐 카스피해로 흘러든다.

겠는가? 차가다이 형님이 허락하시면 우리의 부친 왕께서 채 점령하지 못하고 남은 중국의 알탕(금)왕을 점령하러 가십시다." 하고 의견을 보내니, 차가다이 형이 허락하면서 "왜 망설이겠는가? 대궁전을 믿을 만한 사람에게 맡기고 출정하여라! 나는 여기서 군사를 보내마!"라고 했다. 대궁전을 올드하르 궁수에게 맡겼다.

272. 토끼의 해(1231년) 으게데이왕이 중국으로 출정하여 제우를 선두로 세워서 보냈다. 그리고 중국의 군대를 모두 죽이고, 차부찰의 언덕을 넘어 여기저기 많은 도시를 포위하고 싸울 군사들을 보냈다. 그때 으게데이왕이 병이 들어 말을 할 수 없게 되었다. 무당과 역술가들에게 점치게 하니 중국 영토와 물의 수호신들이 (으게데이 일행이) 인명, 재산을 파괴하고 도시를 폐허가 되도록 한 것에 분노하여 왕에게 재앙을 내렸다고 했다. 사람과 재산, 금은, 가축들을 그 신에게 제물(золио)로 바쳤으나 병은 낫지 않고 도리어 더욱 악화되었다. 가까운 사람들을 제물을 바치겠다며 제물로 드리니 왕이 갑자기 눈을 떠서 물을 달라며 마시고 "무슨 일인가?" 하고 물었다.

무당들이 말하여: "중국을 지키는 신들이 영토를 파괴하고, 사람과 재산을 약탈당하니 저주하여 이런 병이 퍼진 것입니다. 각종 잡것들을 제물로 바친다고 하니 그 제물을 받지 않고 많은 화를 내고 있는 겁니다. 단지 가까운 사람들을 희생 제물로 삼고 바치면 받아들여서 병을 낫게 하고 있답니다. 지금 어떻게 할지 명령을 따르겠습니다!"라고 하니, 으게데이가 명하여: "왕의 자녀들 중에서 내 곁에 누가 있는가?" 하니 곁에 있었던 톨루이가 답하여: "지혜로우신 칭기스칸께서는, 위로는 형들이, 아래로는 동생들이 있는데도, 왕이신 형님(으게데이) 당신을 군마처럼 고르시고 양처럼 보살펴서 왕좌에 앉혀서 많은 나라를 통치할 큰 역할을 맡겼습니다. 나를 왕의 최측근에 있게 하고, 잊은 것을 기억나게 하여, 잠든 것을 다시 일으키라고 했습니다.

이제 형이신 왕 당신이 죽는다면, 나는 누구의 잊은 것을 기억나게 하고, 누구의 잠든 것을 깨울까요? 진실로 형님 왕이 쓰러지신다면 많은 몽골인이 고아처럼 될 것이고, 중국(금나라)은 팽창하게 될 것입니다. 왕 대신에 내가 희생 제물이 되겠습니다! 나는 톨강의 물고기의 등뼈를 부러뜨렸습니다.[242] 철갑상어의 등뼈를 부러뜨리고, 독수리를 이겼으며, 외적을 물리쳤습니다.[243] 나의 얼굴은 잘생겼고, 키는 훤칠합니다. 무당들 모두가 굿을 하고 기도를 올립시다!"라고 했다. 무당들은 모두 기도하고, 성수를 톨루이에게 마시게 하였다. 잠시 후에: "내가 취합니다. 깰 때까지 고아 동생들과 홀로 된 며느리들을 왕께서 가르치고 돌봐 주십시오! 난 이미 할 말은 다 했고 나는 취했습니다."라고 말하고는 나가서 쓰러져 버렸다.

273. 으게데이왕은 그렇게 금나라 왕을 멸절시키고 샤아-시[244](종)라는 이름을 주고, 금, 은, 금무늬가 있는 온갖 재물, 군마, 노비들을 나눠 가지고는 통솔자와 전령들을 임명하여 난징[245], 종도[246]와 여기저기 도시에 책임자[247]들을 두고 평안하게 복귀하고는 하라호름[248]에 와서 거주하였다.

---

242) 강한 적군을 물리쳤다는 은유적 표현.
243) Sh.Gaadamba. 113: 405p.
244) '젊은 종'이라는 뜻의 별명을 지어 주었다(J.Lovsandorj).
245) 河西務(허시우진: Héxīwù Zhèn)은 중국 텐진시 우칭구 북부에 위치한 진이다. 253번 각주 참조.
246) 베이징.
247) 몽골이 주변을 정복하는 과정에서 획득한 정복지를 감독하기 위하여 마련한 장치이다. 다루가치(darughachi)는 '누르다', '진압하다'라는 의미의 동사 '다루-(daru-)'에 명사형 접사 '가(gha)'와 '종사자'라는 의미의 접미사 '-치(-chi)'가 더해져 우두머리, 수령, 감독관의 의미를 지니게 되었다. 고려에서는 한자로 達魯花赤(달로화적)이라고 표기했다.
248) 'qara qorum', 검은 조약돌(хар хүр чулуу: black boulder)이라는 의미의 위구르 단어에서 나온 말로, 1220년 칭기스칸이 이 지역을 수도로 삼자는 의견을 내었으며 나중에 이곳에 '에르덴 조'라는 사원이 세워지고(1586), 불교 학자들은 이곳이 불교의 성지라고 평가하였다. 몽골인은 이곳을 하르 헤렘(хар хэрэм)이라고 하다가 후엔 하르 호름(Хар хорум)으로 바뀌었다. 몽골의 고대 수도이다.

274. 초르마강 궁수가 바그다드 나라를 섭렵하였다.

그곳의 영토가 좋고 비옥한 것을 알고 으게데이왕이 명하여: "초르마강 궁수는 그곳의 통치 책임자가 되어, 황금, 금으로 된 장식물, 비단, 용의 형상을 넣은 비단, 실크, 진주, 자개, 목이 길고 다리가 긴 준마, 짐 싣는 낙타, 노새 등을 매년 보내오거라."라고 했다.

수베데이 장군의 뒤에서 따라간 바트, 부리, 구육, 뭉흐 등을 비롯한 많은 사내가 한링, 힙차크, 바지기드 등을 영입하고 이질[249], 야이크강[250]을 건너서 메게드 도시를 멸망시키고는 러시아를 격퇴시켰다.

아소, 사소, 볼라르망, 헤르멩, 키다 등의 도시의 주민들을 점령하고 해당 지역에 통치자들을 두고는 돌아갔다. 전에 주르치드와 솔롱고스[251]를 정복하러 갔던 잘라르대 궁수의 뒤로 예수데르 궁수를 보냈다. 그가 거기서 "통치자로 머물거라!"라고 명하였다.

275. 바트가 힙차크 지역에서 으게데이왕에게 비밀리에 말을 전하여: "영원한 하늘의 능력에, 왕이신 형님의 지혜로 메게드 도시를 파괴하고, 러시아를 점령하여, 이곳저곳에 열한 개의 외부 나라를 영입하여, (바트가) 전쟁을 마치고 해산할 때가 되어 큰 게르를 짓고 잔치를 베풀게 되었습니다. 이 잔치에서 나는 모든 왕의 자녀들 중에서 장자이므로 한두 잔의 술을 먼저 마셨습니다. 그런데 부리와 구육 둘이 나와 다투어 잔치에서 나가 버렸습니다. 가다가 부리가 한 말이: '바트와 나는 동격인데 왜 그가 먼저 마시는 거야? 그 잘난 척하는 수염 난 할망구를 발뒤꿈치로 밀고 앞 발꿈치로 밟아 버리고 싶다!'라고 말했습니다.

---

249) 볼가강
250) 우랄강
251) 솔롱고스(지금의 한반도). 이 전쟁은 고려와 몽골 전쟁의 시초가 되었다.

구육이: '우리 둘이서 그 활과 화살을 찬 할망구들의 쇄골을 쏴 버리자.'라고 했습니다. 엘지겐의 아들 아르가손이 말하여: '그들에게 나무 꼬리를 매달면 어울리겠다.²⁵²⁾'고 했습니다. 우리는 이방인들과 적지에 있기에²⁵³⁾, 자중해야 하는 이유를 말하고 있는데도 부리, 구육 둘은 그렇게 다투는 말을 하고는 화해도 하지 않고 헤어졌습니다. 이제 숙부 왕은 어떻게 하실 건지 알아서 결정해 주십시오."라고 말하고 보냈다.

276. 바트가 전한 이 말을 들은 으게데이왕이 아주 분노하며, 구육을 만나지도 않고 말하여: "이 버르장머리 없는 놈, 누구의 말을 듣고 형님을 말로 업신여기는 것인가? 한 개의 계란은 썩어 버렸구나.²⁵⁴⁾ 형의 앞에서 대들고 있구나. 저들을 먼 이방의 원정대로 보내고, 열 손가락의 손톱이 닳도록 산 같은 도시를 정벌하러 출정하거라! 아주 먼 지역의 통치자가 되어 다섯 손가락의 손톱이 닳도록 견고한 성을 정복해 봐라! 악하고 잔인한 아르가송은 누구를 닮아서 우리의 자손에게 무시하는 말을 하는가? 구육, 아르가송 둘을 함께 보낼 거다. 아르가송을 죽이는 것이 마땅하다. 그런데 너희들이 불공평하다고 할 것이다. 부리에 대한 것은 바트에게 말하라. 차가다이 형에게 말해서 보내라. 차가다이 형이 알아서 처리해야지."라고 말했다.

277. 왕자들 중에서 만가이, 귀족 중에서 알치대, 홍호르대, 장기를 비롯한

---

252) 당시의 몽골인들의 표현법으로 보면 되겠다.
253) 직역하면, '이방인의 간(肝), 적국 안에 있다'로 표현하였다. Бид, харь элэгтэй, дайсан улсын дотор явж байгаа.
254) '한 사람이 변질되었구나'의 의미이다. 그런데, '하나의 알이 상했구나(Ганц муу өндөг ял зарчээ)'에서, 이 알(өндөг)이라는 단어에 대해서 생각해 보면, 당시 유목민에게 닭의 알이 있었을까 의심이 되며, '완벽한(өөнтөр)'이라는 단어와 음이 유사하므로 '완벽함이란 조금도 없어져 버렸구나'의 오기로 주장하는 학자도 있다(J.Lovsandorj, 549).

귀족들이 (으게데이왕에게) 말하기를: "당신의 부친인 칭기스칸의 명입니다. '바깥 일은 밖에서 해결하고 집안일은 집에서 해결하는 법이다.' 칭기스칸께서는 지금 구육에게 분노하고 있습니다. 이것은 바깥일이 분명합니다. 왕이 허락하면 이 일을 바트에게 명하여 보내도 되지 않겠습니까?"라고 하니

이 말을 왕이 허락하여 마음을 진정한 뒤에 구육을 만나서 나무라며 꾸짖어 가르치니: "너는 여정 동안 건강한 엉덩이를 가진 사람을 남기지 않았다고 한다. 너는 군사의 얼굴 피부를 벗겼다고 하네.[255] 너의 그 분노가 무서워서 러시아가 따라 들어왔다고 생각하고 있는가? 너는 러시아 백성을 혼자서 정복한 것처럼 생각하고 교만하게 거들먹거려서 형 앞에서 대항하는가?"

부친인 칭기스칸이 한 말씀에: "많은 사람은 강하고 깊은 물은 위험하다!"라고 하지 않았던가!

"수베데이와 부직 두 명의 날개 아래 모두가 함께하여, 러시아 힙차크를 정복하였는데, 너는 처음으로 집에서 나가서 러시아 힙차크의 한 명도 잡지 못하였고, 최소한의 염소 새끼 발 하나도 찾지 못했는데 못된 성질을 내면서 이러쿵저러쿵 말하니, 자기만을 주장하는 것은 뭐 하는 짓인가? 그런데 아치다이, 홍호르다이 장기들은 끓는 심장을 누르는 동료가 되어, 끓는 물을 식히는 국자처럼 나의 화를 식혀 내렸다. 밖에서 일어난 일이니 이것을 바트가 결정하는 것이 옳겠다. 구육과 아르고송 둘을 바트가 알아서 결정하라! 부리를 차가다이 형이 알아서 결정하라!"라고 했다.

---

255) 병사들을 가혹하게 다루었다는 의미.

278. 또 으게데이왕이 명령을 내려: "나의 부친 칭기스칸을 지켜 온 경비병, 궁수, 근위대, 모든 경호원에 대한 명령을 내리되: 선왕의 명령을 전과 같이 준수하라! 궁수, 근위대들은 전과 같이 격일 교대로 경비를 서고, 해가 지면 임무를 경비 외에 다른 사람이 궁전에 들어올 경우, 경비병은 그 사람의 머리를 베어라! 밤에 급한 소식을 전해 오면 경비병이 함께 집 뒤에 있다가 소식을 알려라! 궁전에 출입하는 모든 것을 홍호로대와 쉬르항 둘이서 경비병과 함께 책임을 지도록 하여라! 엘지게데이는 신뢰할 만하지만 오후 경비병의 곁에 가다가는 경비병에게 잡힌 것과 같이 명령을 따라, 아무리 믿을 만한 사람이더라도 경비병에게 가까이 가서는 안 되며 경비병의 숫자를 물을 수도 없다.[256)]

경비병의 근처로 가서는 안 된다! 경비병의 사이로도 가지 말라! 경비병의 곁으로 가거나, 경비병의 틈으로 침입한 사람을 경비병은 체포하라! 경비병의 수를 물은 사람의 그날 타고 온 안장, 재갈 찬 말과 모든 복장을 경비가 빼앗아라.

경비실에는 누구도 들어갈 수 없다. 경비병은 깃발, 북, 등자, 창, 컵과 그릇을 깨끗하게 보관하라. 음식, 음료수, 술, 아이락, 고기와 국을 경비병이 관장하도록 하라!"라고 명하였다. "왕궁의 수레를 경비가 관리하라! 우리가 새를 사냥할 때 경비병 중 몇몇은 왕궁[257)]과 수레를 지키고, 일부는 우리와 동행하라! 경비병은, 이사할 곳을 살피고 궁전을 옮기는 것의 책임을 맡아라! 궁전의 대문에는 문지기 경비병이 지속적으로 지키도록 하라! 모든 경

---

256) 229절에서 말한 경비병의 임무에 대해 다시 주지시키고 있다. 으게데이왕은 자신의 경비병에 대한 특별한 보안의 권위를 부여하며 신분 안전을 기대한다.

257) 여기에서 말하는 왕궁, 궁전은 몽골인 전통의 게르 집이다. 이동할 때에는 수레 위에 싣고 이동하였다.

비병을 천부장 하다앙이 책임지고 담당하라!"라고 명하였다. "또 경비병의 순서인 경비대장 하다앙과 볼하다르 둘이 순서를 맡아 협력하여 한 팀이 되어 근무하고 왕궁의 동쪽, 서쪽 사람들에게 맡겨진 임무 시간에 경비를 서도록 하라!

아말과 차나르 둘은 한 팀이 되어 왕궁의 동쪽, 서쪽에서 맡겨진 임무 시간에 경비를 서도록 하라! 하디와 소르치-하차르 둘은 협력하여 한 조가 되어 왕궁의 동쪽, 서쪽 사람들에게 맡겨진 임무 시간에 경비를 서도록 하라!

얄박과 하라오다르 둘은 협력하여 왕궁의 동쪽, 서쪽에서 맡겨진 임무 시간에 경비하도록 하라!
또 하다앙, 볼하다르의 순서, 아말과 차나르의 순서, 이 두 순서에 당직 근무병은 왕궁의 동쪽에서 근무하여야 한다.
이 네 교대 경비병들을 하다앙 관료가 책임진다. 또 경비병은 나의 왕궁 주변을 순찰하고 출입문을 지켜 통제하라. 경비병 중에서 두 명은 궁전에 들어와서 식탁을 섬기도록 하여라!"라고 명하였다.

"또 궁수를 통솔하는 예순테, 부헤데, 호르호닥, 라발하 넷이 활과 화살을 찬 근위대를 네 교대로 하고 근무 순서마다 궁수들을 인솔하고 들어와서 근무하라!"라고 명하였다. "또 근위대 교대 책임자를 앞선 근무자의 혈육으로 하고 전에 근무하던 알치대와 홍호르대 둘이 힘을 합쳐서 한 교대 근위대를 책임지도록 하라.

테무데르와 제후 둘이 합하여 한 조가 되어 근위대(торгууд)들을 통솔하라! 망고대 보좌관이 한 조의 근위대들을 통솔하라!" 또한 왕이 명령을 내려: "모든 관료(ноёд)를 엘지게데이가 통솔하고, 엘지게데이가 말하는 대로 하라!

근무 경비자가 지각하면 전에 명한 대로 세 번 태장을 치라! 그 사람이 다시 근무 교대 시간에 늦으면 일곱 번 태장을 치라! 또 그 사람이 몸이 아파서 근무 조장의 허가 없이 세 번째 빠지면 우리가 근무하는 데 방해가 되었다고 보고 서른일곱 번 태장을 치고 먼 곳의 보이지 않는 곳으로 쫓아 버려라.[258] 또 근무 조장들은 소속 경호원을 등록하여 명단을 기록하지 않았기 때문에 경비병에 포함시키면 근무 조장을 처벌하라!

또한 근무 조장이 삼교대로 바꿀 때는 이 명령을 경호원에게 알리도록 하라! 명령을 들었는데도 경호원이 근무 시간에 빠지면 근무 규정대로 처벌하라! 이 명령을 경호원에게 전달하지 않으면 근무 책임자가 잘못이다. 또 근무 책임자(조장)가 소속된, 같이 근무하는 나의 경호원들을 조장이라는 이유로 자기 마음대로 처벌할 수 없다. 그들이, 법을 어길 시에는 우리에게 통보해 주어야 한다!

죽여야 할 경우에는 우리가 죽이겠다. 처벌해야 할 경우에는 우리가 처벌하겠다. 조장이라는 이유로 우리에게 알리지 않고 나의 경호원에게 손발을 대면 주먹에는 주먹으로 태장에는 태장으로 때려 응징하겠다. 밖의(남의) 천부장들보다 나의 경호원이 더 낫다. 외부의 천부장들이 나의 경호원과 다투면 천부장을 처벌하겠다."라고 명하였다.

279. 또 으게데이왕이 말하여: "부친 칭기스칸이 고생하여 세운 나라를 괴롭게 하지 말자. 발은 지면에, 손은 땅에 대고 행복하게 하자.[259] 부친 왕이 만들어 주신 보좌를 차지하였으니 백성들이 고생하지 않는 것을 최우선으

---

258) 안 보이는 곳으로 귀양 보내라(нүдний далд цөлж орхиё).
259) 백성들이 더 이상 전쟁과 고된 노동에 시달리지 않도록 쉬게 하고 평온하게 살도록 하자.

로 삼겠다. 식량을 마련하고 나라의 양 떼 중에서 사람마다 각각 한 마리의 양을 매년 줄 것이다.

백 마리의 양에서, 사람마다 각각 양을 내어 주어 나라의 극빈자들에게 도움이 되어 주어라.

또 많은 형제와 군사들, 군마 등을 모으면, 소집된 자들의 식량을 그 사람들에게서 세금을 거두는 것은 맞지 않다. 여러 곳의 부자들에게서 말을 상납받고 또 젖을 짜는 일을 할 사람, 말을 사육할 일꾼을 임명하고 일당을 주고 마부를 삼아라.

또 귀족 형제들이 모이면 하사품을 주도록 하여라. 이를 위하여 재물, 돈, 도끼, 활, 화살통, 방패, 화살촉 등을 건물의 창고에 모아서, 그 건물을 지킨다. 이것을 모든 방향에서 경비원, 곡식 저장 전문가 등을 임명하여 지키게 한다. 또 백성에게 거주지를 나눠 준다. 지역을 나눠 골라서 거주할 때 천호(千戶)마다 지역 사람을 선발하도록 한다.

또한 고비 광야 지역에는 노루 외에 다른 동물이 없다. 백성은 넓게 거주하기를 원한다. 차나리와 오이고르태 둘을 비롯한 지역 사람들을 보내어, 고비 지역에 우물을 파도록 하라.
또 사신들을 지금 그대로 보내면 사신들은 천천히 가서 사람들에게 고통스럽고 방해가 많다. 지금 상시 규정을 만들어서 여러 곳의 천호(千戶)에게서 길 안내자와 통신원[260]들을 선발하여, 곳곳에 역참(өртөө)을 만들어서 사신

---

260) 통신원은 곧 역참이며 과거 공공 업무를 수행하기 위하여 설치된 교통 통신 기관이다. 국가의 명령과 공문서 전달, 변방의 긴급한 군사 정보 및 외국 사신 영접, 공공 물자 운송 등을 위하여 설치되었다.

들을 국민들 사이에서 아무렇게나 마음대로 말 타고 여기저기 다니지 말고 반드시 역참을 통하여 다니게 하자.

이 방침을 이렇게 하자고 차나이와 볼하다르 둘이 의견을 우리에게 말한 것은 아주 옳은 생각이긴 하지만, 차가다이 형님이 최종 결정하십시오! 이 한 말을 옳다고 허락할 건지 아닌지를 차가다이 형님은 결정하십시오!"라고 하니, 이렇게 질문한 모든 방침을 모두 허락하여 "그대로 하라."라고 답을 했다. 또 차가다이 형이 말한: "나는 여기에서 거슬러 역참 쪽으로 길을 만들고 있겠다. 또 여기에서 바트에게 사신을 보내겠다. 바트가 거슬러 역참 쪽으로 길을 만들어 연결시켜라."라며 또 말하여: "모든 길마다에 역참을 두자는 것은 아주 옳은 말이다!"라고 전했다.

280. 거기에서 으게데이왕이: "이 역참에 대한 방침을 차가다이 형, 바트를 비롯한 서쪽(우편)의 아들들, 형제들 모두, 오트치긴 관료, 케후를 비롯한 동쪽(좌편)의 아들 형제들 모두, 중간의 딸들, 사위들, 만부장, 천부장, 백부장, 십부장 모두 허락했다.

허락한 것들은: 세상의 칸[261](으게데이왕을 작은 왕들로부터 구분하여 큰 왕 또는 세상의 왕이라고 한다)의 식량으로 사용할 두 살배기 어린 양을[262] 바친다.

---

261) 본문에는 '바다의 왕(Далай хаан)'으로 번역되었다. 몽골 본문은 dalai(바다: Далай)로 표기되었지만, 본 역서에서는 '세상의'로 번역하였다. 몽골 고어에서는 달라이(dalai: 바다)와 델레이(delei: 세상)가 같은 글자로 표기되는데, '가장 큰 것'을 뜻하는 의미로 '달라이/바다'를 쓴 듯하다. 그런데 같은 몽골어를 사용하는 브리야트 지방에서는 delei가 '세상'을 뜻하는 단어로 사용된다. 그러므로 원문은 '바다의 왕'으로 썼지만, 오히려 '세상의 왕'으로 표기되는 것이 맞다.

262) 조삭 혼니(зусаг хонь): 갓 태어난 어린 양.

해마다 가축 중에서 백 마리당 양 한 마리를 아주 가난한 사람들을 도와주면 좋다.

역참을 만들고, 안내자, 통신원을 두면 많은 나라의 사람들을 편리하게 하고 사신들에게도 편리하다는 것에 모두 동의하니 왕이 명령을 내려, 차가다이 형과 의논하였고 차가다이왕이 허락하였으며 모든 나라에서 방방곡곡의 천부장에게서 왕의 명령으로 해마다 두 살 된 양들을 각각, 백 마리 양에서 암양[263)]을 내어놓았다. 암말을 내어놓아 모아서 마부들이 타게 하였다.

마부들, 창고지기, 곡식 전문가를 임명하였다. 안내원, 통신원을 임명하여 거주할 지역을 정하고, 역참을 세워서 아라치앙과 토고차르 둘로 관리하게 하였으며 길의 한 역참마다에는 이 십명의 통신원(말 탄 통신원)을 두었다.
타는 말, 식용 양, 마유용 암말[264)], 소, 실을 수레 등을 정하여 수량대로 준비하고, 무언가가 조금이라도 부족하면 반씩 똑같이 나눠 책임을 묻겠다. 숟가락 등 그릇이 모자라면 코가 반이 잘린 사람이 되게 하겠다.[265)]"

281. 으게데이왕이 말하여: "부친의 권좌에 앉아서 부친 왕의 뒤를 이은 나의 일은: 첫째, 나는 금나라를 정복했다. 둘째, 우리 사이에 사신을 보내는 관계와 많은 일을 옮기는 역참[266)]을 놓았다. 세 번째로, 물이 없는 곳에 우

---

263) 슐겡 이르게(шүлгэн иргэ): 살찐 암양.
264) 올라니 모리(Улааны морь: 타는 말), 슈스니 혼니(шүүсний хонь: 식용 양), 사알링 구(саалийн гүү: 마유용 암말) 등 가축은 나이와 용도에 따라 명칭이 다르다.
265) 코를 베든지 무서운 처벌을 내리겠다.
266) 이 역참을 따라 놓은 도로가 실크로드로 발전한 것으로 보인다.

물을 파서 백성들이 물과 초목이 풍성해지도록 하였다. 넷째, 여기저기의 정주민의 도시들에 전령과 통솔자를 임명하고, 백성들을 노역이나 고통에서 벗어나 편히 쉬고 안정을 누리게 하였다.[267)]

나는 부친 왕을 이어 이 네 가지의 업적을 추가하였다. 또 왕의 권좌에 앉아서 여러 나라의 백성을 다스리고 많은 임무를 맡았는데, 검은 포도주에 빠진 것이 첫 번째 잘못이다. 둘째는 예의 없는 여자의 말을 듣고 오트치깅 백부의 사람들 중에서 여자를 데려온 것이 잘못이다. 한 나라의 왕인데도, 예절 없이 나쁜 일에 끼어든 것이 하나의 잘못이다. 세 번째는 도골호를 뒤에서 질투한 것이 나쁜 것이었다. 뭐가 잘못인가 하면, 나의 부친 왕이 보는 눈앞에서 모든 것에 앞서 싸움에 나섰던 도골호를 험담을 믿고 죽였다는 것이다. 지금 나의 앞에 누가 그렇게 앞서서 나서 줄 것인가? 나의 부친 왕의 앞에서 예의 바른 의인을 모르고서 적개심을 가진 것을 내가 스스로 뉘우친다. 넷째, 나는 하늘과 땅의 자비로 태어난 사슴[268)] 같은 이를 다른 형제들의 지역으로 가게 될까 봐 시기하여, 토성을 쌓고 형과 동생들에게 불평을 들었다. 이것도 하나의 잘못이다. 선왕 이후로 네 가지 공을 세웠지만 또한 네 가지 실수를 저질렀다."라고 하였다.

282. 대회의가 열렸고, 쥐의 해(1240년) 칠월에 헤를렌 시골 섬의 돌롱 볼독[269)]과, 쉴힝첵[270)] 두 사이에 왕의 궁전이 지어질 때 이 기록을 마치다.

---

267) 발은 땅에, 손은 장소에 놓다("хөл хөсөр, гар газар тавих"): 몽골 고전 문헌에서 자주 나오는 관용적 표현으로 '노역이나 고통에서 벗어나 편히 쉬다, 안정을 누리다'라는 뜻.
268) 사슴: 바투이거나 다른 주변 인물을 표현하는 은유적 표현.
269) 이 장소는 지금의 헨티 아이막(도)의 델게르항군의 헤를렌-바양-올란산 산기슭으로 보고 있다.
270) 지금의 헤를렝-토오온이라는 이름의 헨티 아이막의 델게르항군의 헤를렝의 북쪽의 돌롱-볼독에서 아래쪽으로 30km 정도에 있는 지역으로 본다.

몽골비사(The Secret History of Mongolia)
칭기스칸과 몽골 민족의 성립

1판 1쇄 발행 2025년 7월 12일

옮긴이 김봉춘

교정 주현강 **편집** 윤혜린 **마케팅·지원** 이창민

펴낸곳 (주)하움출판사 **펴낸이** 문현광

이메일 haum1000@naver.com **홈페이지** haum.kr
블로그 blog.naver.com/haum1000 **인스타그램** @haum1007

ISBN 979-11-7374-058-9 (03910)

좋은 책을 만들겠습니다.
하움출판사는 독자 여러분의 의견에 항상 귀 기울이고 있습니다.
파본은 구입처에서 교환해 드립니다.

이 책은 저작권법에 따라 보호받는 저작물이므로 무단전재와 무단복제를 금지하며,
이 책 내용의 전부 또는 일부를 이용하려면 반드시 저작권자의 서면동의를 받아야 합니다.